똑! 소리나게 배워보는

[파워포인트 2016]

박하연 저

YoungJin.com Y.
영진닷컴

속전속결 파워포인트 2016

Copyright ⓒ 2016 by Youngjin.com Inc.
10F. Daeryung 13th, 24, Gasan Digital 1-ro, Geumcheon-gu, Seoul 08591, Korea.
All rights reserved. No part of this book may be reproduced or transmitted in any form or by any means, electronic or mechanical, including photocopying, recording or by any information storage retrieval system, without permission from Youngjin.com Inc.

저작권법에 의해 한국 내에서 보호를 받는 저작물이므로 무단 전재와 복제를 금합니다.
이 책에 언급된 모든 상표는 각 회사의 등록 상표입니다.

ISBN 978-89-314-5398-0

만든 사람들

집필 박하연 | **기획** 기획1팀 | **총괄** 김태경 | **진행** 서정임 | **북디자인** 영진닷컴 제작팀

머리말

이 책은 파워포인트 2016을 처음 시작하는 분들과 프레젠테이션을 어떻게 제작해야 할지 망설이는 분들을 위해 기획되었습니다.

현대는 비주얼 프레젠테이션 시대입니다. 업무 기획이나 정책안내, 제안, 교육 등의 다양한 분야에서 각종 발표와 보고를 위한 수단으로 프레젠테이션을 사용하는 경우가 많습니다. 이렇게 프레젠테이션이 폭넓게 이용되면서 프레젠테이션 작성 툴 또한 다양해졌으나, 그럼에도 불구하고 여전히 많은 실무자들은 프레젠테이션 작성을 위해 파워포인트를 사용하고 있습니다. 또한 좀 더 쉽고 다양하게, 세련되게 작업할 수 있는 다양한 기능들을 학습하느라 노력해왔고 많은 실무자들이 상당한 실력을 갖추고 있기도 합니다. 이 교재는 이러한 분위기에 맞추어서 제작되어졌습니다.

이 교재는 새로 업그레이드된 파워포인트 2016의 기능을 기초부터 차근차근 익혀서 실무에 바로 활용할 수 있고, 업무에서 불편했던 부분에 대한 솔루션을 제공합니다. 또한 파워포인트 2013에 없는 새로 추가된 다양한 기능을 사용하여 편리한 작업을 도울 수 있도록 기획하였습니다.

이 교재의 따라하기 실습 내용은 파워포인트 2016의 기초를 다지는데 활용도가 높을 것이며 혼자 해보기를 통해서 스스로 해결할 수 있도록 구성하였습니다.

집필을 하는 동안 많은 도움을 주신 관계자 여러분과 프레젠테이션 디자인에 관한 정보를 제공해 주신 많은 분들께 감사드립니다. 모쪼록 이 교재가 여러분들의 프레젠테이션 능력을 향상시키는데 조금이나마 도움이 되기를 바랍니다.

박하연

구성과 특징

파워포인트 2016의 다양한 기능에 대해서 Chapter로 나누어 설명합니다. 각 Chapter마다 세부 기능을 Section으로 나누어 구성하였으며, Chapter별로 핵심정리와 종합실습 코너를 두어 학습한 내용을 다시 한 번 정리하고 응용할 수 있도록 하였습니다.

Chapter

기능과 주제에 따라 Chapter로 나누어 설명합니다. 해당 Chapter에서 배울 핵심적인 내용을 미리 학습할 수 있도록 소개하였습니다.

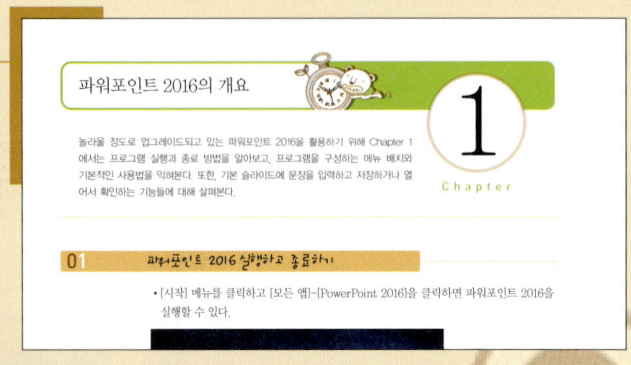

Section

세부적인 기능을 Section으로 구성하였습니다. 어떤 기능을 학습하게 될지 알아두기 코너를 통해 간단하게 살펴보고 시작합니다.

따라하기

구체적인 내용을 단계별로 따라해 볼 수 있도록 순서대로 구성하였습니다. 한 단계씩 따라하다 보면 기능을 마스터할 수 있습니다.

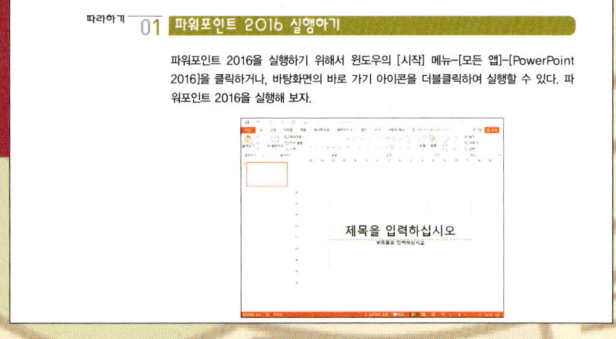

혼자해보기

따라하기에서 익힌 내용을 바탕으로 사용자가 직접 예제를 풀어봅니다. HINT에 있는 내용을 참고하면서 반복 및 심화 학습을 합니다.

HINT

혼자해보기의 예제를 작업할 때 필요한 참고 내용을 담았습니다.

Tip

본문 내용 중에서 알아두어야 할 기능이나 용어들을 소개합니다.

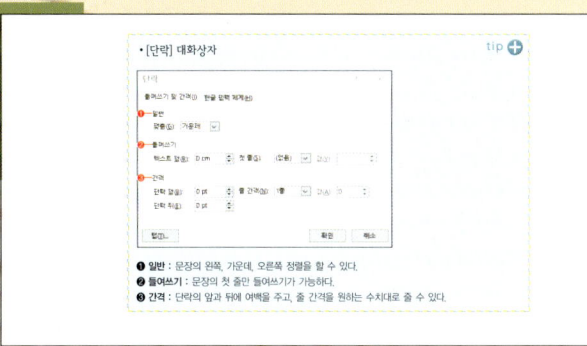

핵심정리

Chapter에서 학습한 핵심적인 내용을 정리해 놓았습니다. 학습 과정에서 놓쳐서는 안될 중요한 사항을 정리하였으므로 다시 한 번 체크해봅니다.

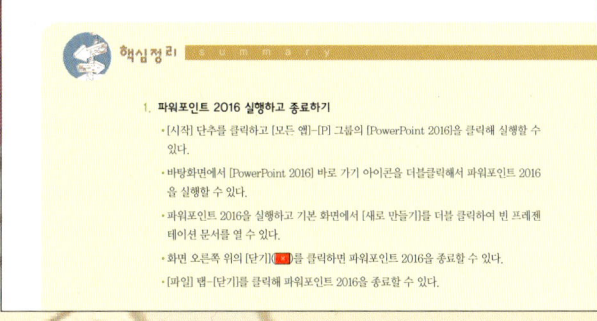

종합실습

Chapter에서 배운 내용에 대한 응용 능력을 높이기 위해 실습 문제를 풀어봅니다. HINT의 내용을 참고하여 지금까지 학습한 내용을 종합적으로 활용해봅니다.

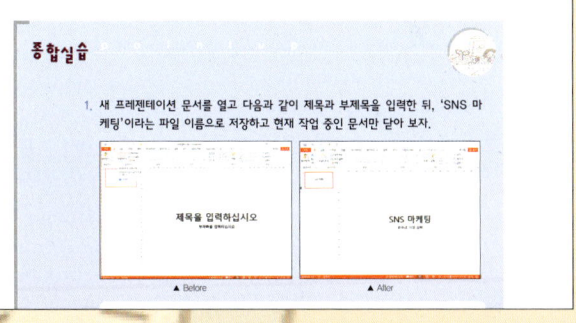

CONTENTS

Chapter 01 | 파워포인트 2016 기본기 익히기 — 10

학습포인트	파워포인트 2016 개요	12
Section 01	파워포인트 2016 실행하고 종료하기	15
Section 02	파워포인트 2016 화면 구성과 리본 메뉴 이해하기	19
Section 03	새 프레젠테이션 만들고 저장하기	34
▶ 핵심정리		42
▶ 종합실습		44

Chapter 02 | 문자 입력하고 서식 조정하기 — 46

학습포인트	텍스트와 슬라이드 다루기	48
Section 01	텍스트 서식 설정하고 정렬하기	52
Section 02	특수 기호와 한자 입력하기	59
Section 03	개요 형식의 수준이 다른 텍스트 입력하기	65
Section 04	구역 나누기	68
Section 05	슬라이드 쇼 실행하기	73
▶ 핵심정리		78
▶ 종합실습		80

Chapter 03 | 슬라이드 서식 조정 및 관리하기　　　　82

학습포인트	슬라이드 서식 조정 및 관리하기	84
Section 01	가로/세로 텍스트 상자 만들기	87
Section 02	글머리 기호와 번호 매기기	96
Section 03	디자인 테마 설정하기	106
Section 04	슬라이드 마스터 다루기	111
▶ 핵심정리		120
▶ 종합실습		122

Chapter 04 | 슬라이드에 멀티미디어 삽입하기　　　　124

학습포인트	멀티미디어 슬라이드 다루기	126
Section 01	슬라이드에 그림 삽입하기	129
Section 02	워드아트로 문장 만들기	137
Section 03	스크린샷 활용하기	142
Section 04	화면 녹화하기	147
▶ 핵심정리		153
▶ 종합실습		154

CONTENTS

Chapter 05 | 슬라이드에서 도형 활용하기　　156

학습포인트 | 도해 슬라이드 다루기　　158
Section 01 | 도형 삽입 및 서식 조정하기　　163
Section 02 | 도형에 그림 및 문장 입력하기　　171
Section 03 | 도형 정렬 및 그룹화 이해하기　　177
Section 04 | 도형의 고급 편집 기술 익히기　　188
Section 05 | SmartArt 활용하기　　194
▶ 핵심정리　　202
▶ 종합실습　　204

Chapter 06 | 표와 차트 활용하기　　206

학습포인트 | 도표와 차트 슬라이드 다루기　　208
Section 01 | 표 삽입하고 크기 조정하기　　211
Section 02 | 표의 레이아웃 변경 및 스타일 설정하기　　216
Section 03 | 차트 삽입 및 서식 조정하기　　224
Section 04 | 새롭게 추가된 6가지 차트 형태 살펴보기　　230
▶ 핵심정리　　238
▶ 종합실습　　240

Chapter 07 | 시선을 잡아끄는 슬라이드 제작하기 — 242

학습포인트	애니메이션 슬라이드 다루기	244
Section 01	다양한 애니메이션 활용하기	248
Section 02	하이퍼링크 설정하기	260
Section 03	화면 전환 효과 설정하기(모핑 전환)	267
Section 04	오디오 및 동영상 삽입하기	276
▶ 핵심정리		284
▶ 종합실습		286

Chapter 08 | 프레젠테이션 전 마지막 점검하기 — 288

학습포인트	프레젠테이션 발표 준비하고 자료 인쇄하기	290
Section 01	슬라이드 노트 및 유인물 제작하기	294
Section 02	프레젠테이션 준비하기	301
Section 03	슬라이드 쇼 화면에서 강조하기	309
Section 04	PDF 형식 및 그림 파일로 저장하기	315
▶ 핵심정리		320
▶ 종합실습		322

01 CHAPTER

파워포인트 2016 기본기 익히기

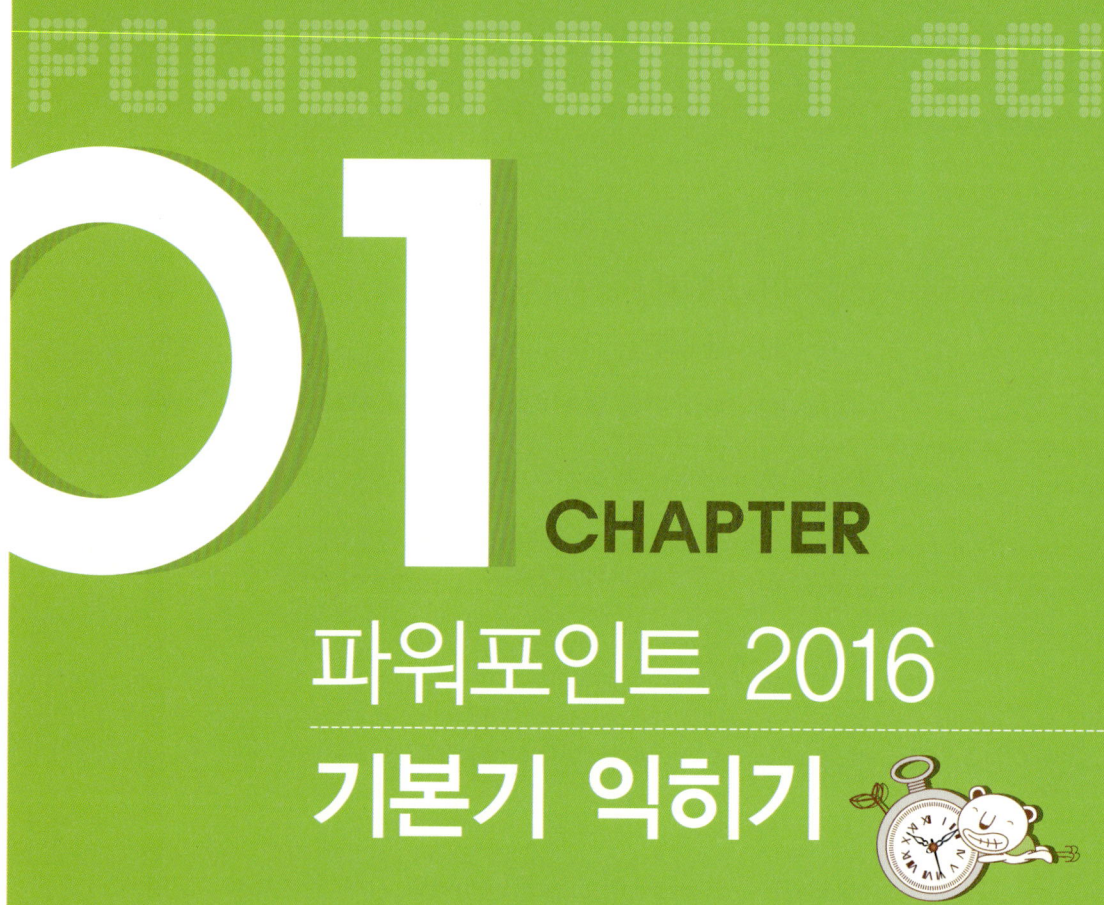

마이크로소프트의 오피스 도구들은 사무자동화 분야의 성장과 함께 일반 대중과 비즈니스 현장에 필수적인 도움이 되고 있다. 이 중에 파워포인트는 프레젠테이션을 위한 필수 제작 도구로써 위상을 공고히 하고 있다. 이번에는 파워포인트 2016의 실행과 종료 방식, 프로그램을 구성하는 메뉴와 레이아웃 전반에 걸쳐 살펴보도록 한다.

Section 01 파워포인트 2016 실행하고 종료하기

Section 02 파워포인트 2016 화면 구성과 리본 메뉴 이해하기

Section 03 새 프레젠테이션 만들고 저장하기

파워포인트 2016의 개요

놀라울 정도로 업그레이드되고 있는 파워포인트 2016을 활용하기 위해 Chapter 1에서는 프로그램 실행과 종료 방법을 알아보고, 프로그램을 구성하는 메뉴 배치와 기본적인 사용법을 익혀본다. 또한, 기본 슬라이드에 문장을 입력하고 저장하거나 열어서 확인하는 기능들에 대해 살펴본다.

Chapter

01 파워포인트 2016 실행하고 종료하기

- [시작] 메뉴를 클릭하고 [모든 앱]-[PowerPoint 2016]을 클릭하면 파워포인트 2016을 실행할 수 있다.

- 작업 화면 오른쪽 위의 [닫기](❌)를 클릭하거나, [파일] 탭-[닫기]를 클릭해 작성 중인 문서 작업을 종료할 수 있다.

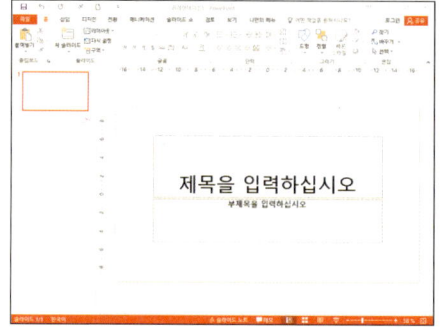
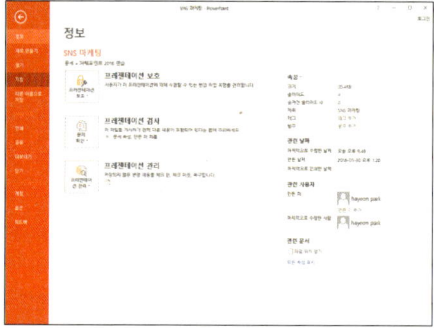

02 파워포인트 2016 화면 구성과 리본 메뉴 이해하기

- 파워포인트 2016은 위에 배치된 리본 메뉴, 빠른 실행 도구 모음, 제목 표시줄, 창 조절 단추들과 슬라이드 창, 슬라이드 미리 보기 창, 상태 표시줄, 화면 보기 단추, 확대/축소 도구 등으로 구성되어 있다.

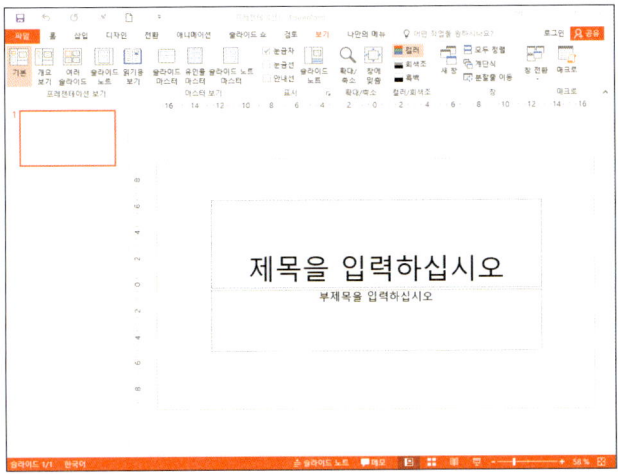

- 파워포인트 2016의 리본 메뉴에는 '어떤 작업을 원하시나요?' 라는 텍스트 상자가 있다. 이는 다음에 수행할 작업과 관련된 단어 및 구를 입력하여 사용하는 기능이며 수행하려는 작업에 빠르게 액세스할 수 있는 텍스트 필드이다.

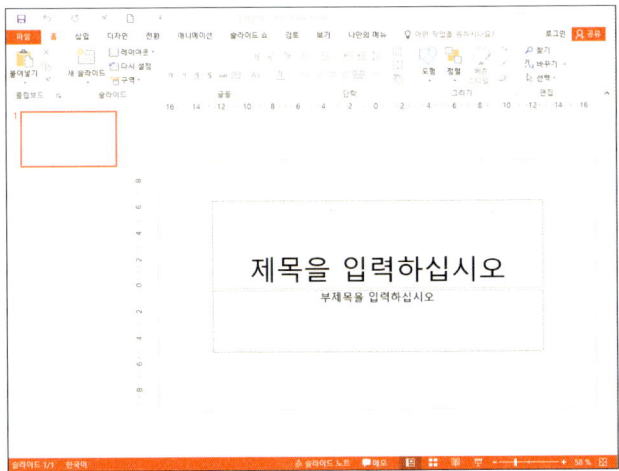

03 새 프레젠테이션 만들고 저장하기

- 기본 제목 슬라이드 및 내용 슬라이드에 배치된 텍스트 상자를 클릭해 원하는 문장을 입력할 수 있다. 주어진 텍스트 상자마다 글꼴 크기, 형태, 정렬 등이 미리 설정되어 있으며, 다양한 서식 명령들을 적용해 변경하는 것이 가능하다.

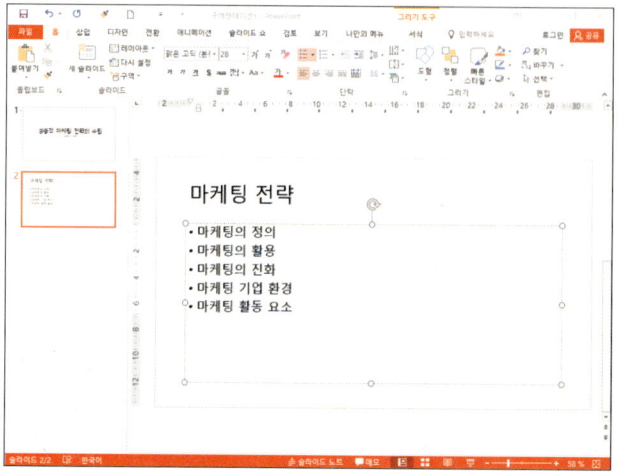

- 빠른 실행 도구 모음의 [저장](📁)이나 [파일] 탭-[저장]이나 [다른 이름으로 저장]을 클릭하여 문서를 저장할 수 있고, 이렇게 저장된 문서는 빠른 실행 도구 모음의 [열기](📁)나 [파일] 탭-[열기]를 클릭해서 불러와 수정 편집 작업이 가능하다.

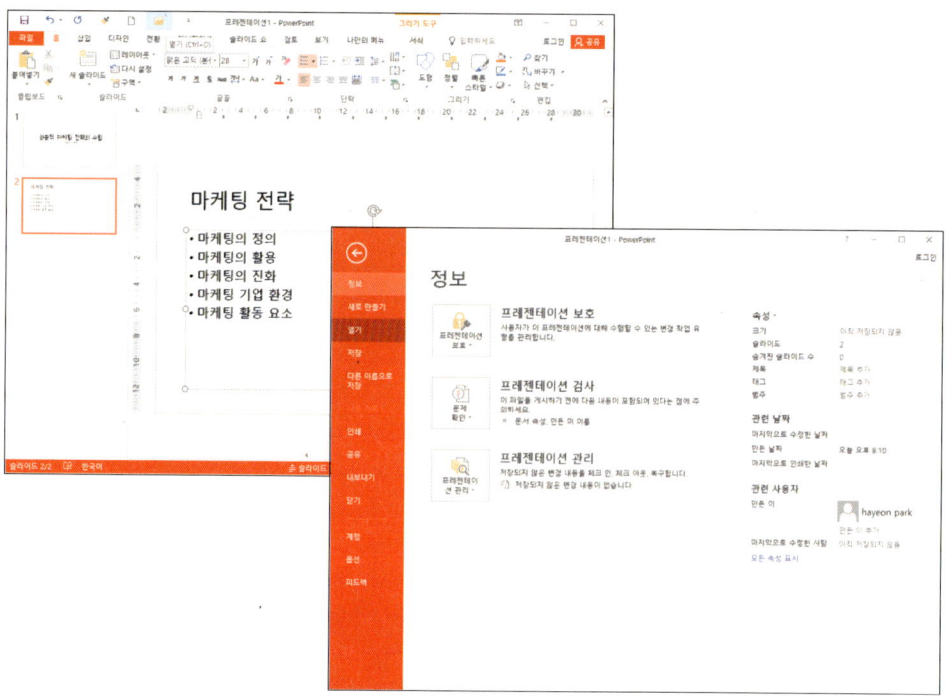

Section 1 파워포인트 2016 실행하고 종료하기

[시작] 메뉴를 클릭하고 [모든 앱]을 클릭하면 목록에서 파워포인트 2016을 실행할 수 있다. 그리고 실행된 파워포인트 2016 화면의 오른쪽 위의 [닫기](×)나, [파일] 탭-[닫기]를 클릭하여 종료할 수 있다.

◯ 알아두기

- [시작] 메뉴의 [모든 앱]을 클릭해서 파워포인트 2016을 실행할 수 있다.
- 화면 오른쪽 위의 [닫기]를 클릭해 파워포인트 2016을 종료할 수 있다.
- [파일] 탭-[닫기]를 클릭해 파워포인트 2016을 종료할 수 있다.

따라하기 01 파워포인트 2016 실행하기

파워포인트 2016을 실행하기 위해서 윈도우의 [시작] 메뉴-[모든 앱]-[PowerPoint 2016]을 클릭하거나, 바탕화면의 바로 가기 아이콘을 더블클릭하여 실행할 수 있다. 파워포인트 2016을 실행해 보자.

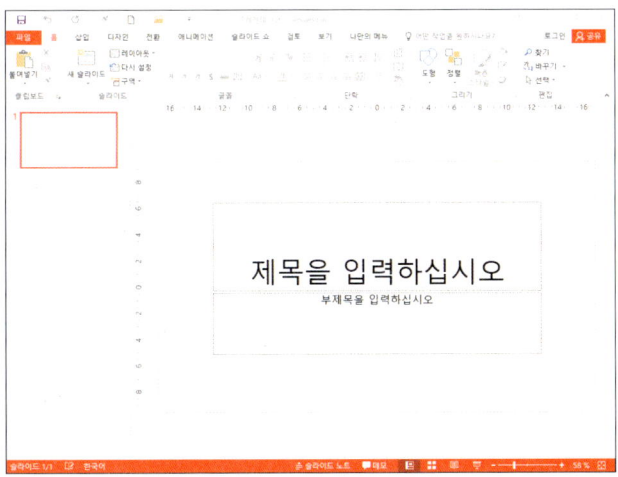

❶ 바탕화면에서 [시작] 메뉴를 클릭하고 [모든 앱]-[PowerPoint 2016]을 클릭한다.

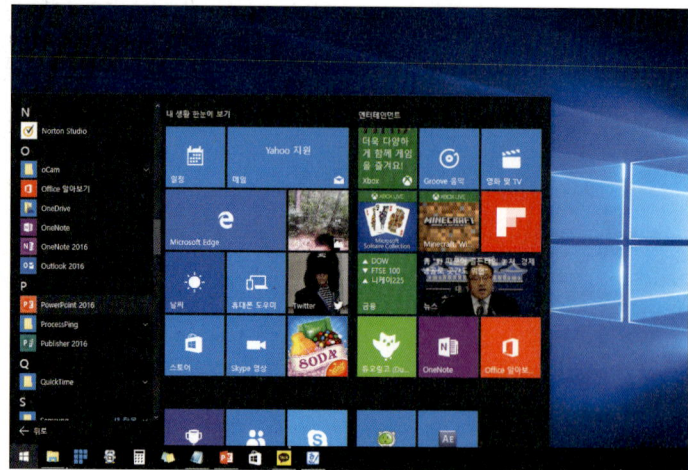

> tip ➕
> 바탕화면에 생성된 [PowerPoint 2016] 바로 가기 아이콘을 더블클릭해도 실행이 가능하다.

❷ 파워포인트 2016의 첫 화면에서 [새 프레젠테이션]을 클릭하면 프로그램의 기본 화면이 시작된다. [새 프레젠테이션]으로 시작이 가능하고, 다양한 서식을 활용하여 선택한 특정 디자인으로도 작업 시작이 가능하다. 또한 [다른 프레젠테이션 열기]를 클릭하여 기존에 저장해 놓았던 프레젠테이션으로 시작할 수도 있다.

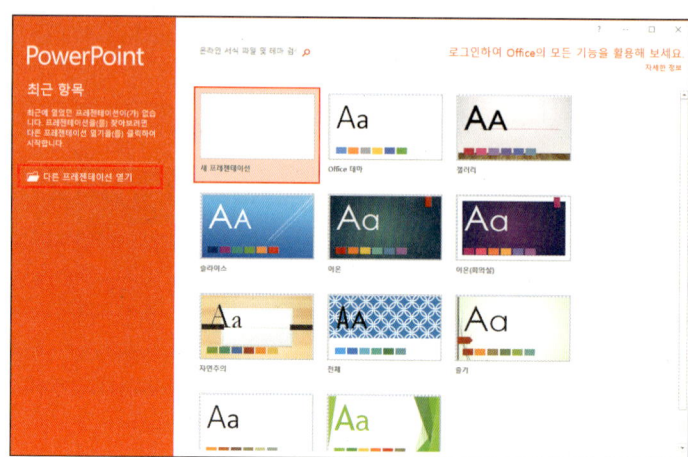

따라하기 02 파워포인트 2016 종료하기

파워포인트 2016을 종료해 보자.

❶ 제목 표시줄의 오른쪽 위의 [닫기](❌)를 클릭해서 파워포인트 2016을 종료할 수 있다.

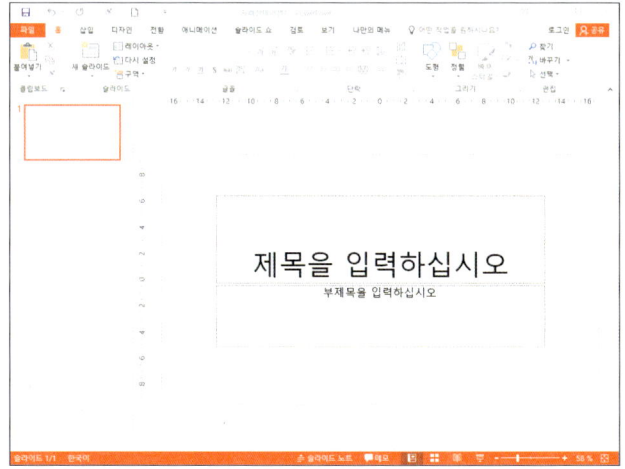

❷ 또는 [파일] 탭-[닫기]를 클릭하여 종료한다.

01 혼자해보기 [시작] 메뉴를 클릭하고 파워포인트 2016을 찾아 실행해 보자.

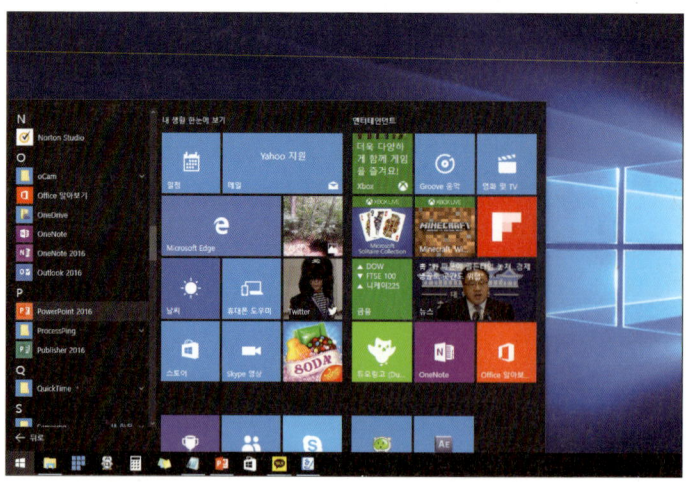

HINT | [시작] 메뉴-[모든 앱] 클릭한 후 [Microsoft]-[PowerPoint 2016] 클릭

02 혼자해보기 백스테이지 메뉴에서 [닫기]를 클릭하여 작업 중인 파워포인트 2016을 종료해 보자.

HINT | 화면에서 [파일] 탭을 클릭하여 백스테이지 화면을 불러낸 후 [닫기] 클릭

파워포인트 2016 화면 구성과 리본 메뉴 이해하기

파워포인트 2016은 파워포인트 2013과 마찬가지로 리본 메뉴의 탭과 그룹, 명령 아이콘들로 이루어져 있다. 그 중에서도 눈에 확 띄는 부분이 하나 있는데 리본 메뉴 탭 부분에 보이는 입력하세요 라는 검색 창이다. 모바일 환경을 고려해서 만들어진 기능이다. 파워포인트 메뉴와 탭, 검색 기능 등을 알아본다.

◯ 알아두기

- 파워포인트 2016의 메뉴와 주요 기능들을 살펴보자.
- 작업 화면의 보기 상태를 상황에 따라 전환해 보자.
- 선택한 리본 메뉴의 주요 기능들을 확인해 보자.
- [어떤 작업을 원하시나요?]라는 검색 창의 기능을 살펴보자.

따라하기 01 파워포인트 2016 화면 구성 이해하기

파워포인트 2016에서 리본 메뉴를 이루는 구성 요소들을 살펴보고, 각각의 그룹과 명령 아이콘들의 정의를 살펴보자.

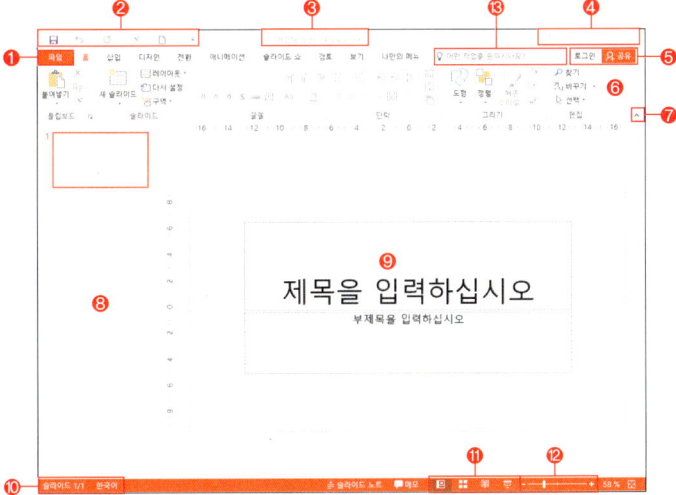

❶ [파일] 탭 : 파워포인트 백스테이지 화면이 나타나며, 이곳에서 기존 편집 문서 열기, 저장, 종료, 인쇄, 계정 관리 옵션 지정 등의 문서 관리가 가능하다.

❷ 빠른 실행 도구 모음 : 리본 메뉴의 메뉴 중에서 자주 사용하는 메뉴를 한 번의 클릭으로 사용할 수 있도록 모아 놓은 것이다. 목록 단추(▼)를 클릭하여 기본적으로 저장, 실행 취소, 새로 만들기 등을 추가하여 사용할 수 있다.

❸ 제목 표시줄 : 현재 선택된 작업 문서의 파일명이 표시된다. 저장하지 않아 문서 이름이 지정되지 않으면 기본 문서 이름 형식대로 '프레젠테이션 1, 2, 3, …' 순으로 임시 제목이 주어진다.

❹ 작업 창 조절 : 화면 이동, 최대화, 최소화, 닫기 등의 기능을 제공한다.

❺ 계정 : 마이크로소프트에 등록한 계정 정보를 표시하거나 조절한다.

❻ 리본 메뉴 : 파워포인트 2016의 명령을 범주별로 구분해 놓은 것으로 각 범주의 이름을 '탭', 범주에 관련된 명령끼리 묶어놓은 것을 '그룹'이라 한다. 파워포인트 2016에서는 사용자가 사용하지 않는 탭을 감추거나, 새로운 탭을 만들어 명령을 추가할 수 있다.

❼ 리본 메뉴 축소 : 클릭해 화면에 펼쳐진 리본 메뉴를 숨기거나 다시 나타나도록 할 수 있다.

❽ 슬라이드/개요 탭 : 슬라이드의 미리 보기 또는 개요를 볼 수 있는 곳으로 마우스로 드래그하여 이동하거나 Delete 를 눌러 삭제가 가능하다. 마우스 오른쪽 버튼을 눌러 좀 더 다양한 메뉴를 이용할 수 있다.

❾ 슬라이드 창 : 파워포인트 2016에서 실제 작업이 이루어지는 영역이다. 텍스트를 입력하거나 도형을 배치하고 표, 차트, 그림 등과 같은 개체를 삽입한다.

❿ 상태 표시줄 : 현재 작업 중인 슬라이드의 번호와 언어, 맞춤법 검사 등을 확인하거나 실행할 수 있다.

⓫ 보기 : 기본(▣), 여러 슬라이드(▦), 읽기용 보기(▤), 쇼(▧) 등, 필요에 따라 보기를 전환해주는 4개의 단추가 있다.

⓬ 확대/축소 : 현재 편집 중인 슬라이드의 배율을 확대/축소할 수 있다. 플러스(+) 또는 마이너스(-) 단추를 클릭하거나, 슬라이드 바를 드래그, 또는 직접 입력하여 조정할 수 있다.

⓭ 설명 : 파워포인트 문서 제목 아래, 그리고 탭의 가장 오른쪽에 위치하고 있다. 텍스트 입력을 기본으로 하고, 마우스 클릭으로 동작할 수 있다. '설명' 기능은 사용자가 작업 내용을 짧은 문장 및 단어 검색으로 기능을 찾을 수 있도록 한다.

따라하기 02 **화면 보기 상태 변경하기**

화면 오른쪽 아래의 단추를 활용하거나, [보기] 탭을 이용하여 슬라이드를 다양한 모양으로 변경하며 볼 수 있다. 화면의 보기 상태를 변경해 보자.

[작업 준비물 : Ch01\01-01-001.pptx]

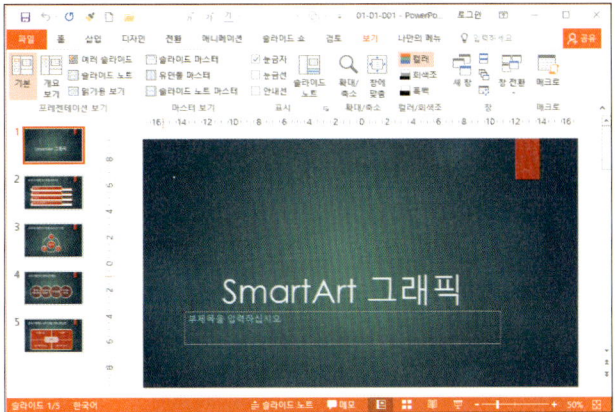

❶ 기본 화면에서 [파일] 탭을 클릭하고 [열기]-[찾아보기]를 클릭한다.

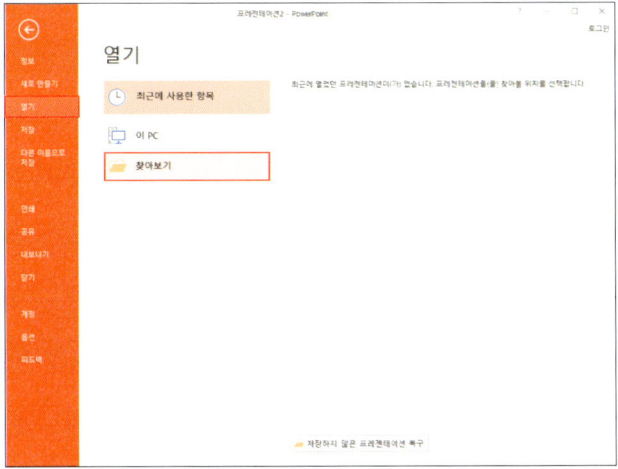

❷ [열기] 대화상자에서 '01-01-001.pptx' 파일을 선택하고 [열기]를 클릭한다.

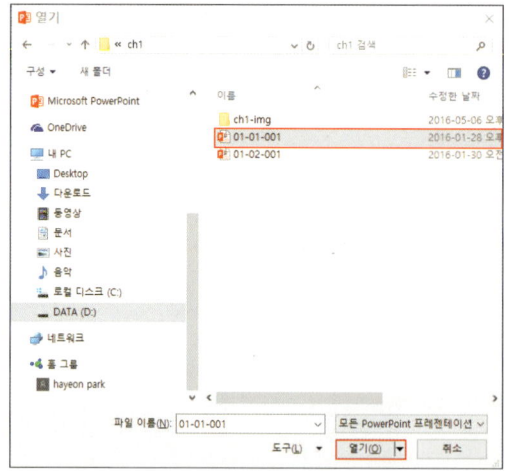

> tip 단축키 Ctrl + O 를 눌러서 파일을 불러올 수도 있다.

❸ [보기] 탭-[프레젠테이션 보기] 그룹-[여러 슬라이드]()를 클릭하면 슬라이드 작업 창에서 여러 슬라이드를 한눈에 확인할 수 있다. 또한 [보기] 탭-[확대/축소] 그룹-[확대/축소]( )를 클릭하여 본인에게 보기 좋은 배율을 설정하여 작업할 수 있다.

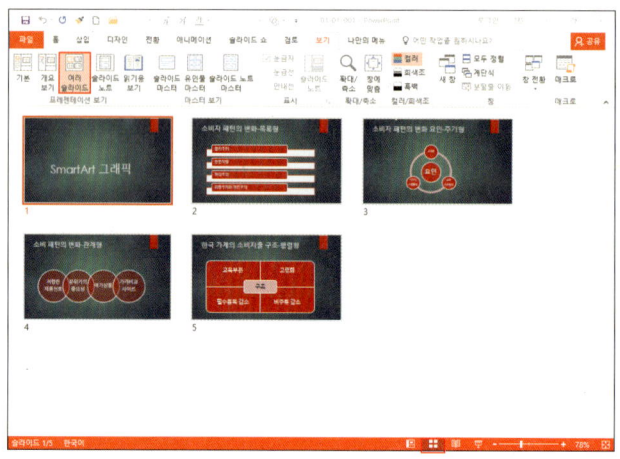

> tip 화면 오른쪽 아래의 [여러 슬라이드]( )를 클릭해도 여러 슬라이드를 한 번에 볼 수 있다.

❹ 실제 발표 시에는 [슬라이드 쇼] 탭-[슬라이드 쇼 시작] 그룹-[처음부터]( )를 클릭하여 슬라이드 쇼를 실행할 수 있다.

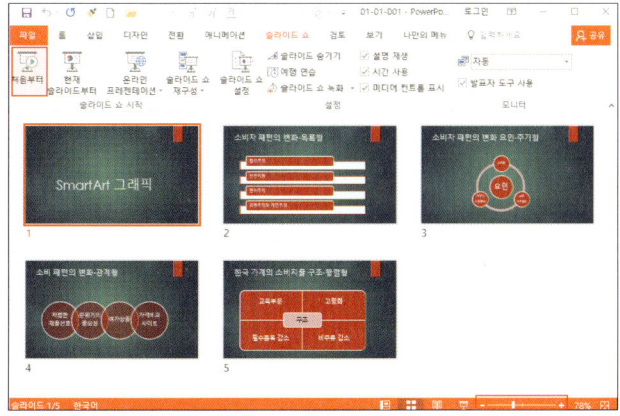

> tip ➕
>
> 슬라이드 쇼의 단축키인 F5 를 누르면 처음부터 슬라이드 쇼가 진행되고, 화면 오른쪽 아래의 [슬라이드 쇼]( )를 클릭하면 현재부터 슬라이드 쇼가 진행된다. 현재 슬라이드부터 슬라이드 쇼의 단축키는 Shift + F5 를 누르면 된다.

❺ [슬라이드 쇼 보기] 상태가 되면, 화면을 마우스 포인터로 클릭하여 다음 슬라이드로 이동할 수 있다. 가장 마지막 슬라이드에서 마우스를 클릭하면, 쇼 이전의 화면 상태로 돌아온다.

❻ [보기] 탭-[프레젠테이션 보기] 그룹-[기본]( )을 클릭하거나, 화면 오른쪽 아래의 [기본]( )을 클릭하여 원래의 [기본 보기] 상태의 화면으로 돌아간다.

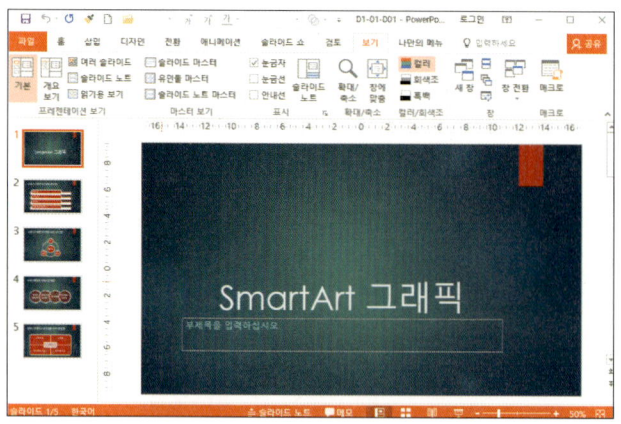

따라하기 03 리본 메뉴 및 도구 모음의 위치

슬라이드 작업을 하다보면 작업 공간이 더 넓었으면 할 때가 있다. 이때 사용하지 않는 리본 메뉴나 다른 작업 영역을 축소하고 원하는 다른 작업 영역을 크게 확장할 수 있다. 리본 메뉴는 [탭]-[그룹]-[메뉴] 구성이 기본이며, 개체를 선택하거나 상황별로 탭이 나타나 지원되는 [도구] 탭을 사용할 수 있다. 지원 기능과 도구 모음의 위치를 알아보자.

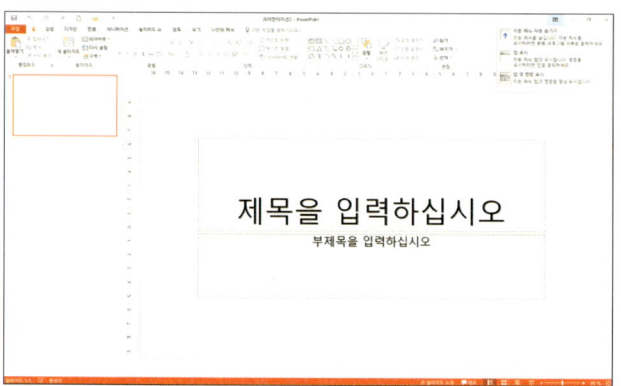

❶ [파일] 탭 : 리본 메뉴의 한쪽 끝에는 [파일] 탭이 있다. [파일] 탭에는 프레젠테이션 열기, 저장, 공유, 내보내기, 인쇄, 관리 등 프레젠테이션 파일 작업 수행 시 사용하는 기본 기능이 있다. [파일] 탭을 클릭하면 백스테이지라는 새로운 보기가 열린다.

❷ [홈] 탭 : 잘라내기 및 붙여넣기 기능, 글꼴 및 단락 옵션, 슬라이드를 추가하거나 구성하는 데 필요한 기능이 있다.

❸ [삽입] 탭 : 그림, 도형, 차트, 링크, 텍스트 상자, 비디오 등 다양한 요소를 슬라이드에 추가할 수 있는 기능이 있다.

❹ [디자인] 탭 : 테마나 색 구성표를 추가하거나 슬라이드 배경 서식을 지정할 수 있는 기능이 있다.

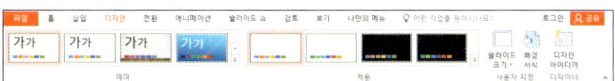

❺ [전환] 탭 : 슬라이드 화면 전환 방법을 설정할 수 있다. [슬라이드 화면 전환] 그룹에는 적용 가능한 전환 옵션 갤러리가 있으며, 갤러리 옆의 자세히 단추( )를 클릭하면 모든 옵션을 볼 수 있다.

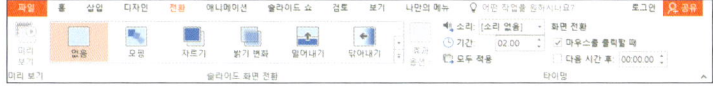

❻ [애니메이션] 탭 : 슬라이드 요소의 움직임을 구성한다. [애니메이션] 그룹의 갤러리에서 적용 가능한 다양한 애니메이션을 보고 자세히 단추( )를 클릭하여 추가 애니메이션을 볼 수 있다.

❼ [슬라이드 쇼] 탭 : 청중에게 보여 주는 프레젠테이션을 방식을 설정할 수 있다.

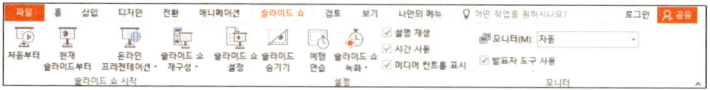

❽ [검토] 탭 : 메모를 추가하고, 맞춤법 검사를 실행하거나 이전 버전 등의 다른 프레젠테이션과 비교할 수 있다.

❾ [보기] 탭 : 현재 프레젠테이션을 만드는 중인지, 발표 중인지에 따라 프레젠테이션을 다양한 방식으로 볼 수 있다.

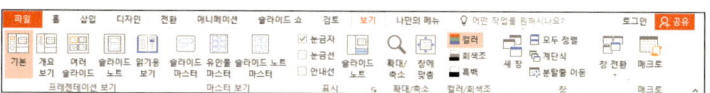

❿ [도구] 탭 : 그림, 도형, SmartArt, 텍스트 상자 등 슬라이드의 일부를 클릭하면 색이 다른 새 탭이 나타난다. 도형이나 텍스트 상자를 클릭하면 [그리기 도구] 탭이 나타난다. 그림을 클릭하면 [그림 도구] 탭이 나타난다. 마찬가지로 선택한 요소에 따라 [SmartArt 도구], [차트 도구], [표 도구], [비디오 도구] 탭이 나타난다. 이것을 [도구] 탭이라 한다. 프레젠테이션에서 다른 요소를 클릭하면 이러한 탭이 사라지거나 다른 탭으로 바뀐다.

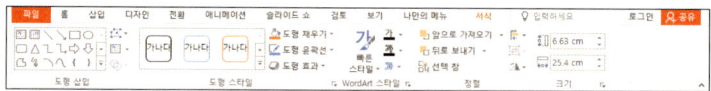

따라하기 04 **사용자 지정 리본 메뉴(새 탭) 만들기**

자주 사용하는 명령만을 모아 새로운 탭을 만들 수 있다.

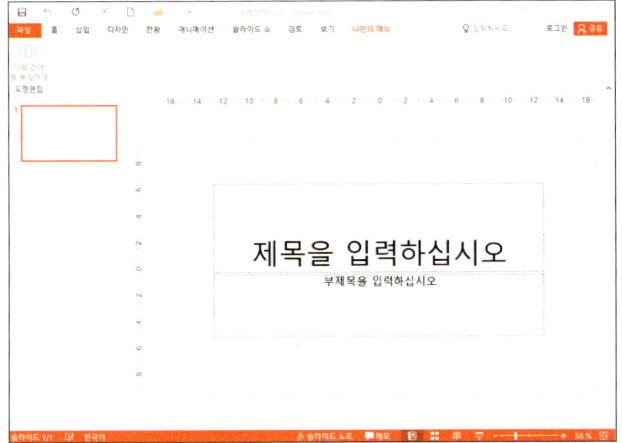

❶ [파일] 탭을 클릭한 후 왼쪽 범주에서 [옵션]을 클릭한다.

❷ [PowerPoint 옵션] 창이 열리면 왼쪽 범주에서 [리본 사용자 지정]을 클릭하고 오른쪽 리본 메뉴 사용자 지정에서 [보기] 탭을 선택한 후 [새 탭]을 클릭한다.

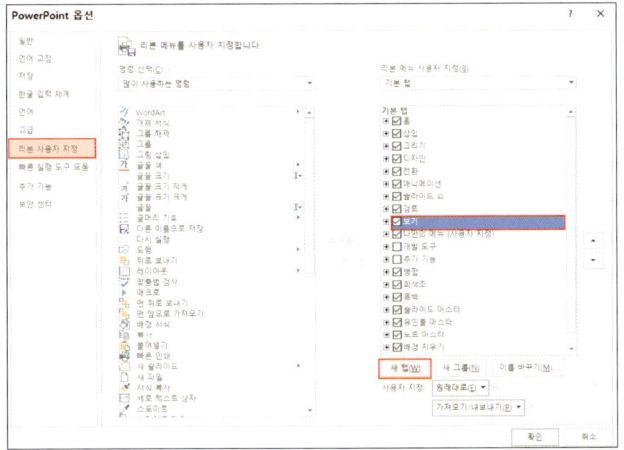

Section 2 . 파워포인트 2016 화면 구성과 리본 메뉴 이해하기

❸ [보기] 탭 아래에 새 탭이 삽입되면 [새 탭(사용자 지정)]을 선택하고 [이름 바꾸기]를 클릭한다.

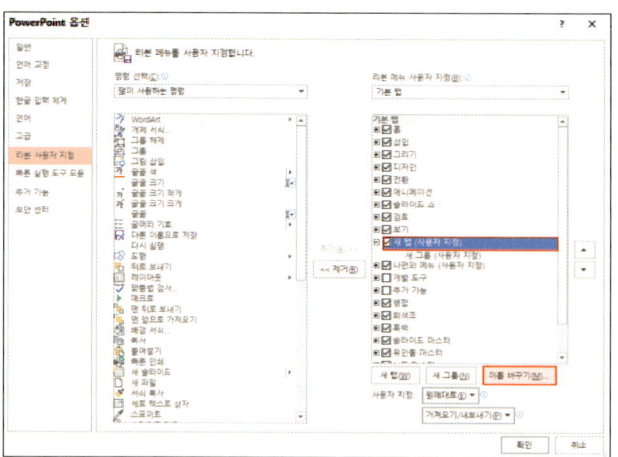

❹ [이름 바꾸기] 창이 나타나면 [표시 이름]에 '나만의 메뉴'를 입력하고 [확인]을 클릭한다.

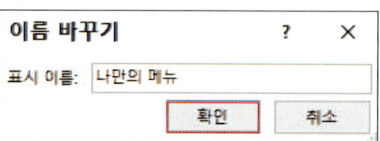

❺ 새 탭의 이름이 바뀌면 [새 그룹(사용자 지정)]을 선택한 후 [이름 바꾸기]를 클릭한다.

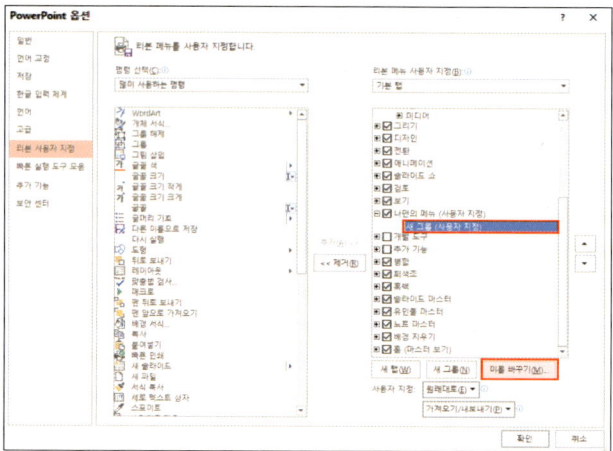

❻ [이름 바꾸기] 창이 나타나면 [표시 이름]에 '도형편집'을 입력한 후 [확인]을 클릭한다.

❼ 새 그룹의 이름이 바뀌면 [도형편집(사용자 지정)]을 선택하고, 목록 중에 [가로 간격을 동일하게] 명령을 클릭한 다음 [추가]를 클릭해서 [도형편집(사용자 지정)]에 추가한다. 이와 같은 방법으로 필요한 명령 아이콘을 더 추가할 수 있다.

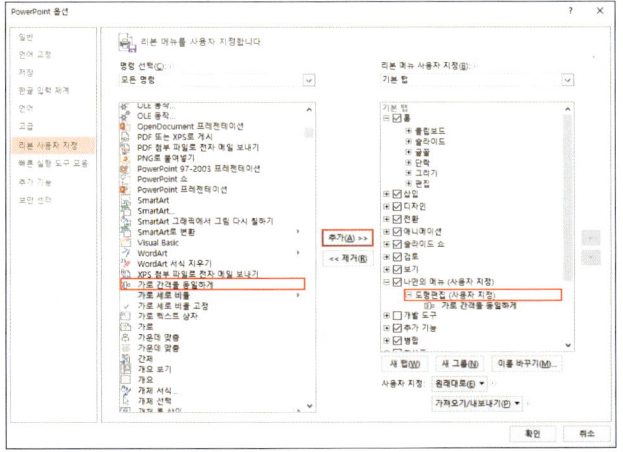

추가한 명령 아이콘을 삭제하려면 [PowerPoint 옵션] 창에서 [리본 메뉴 사용자 지정] (▾) 목록 단추를 클릭한 후 해당 명령 아이콘을 선택한 후 [제거]를 클릭한다.

❽ [홈] 탭 왼쪽에 [나만의 메뉴] 탭이 삽입된 것을 확인할 수 있다. [나만의 메뉴] 탭을 클릭하면 추가한 명령 아이콘을 확인할 수 있다.

Section 2. 파워포인트 2016 화면 구성과 리본 메뉴 이해하기

따라하기 05 빠른 실행 도구 모음 다루기

리본 메뉴의 도구들은 사용할 때마다 해당 탭을 클릭해 찾아야 하는 번거로움이 있다. 자주 사용하는 도구를 이러한 번거로움 없이 실행하려면 항상 화면에 보이는 빠른 실행 도구 모음에 추가하여 사용하면 된다.

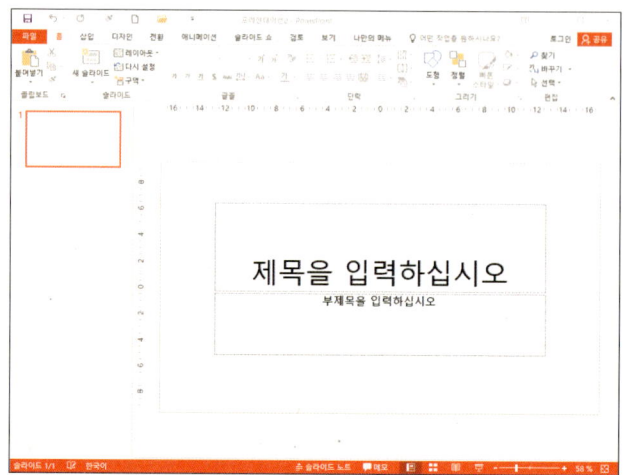

① [빠른 실행 도구 모음 사용자 지정](▼) 목록 단추를 클릭한 후 [열기]를 선택한다. 목록의 [열기]에 체크 표시가 되고, 빠른 실행 도구 모음에 추가된다.

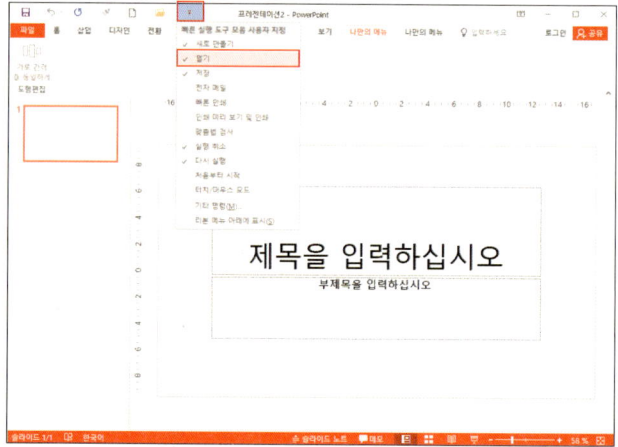

❷ 리본 메뉴에 있는 도구를 빠른 실행 도구 모음에 추가하기 위해 [홈] 탭-[클립보드] 그
룹-[서식 복사] 위에서 마우스 오른쪽 버튼을 눌러 [빠른 실행 도구 모음에 추가]를 선
택한다.

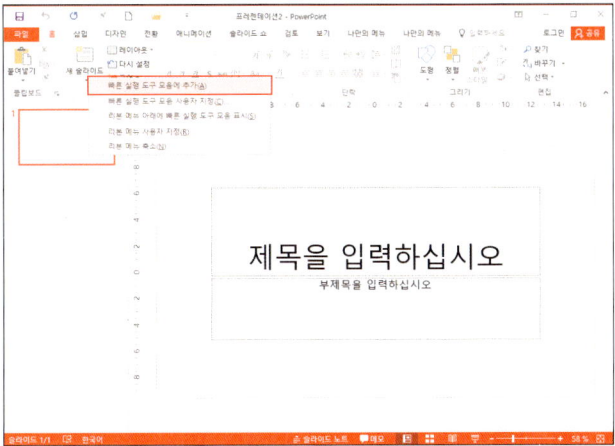

❸ 빠른 실행 도구 모음 목록에 추가된 도구를 제거하려면 제거할 도구 위에서 마우스 오
른쪽 버튼을 눌러 [빠른 실행 도구 모음에서 제거]를 선택한다.

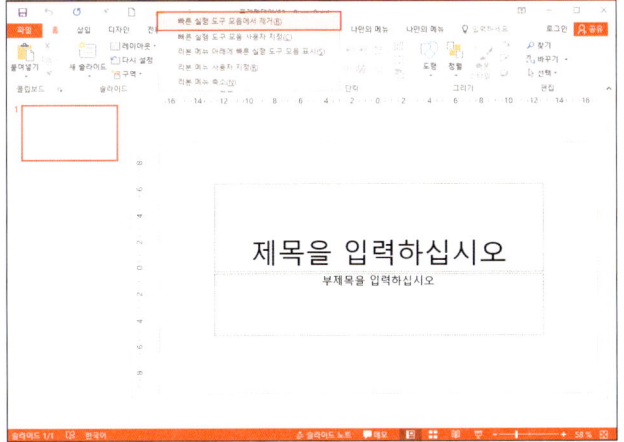

따라하기 06 '설명' 기능 이해하기

'설명' 기능은 전구 모양의 아이콘과 함께 [입력하세요](♀ 입력하세요)라고 표시되어 있으며, 텍스트 입력을 기본으로 하고 마우스로 클릭하여 해당 기능을 동작할 수 있다. 문서 제목 아래 그리고 탭의 가장 오른쪽에 위치하고 있다.

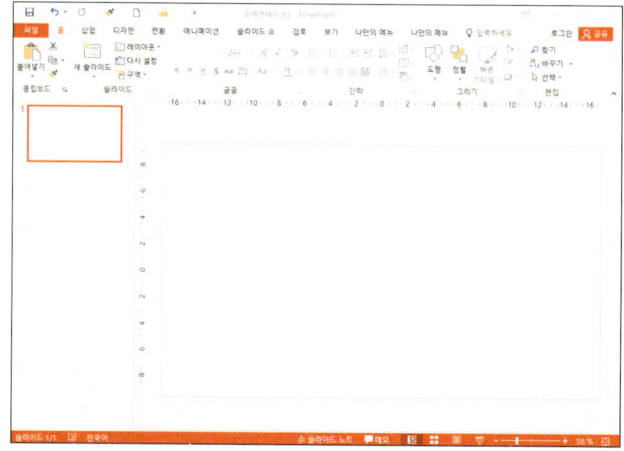

❶ 글자 색을 변경하기 위해 슬라이드 편집 창에 입력한 '파워포인트 2016' 이 입력된 제목 텍스트 상자를 클릭한 후 [설명] 창에 '텍스트 색', '글자 색', '글꼴 색', '색' 등으로 작업과 연관된 '구' 나 '단어' 를 입력하면 관련된 메뉴를 표시해준다.

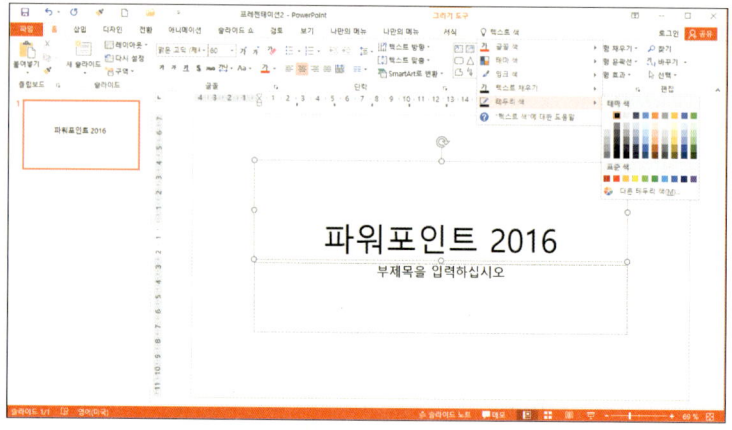

> tip ➕
> 단축키 [Alt]+[Q]를 눌러 실행할 수 있다.

01 혼자해보기

예제 파일을 불러온 후 한 화면에 전체 슬라이드가 보이는 [여러 슬라이드 보기] 상태로 설정해 보자.

[작업 준비물 : Ch01\01-02-001.pptx]

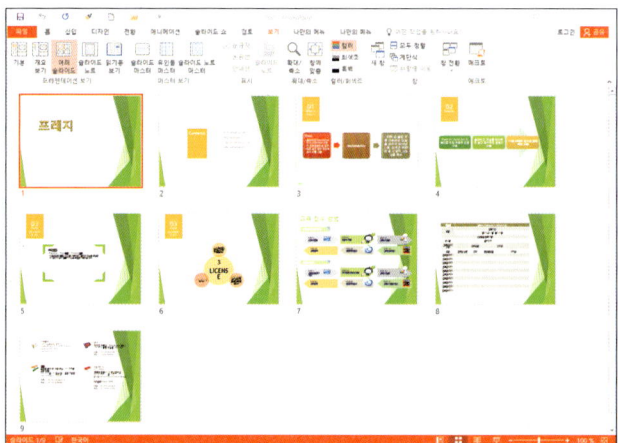

HINT | [보기] 탭-[프레젠테이션 보기] 그룹-[여러 슬라이드]( ) 또는 화면 오른쪽 아래의 [여러 슬라이드]( ) 클릭

02 혼자해보기

빈 슬라이드 제목 텍스트 상자에 '파워포인트 설명'이라 입력한 후 '설명' 기능을 이용하여 '글꼴 색'을 지정할 수 있는 메뉴를 찾아보자.

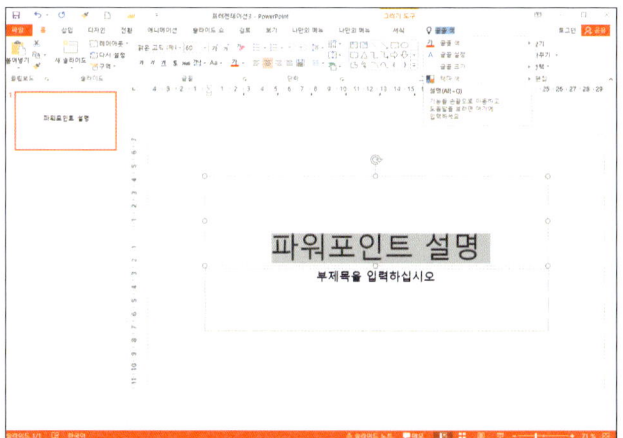

HINT | [입력하세요]( )를 클릭하여 '글꼴 색' 입력

Section 2 . 파워포인트 2016 화면 구성과 리본 메뉴 이해하기

Section 3. 새 프레젠테이션 만들고 저장하기

파워포인트 2016을 처음 실행하면 서식이 없는 제목 슬라이드가 표시된다. 제목 슬라이드는 프레젠테이션의 표지 역할을 하는 슬라이드로 제목과 부제목을 입력하는 것으로 작업을 시작한다. 이렇게 작업된 문서는 '저장' 기능을 통해 수시로 저장할 수 있으며, '다른 이름으로 저장' 기능을 통해 다른 이름을 가진 새 파일로 저장이 가능하다.

◐ 알아두기

- 슬라이드의 제목과 부제목 텍스트 상자에 텍스트를 입력할 수 있다.
- [파일] 탭-[저장]을 클릭하여 문서의 이름과 저장 위치를 지정할 수 있다.
- 작업 중인 문서의 이름과 저장 위치를 변경할 수 있다.

따라하기 01 | 새로운 슬라이드에 내용 입력하기

서식이 없는 제목 슬라이드가 표시되면, 제목과 부제목을 입력해 보고, 슬라이드를 추가하여 내용을 입력해 보자.

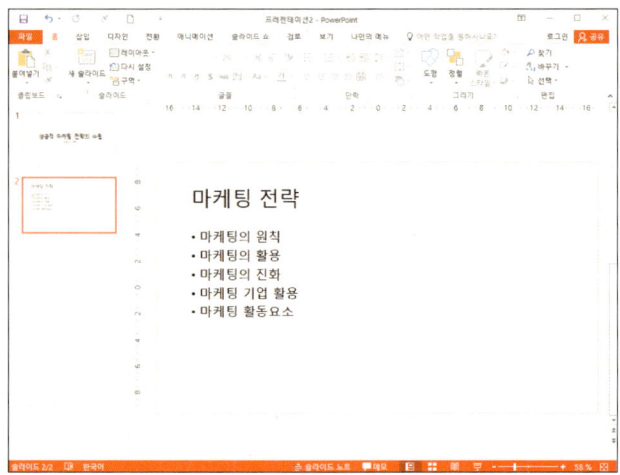

❶ [파일] 탭-[새로 만들기]-[새 프레젠테이션]을 더블클릭한다.

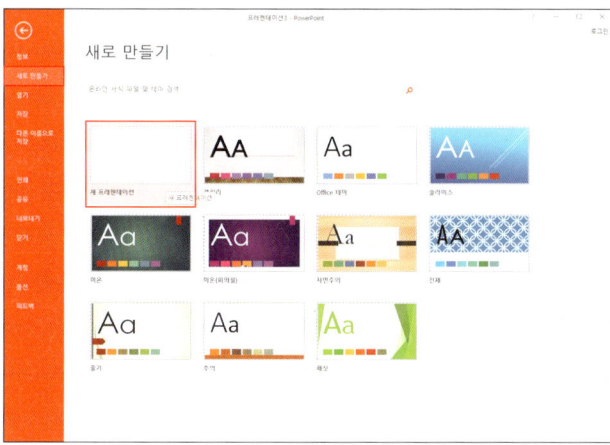

❷ '제목을 입력하십시오' 라고 보여지는 제목 텍스트 상자를 클릭한 후 '성공적 마케팅 전략의 수립' 을 입력한다. '부제목을 입력하십시오' 라고 보여지는 부제목 텍스트 상자를 클릭한 후 'E&M 컨설팅' 이라고 입력한다.

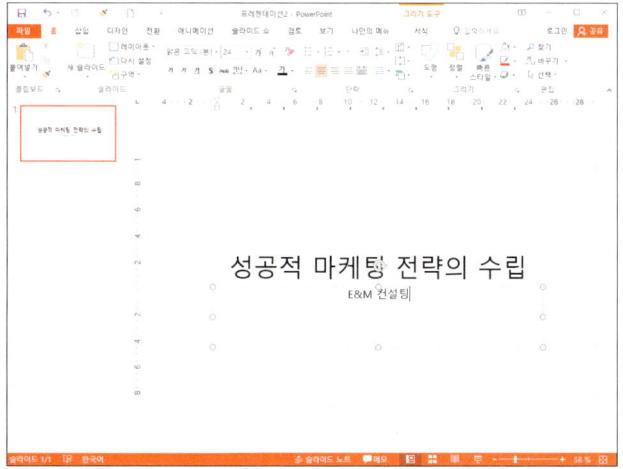

> 텍스트를 입력한 후에 원하는 글꼴, 크기, 색 등을 수정할 수 있다.   tip ➕

❸ 두 번째 슬라이드를 만들기 위해 [홈] 탭-[슬라이드] 그룹-[새 슬라이드]( )를 클릭한다.

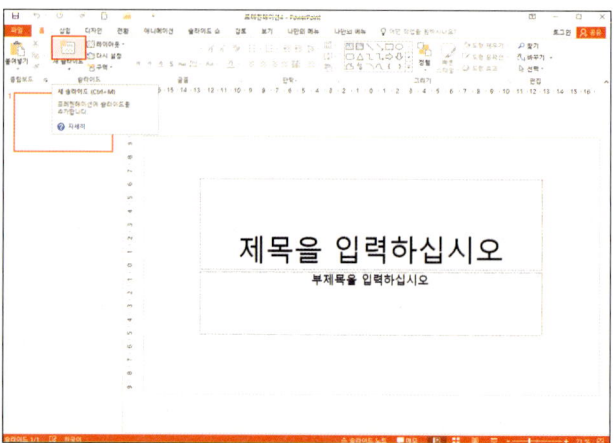

❹ '제목 및 내용' 슬라이드가 추가되면, 같은 방법으로 '제목을 입력하십시오' 제목 텍스트 상자를 클릭하여 제목을 입력하고, '텍스트를 입력하십시오' 내용 텍스트 상자를 클릭하여 다음과 같이 내용을 입력한다.

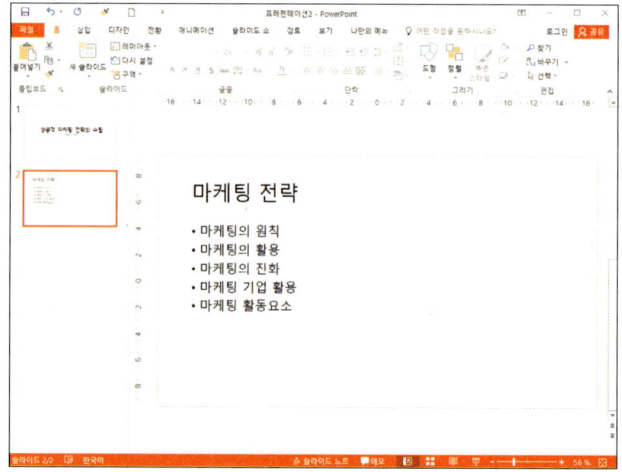

따라하기 **02 작업한 문서 저장하기**

백스테이지 화면에서 작업 중인 문서를 원하는 파일 이름으로 원하는 위치에 저장해 보자.

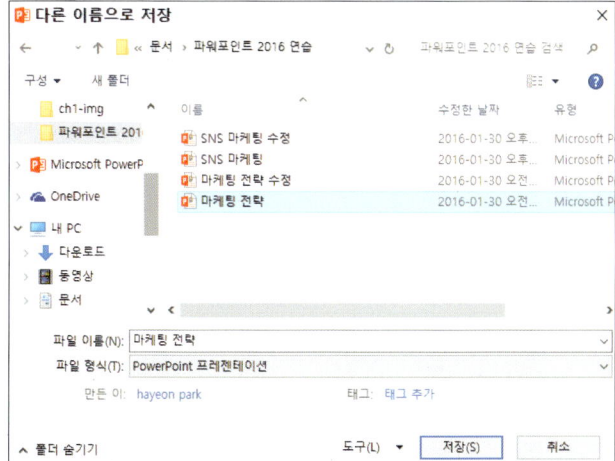

❶ [파일] 탭을 클릭하여 백스테이지 화면으로 이동한 뒤, [저장]을 클릭한다. 최초 저장 시에는 [다른 이름으로 저장]으로 바뀐다. [다른 이름으로 저장]에서 [이 PC]를 더블클릭한다.

Section 3 . 새 프레젠테이션 만들고 저장하기

❷ [다른 이름으로 저장] 대화상자가 나타나면 왼쪽 범주에서 [저장할 드라이브]를 선택하고 오른쪽 범주에서 [저장할 폴더]를 선택한 후 [파일 이름]에 '마케팅 전략'을 입력하고 [저장]을 클릭한다.

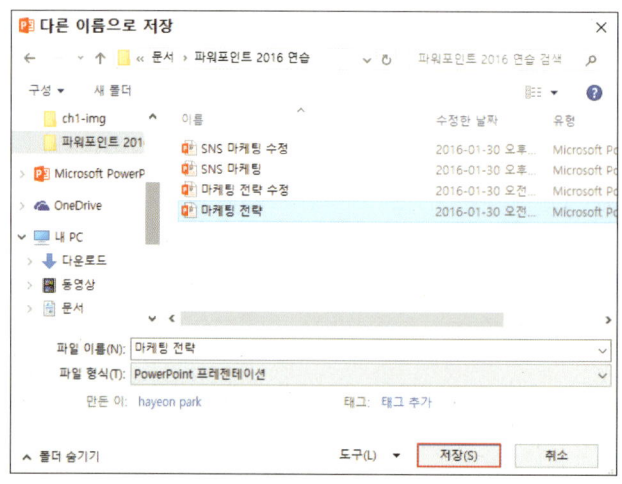

따라하기 03 서식 파일 이용하여 프레젠테이션 만들기

파워포인트 2016에서 지원하는 다양한 예제 서식 파일을 이용하여 새 프레젠테이션을 만들어 보자.

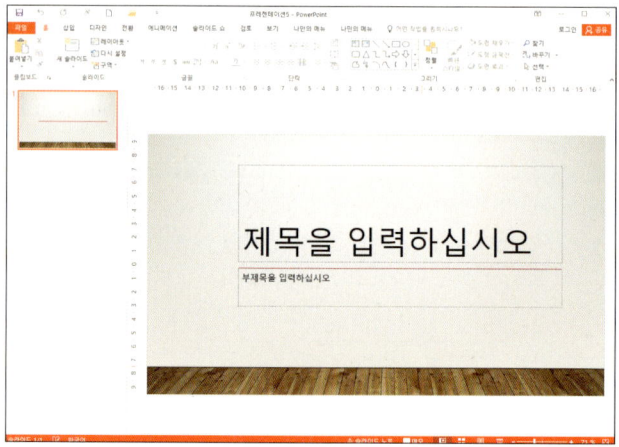

❶ [파일] 탭을 클릭해 백스테이지로 이동한다.

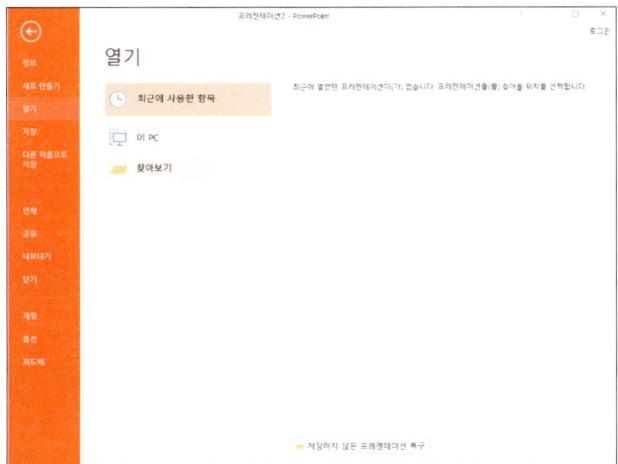

❷ 백스테이지 메뉴에서 [새로 만들기]를 클릭하면 새 프레젠테이션 및 다양한 이름의 서식이 나타난다. 여기서 서식을 선택하여 프레젠테이션 작업을 할 수 있다. 예를 들어서 [갤러리]를 클릭하면 갤러리 서식을 구성하는 [요소] 창이 나타난다. [만들기]를 클릭하여 갤러리 서식으로 프레젠테이션 작업을 할 수 있다.

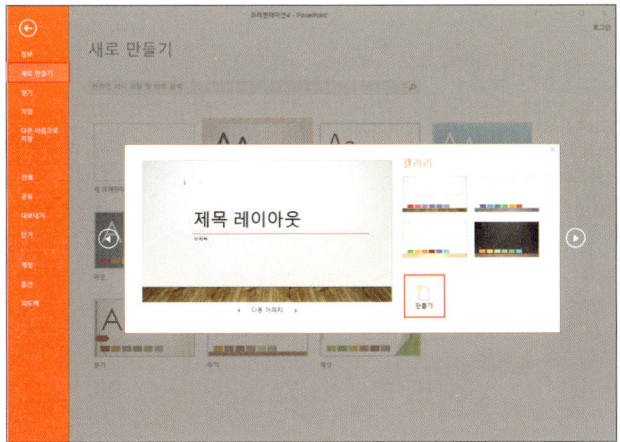

온라인 서식 파일 및 테마 검색 시 키워드를 입력하여 검색하면 더 많은 예제 서식 파일을 찾을 수 있다.

따라하기

04 저장한 문서 불러와 수정하기

저장한 문서를 불러와서 수정 및 편집을 해 보자.

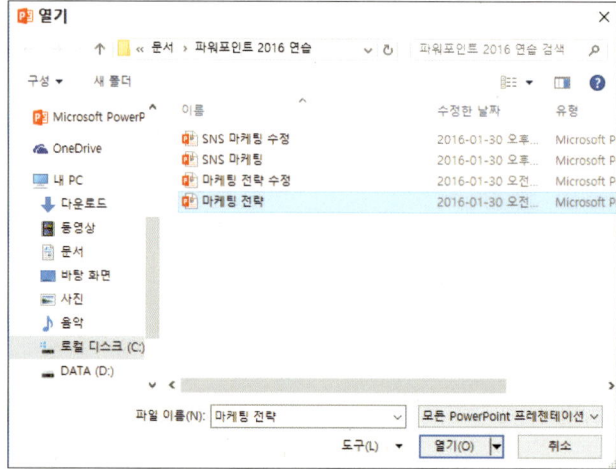

❶ [파일] 탭-[열기]를 클릭해서 [찾아보기]를 클릭한다.

> tip ➕
> [최근에 사용한 항목]을 클릭하여 최근 작업한 파일을 목록에서 바로 선택해서 사용할 수 있다.

❷ [열기] 대화상자가 나타나면 파일이 저장된 폴더를 클릭하고 파일을 선택한 뒤, [열기]를 클릭한다.

❸ 불러온 파일을 수정하고 완료되면 [파일] 탭-[저장]을 클릭한다. 파일 이름 및 저장 위치는 변경되지 않고 수정한 내용만 변경이 되어 저장된다. [파일] 탭-[다른 이름으로 저장]을 클릭하면 파일 이름 및 저장 위치를 변경하여 저장된다. 이때 파일 1개가 더 생성된다.

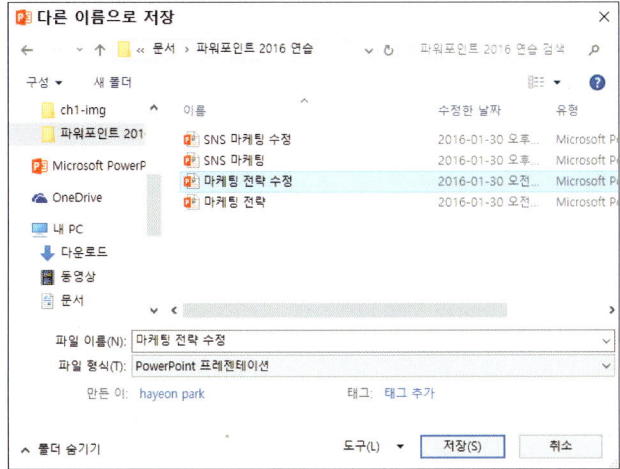

빠른 실행 도구 모음의 [저장]()을 클릭해도 작업 중인 내용을 수시로 저장할 수 있다. tip ➕

핵심정리 summary

1. **파워포인트 2016 실행하고 종료하기**
   - [시작] 단추를 클릭하고 [모든 앱]-[P] 그룹의 [PowerPoint 2016]을 클릭해 실행할 수 있다.
   - 바탕화면에서 [PowerPoint 2016] 바로 가기 아이콘을 더블클릭해서 파워포인트 2016을 실행할 수 있다.
   - 파워포인트 2016을 실행하고 기본 화면에서 [새로 만들기]를 더블클릭하여 빈 프레젠테이션 문서를 열 수 있다.
   - 화면 오른쪽 위의 [닫기](×)를 클릭하면 파워포인트 2016을 종료할 수 있다.
   - [파일] 탭-[닫기]를 클릭해 파워포인트 2016을 종료할 수 있다.

2. **파워포인트 2016의 화면 구성과 리본 메뉴 이해하기**
   - 파워포인트 2016은 리본 메뉴로 구성되어 있으며, 리본 메뉴는 [탭]-[그룹]-[메뉴] 구성으로 이루어져 있다.
   - 작업 화면을 상황에 따라 다양하게 전환할 수 있는 보기 명령들이 [보기] 탭과 작업 화면 오른쪽 아래에 단추로 배치되어 있다.
   - 리본 메뉴는 '리본 메뉴 사용자 지정' 기능을 이용하여 사용자가 원하는 명령을 추가하여 새로운 탭으로 추가 구성할 수 있다.
   - '빠른 실행 도구 모음 명령 추가' 기능을 이용하여 빠른 실행 도구 모음에 자주 사용하는 명령 도구들을 빠르고 쉽게 추가하여 사용할 수 있다.
   - 입력하세요(입력하세요)에 키워드를 입력하여 상황에 따른 메뉴, 명령 실행 등의 도움말을 참고할 수 있다.

핵심정리

3. 새 프레젠테이션 만들고 저장하기

- [파일] 탭-[새로 만들기]를 이용하여 기본 슬라이드를 구성하고 원하는 문장을 입력할 수 있다.
- [파일] 탭-[새로 만들기]의 다양한 서식을 선택하여 미리 구성된 디자인을 이용하여 프레젠테이션을 만들 수 있다.
- [홈] 탭-[슬라이드] 그룹-[새 슬라이드]()를 클릭해 새로운 슬라이드를 계속 추가해서 사용할 수 있다.
- [파일] 탭-[저장]을 클릭해 작업 중인 문서를 저장할 수 있다.
- [파일] 탭-[다른 이름으로 저장]을 클릭해 작업 중인 문서의 파일 이름이나 저장 위치를 변경하여 저장할 수 있다.

종합실습 pointup

1. 새 프레젠테이션 문서에 다음과 같이 제목과 부제목을 입력한 뒤, 'SNS 마케팅' 이라는 파일 이름으로 저장하고 현재 작업 중인 문서만 닫아 보자.

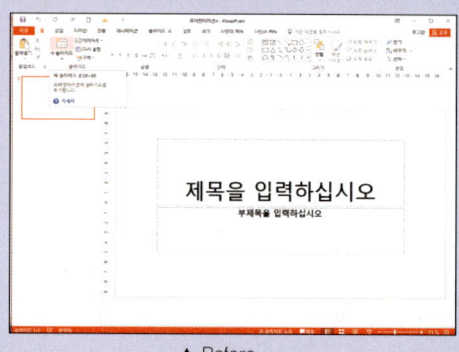
▲ Before

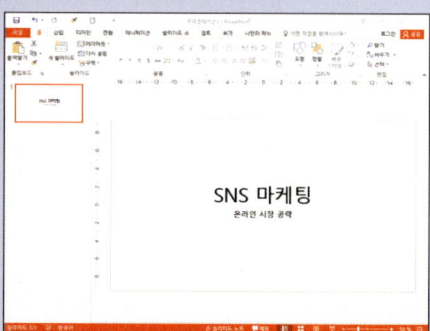
▲ After

HINT | • [파일] 탭–[새로 만들기]–[새 프레젠테이션] 더블클릭
- 제목 텍스트 상자, 부제목 텍스트 상자 클릭 후 입력
- [파일] 탭–[저장] 클릭 후 [파일 이름]을 'SNS 마케팅' 으로 입력하고 [저장] 클릭
- 화면 오른쪽 위 [닫기](✕) 클릭

2. 'SNS 마케팅.pptx'를 불러온 후, 새 슬라이드를 추가해 다음과 같이 입력한 후 저장해 보자.

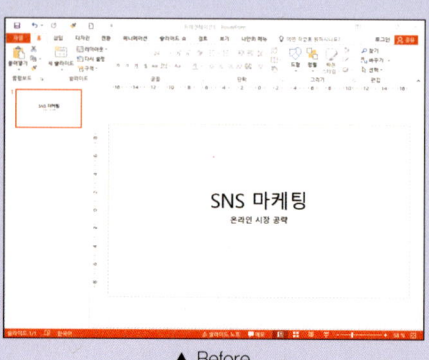
▲ Before

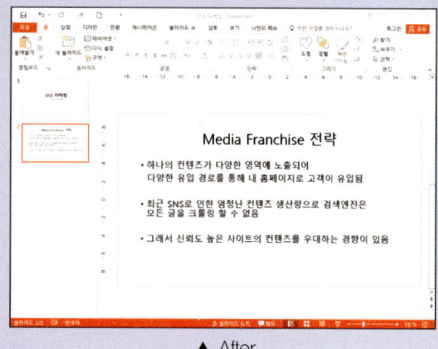
▲ After

HINT | • [홈] 탭–[슬라이드] 그룹–[새 슬라이드]( )를 클릭 또는 슬라이드 축소판/개요 작업 창 의 '슬라이드 1' 선택한 후 Enter
- 제목 텍스트 상자, 내용 텍스트 상자 클릭 후 입력
- [파일] 탭–[저장] 클릭

종합실습 pointup

3. 새 슬라이드를 추가하고, 다음과 같이 입력한 후 '다른 이름으로 저장' 기능을 이용하여 파일 이름을 'SNS 마케팅 수정'으로 변경하여 저장해 보자.

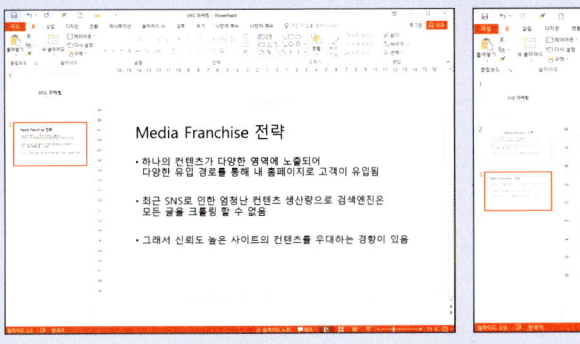
▲ Before

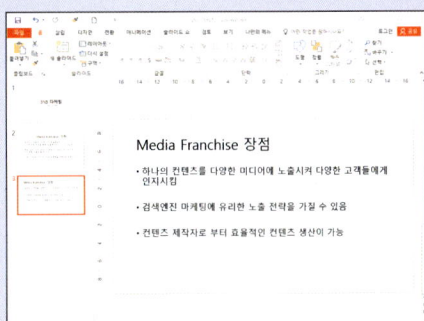
▲ After

HINT | • [홈] 탭-[슬라이드] 그룹-[새 슬라이드]( ) 클릭
 • 제목 텍스트 상자, 내용 텍스트 상자 클릭 후 입력
 • [파일] 탭-[다른 이름으로 저장] 클릭 후 파일 이름 변경한 후 저장

4. 3번 슬라이드의 제목 'Media Franchise 장점' 아래의 모든 영역을 영역 지정한 후 줄 간격을 변경하는 방법을 찾아보자.

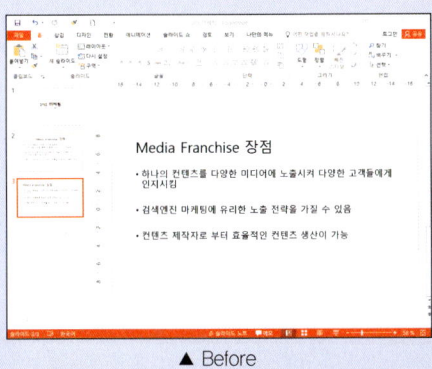
▲ Before

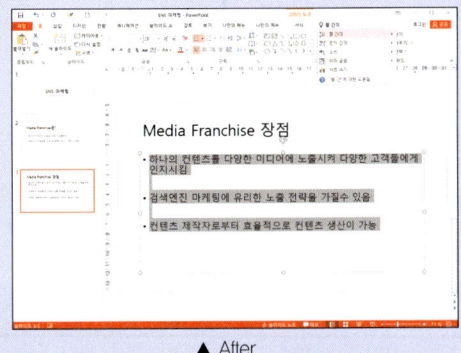
▲ After

HINT | 내용 텍스트 상자의 모든 내용을 마우스로 드래그하여 영역 지정한 후 화면 오른쪽 위의 [입력하세요]( ) '줄 간격' 입력

Chapter 1. 종합실습

02 CHAPTER

문자 입력하고 서식 조정하기

텍스트 입력 시 한글을 한자로 변환하거나, 특수 기호를 삽입하면 문서를 더욱 돋보이게 만들 수 있다. 또한, 입력한 텍스트 배치와 줄 간격을 조정하여 청중이 슬라이드를 쉽게 이해할 수 있도록 할 수 있다. 이러한 부분들이 준비되었다면 슬라이드 쇼를 통해 발표자의 의도가 잘 전달될 수 있는지, 슬라이드가 잘 만들어졌는지 점검하는 마지막 단계가 필요하다. 이러한 과정들에 대해 알아보자.

Section 1   텍스트 서식 설정하고 정렬하기
Section 2   특수 기호와 한자 입력하기
Section 3   개요 형식의 수준이 다른 텍스트 입력하기
Section 4   구역 나누기
Section 5   슬라이드 쇼 실행하기

텍스트와 슬라이드 다루기

Chapter 2

텍스트 상자를 클릭하고 텍스트를 입력한 후 글꼴, 크기, 정렬 등의 기능을 이용해 사용자가 원하는 형태의 텍스트로 구성할 수 있다. 또한 특수 기호와 한자 입력을 할 수 있고 목록 수준의 늘림과 줄임을 이용하여 수준을 설정할 수도 있다. 문서의 모든 슬라이드를 몇 개의 구역으로 나누어 해당 위치로 빠르게 이동할 수도 있다.

01 텍스트 서식 설정하고 정렬하기

- 텍스트 상자를 클릭하여 원하는 내용을 입력한 후 텍스트 상자 테두리를 클릭하여 전체 문장을 선택하거나, 텍스트 상자 안쪽의 텍스트를 드래그하여 일부 영역만 범위로 설정할 수 있다. 이 때 [홈] 탭-[글꼴] 그룹에서 서식 명령을 사용하면 선택된 텍스트의 서식을 보기 좋게 변경할 수 있다.

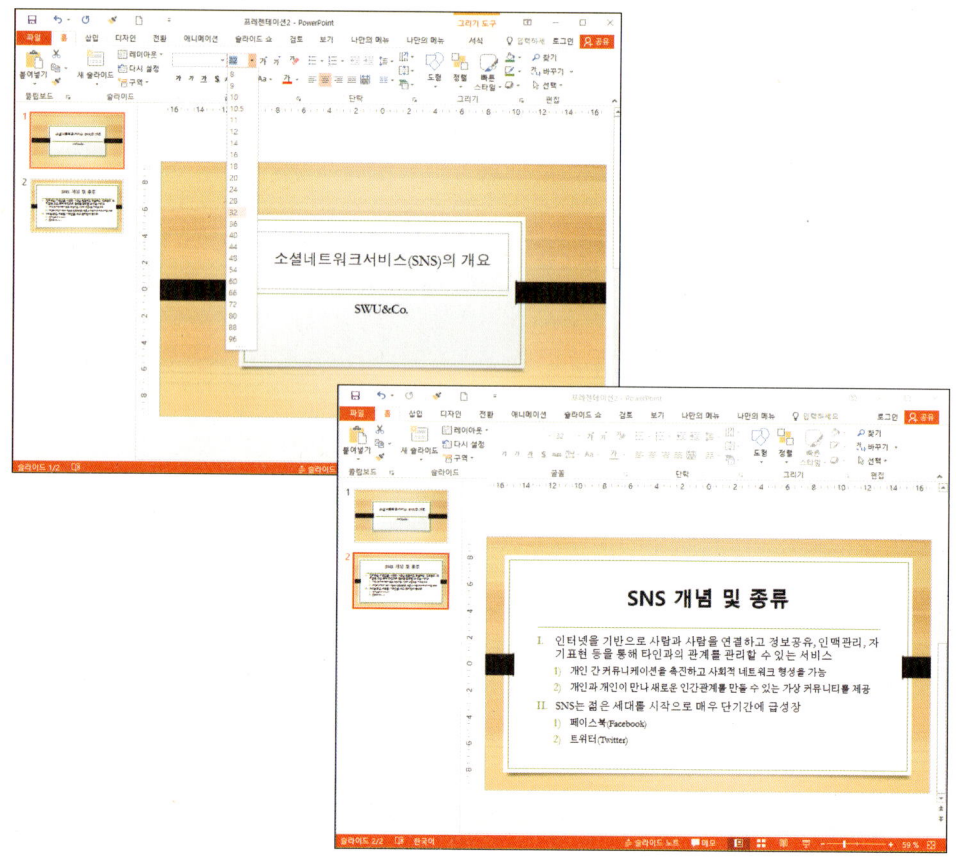

- 텍스트 상자 안에 입력된 텍스트는 텍스트 상자를 기준으로 왼쪽, 가운데, 오른쪽 등의 가로 정렬을 할 수 있고, 위쪽, 중간, 아래쪽의 세로 정렬도 가능하다.

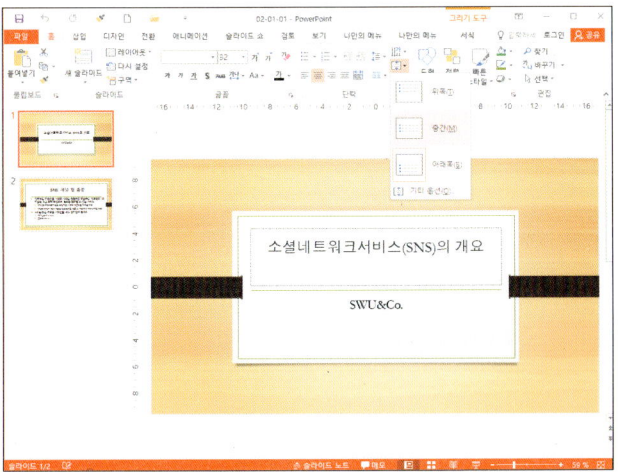

02 특수 기호와 한자 입력하기

- 특수 기호는 [기호] 대화상자에서 [글꼴]과 [하위 집합]을 설정한 뒤, 목록에서 선택해 삽입할 수 있다.

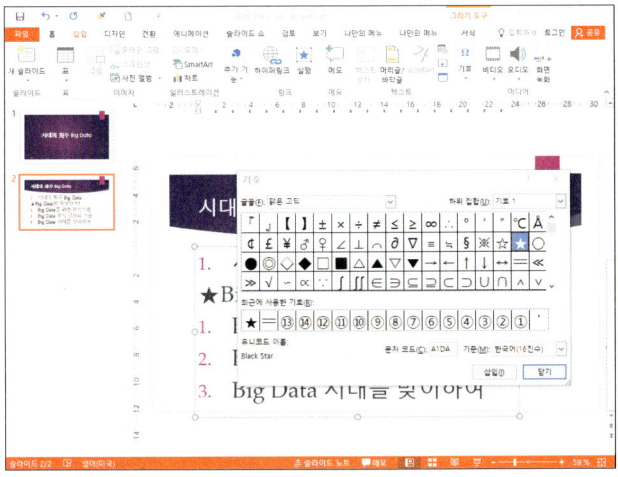

- 한자로 변환하려는 텍스트를 범위 지정한 후 [검토] 탭-[언어] 그룹-[한글/한자 변환]( )을 클릭하여 적절한 한자 목록을 선택해 변환할 수 있다. 모르는 한자는 [한자 사전]( )을 클릭해 해당 한자의 음과 뜻을 확인할 수 있다.

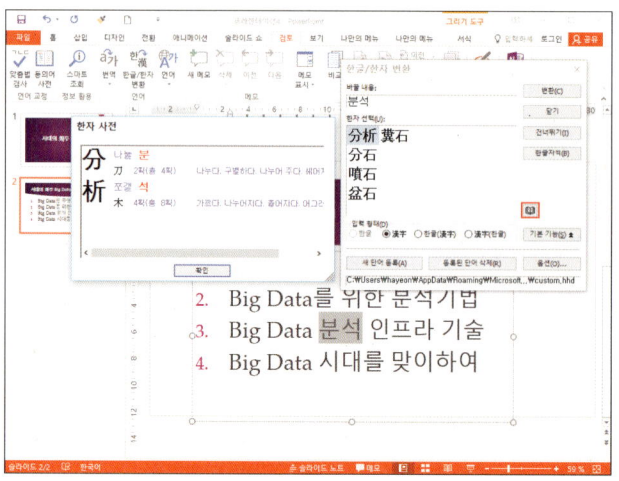

03 개요 형식의 수준이 다른 텍스트 입력하기

파워포인트에 입력한 내용에 개요 형식의 수준이 다른 텍스트를 입력하려면, [홈] 탭-[단락] 그룹에서 목록 수준을 조절한다. 개요 수준을 내릴 때는 [홈] 탭-[단락] 그룹-[목록 수준 늘림]( )을 클릭하거나, 키보드의 Tab 을 누른다. 개요 수준을 다시 올릴 때에는 [홈] 탭-[단락] 그룹-[목록 수준 줄임]( )을 클릭하거나, 키보드의 Shift + Tab 을 누른다.

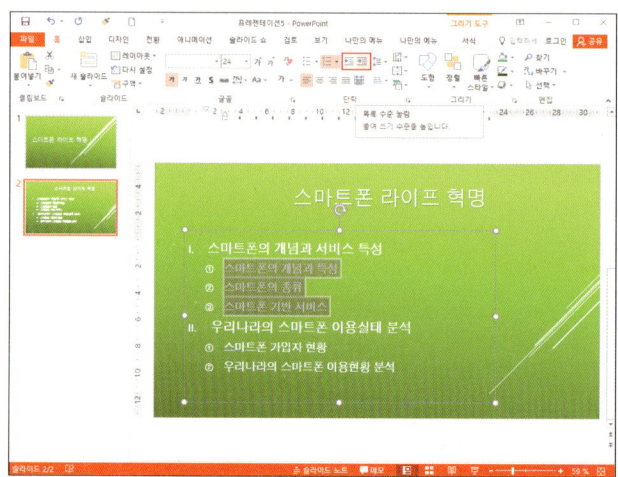

04 구역 나누기

많은 슬라이드를 작업할 때, 구역을 나눠 슬라이드 끼리끼리 묶어놓으면 작업이 아주 편리해진다. 목차에서 내용을 빨리 찾아가듯이 슬라이드의 내용을 빠르게 찾아 나갈 수 있다. 구분 짓고 싶은 슬라이드를 선택한 후에 [홈] 탭-[슬라이드] 그룹-[구역](구역 ▾)을 클릭해 [구역 추가]를 선택해 구역을 나눈다.

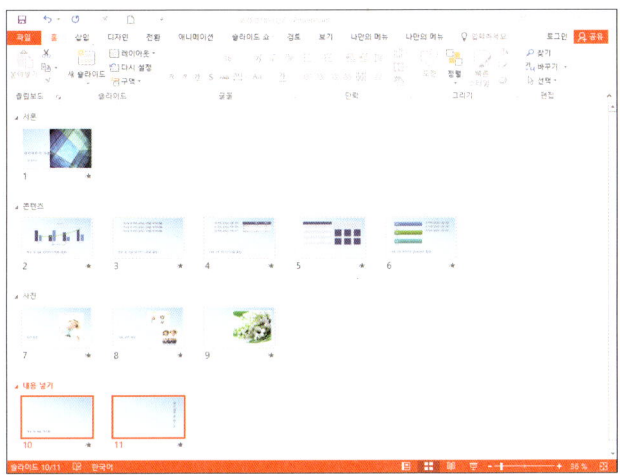

05 슬라이드 쇼 실행하기

작성한 프레젠테이션을 청중 앞에서 발표하려면 '슬라이드 쇼' 기능을 이용해야 한다. 슬라이드 쇼의 시작과 진행, 종료는 매우 간단한 조작으로 적용이 가능하다. 슬라이드 쇼는 쇼 화면을 마우스로 클릭하는 것으로 다음 슬라이드로 넘어갈 수 있고 가장 마지막 슬라이드가 넘어간 상태에서 한번 더 화면을 클릭해 쇼를 종료할 수도 있다.

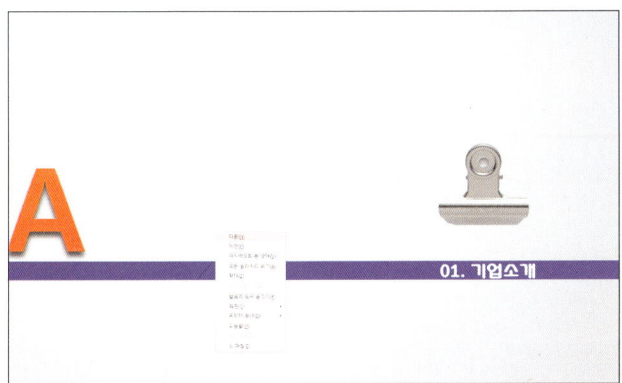

텍스트 서식 설정하고 정렬하기

텍스트 상자를 클릭하거나 텍스트 일부 영역을 드래그해 범위 설정한 뒤, [홈] 탭-[글꼴] 그룹에서 메뉴들을 활용해 다양한 텍스트 서식을 설정할 수 있다. 또한 입력된 문장을 범위 설정하거나 텍스트 상자 테두리를 클릭하여 선택한 후 [홈] 탭-[단락] 그룹에서 정렬을 할 수 있다.

◎ 알아두기

- [홈] 탭-[글꼴] 그룹에서 텍스트 서식 설정을 할 수 있다.
- 텍스트의 일부를 범위 설정한 후 [홈] 탭-[글꼴] 그룹의 기능을 이용해 범위 설정한 부분의 글꼴과 글꼴 색, 글꼴 크기를 변경할 수 있다.
- 텍스트 상자 안의 입력된 텍스트를 [홈] 탭-[단락] 그룹의 '정렬' 기능으로 왼쪽, 가운데, 오른쪽 등의 가로 정렬과 위쪽, 중간, 아래쪽의 세로 정렬을 할 수 있다.

따라하기 01 텍스트 글꼴과 크기 변경하기

텍스트 상자 안쪽의 텍스트 일부를 선택한 후 글꼴의 형태와 크기를 변경해 보자.

[작업 준비물 : Ch02\02-01-01.pptx]

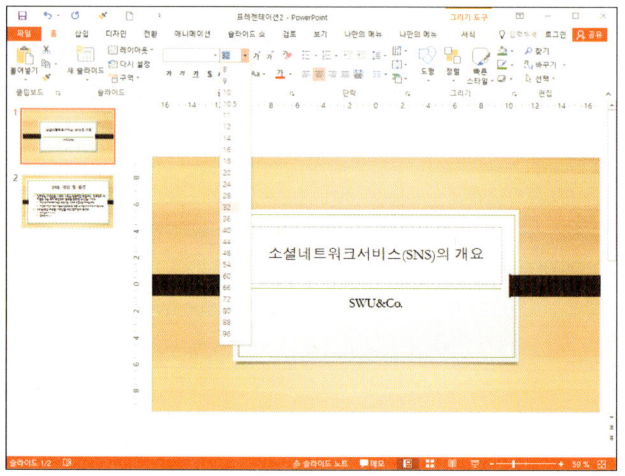

① 예제 파일을 열고 '슬라이드 1'을 선택한 뒤, 제목 텍스트 상자 테두리를 클릭해 테두리가 점선에서 실선으로 변경되도록 한다. 또는 제목 텍스트 상자 안쪽의 텍스트를 드래그해서 범위 설정한다.

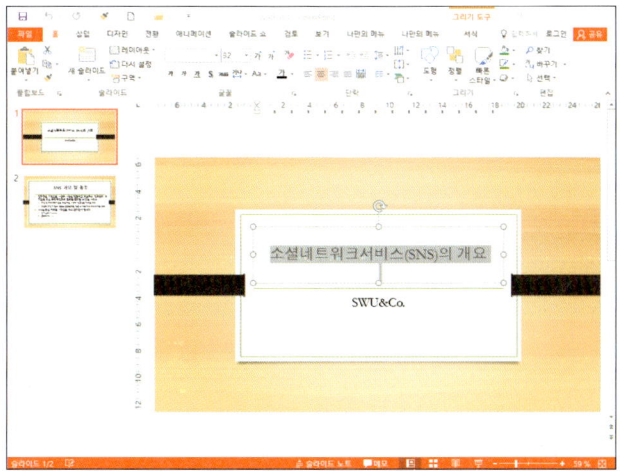

텍스트 상자 안쪽을 클릭한 뒤, 세 번 클릭을 하면 텍스트 상자에 입력된 문장 전체가 범위 선택된다.   tip

② [홈] 탭-[글꼴] 그룹-[글꼴]() 목록 단추를 클릭해 [맑은 고딕]을 선택한다.

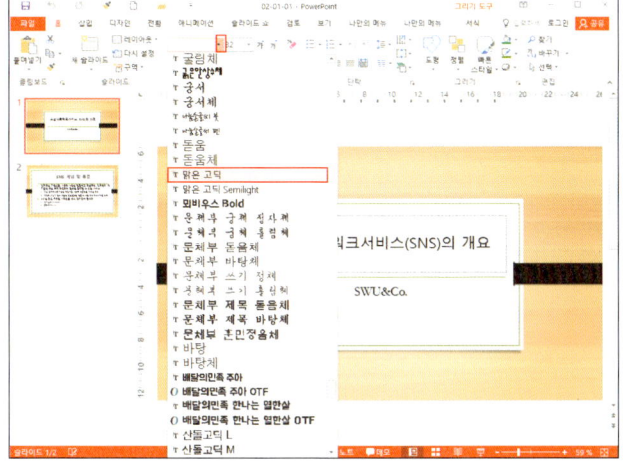

Section 1. 텍스트 서식 설정하고 정렬하기

❸ 계속해서 [홈] 탭-[글꼴] 그룹-[글꼴 크기]( ) 목록 단추를 클릭하여 [48]을 선택한다.

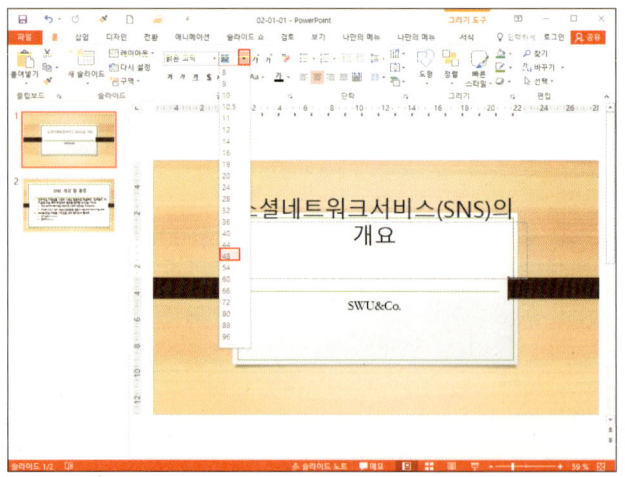

크기는 입력란에 직접 입력해도 된다.

❹ 부제목 텍스트 상자를 클릭하고 이전 작업을 참조해 [글꼴 크기]는 '24'로 설정한다. [글꼴]( ) 목록 단추를 클릭해 [맑은 고딕]을 선택한다.

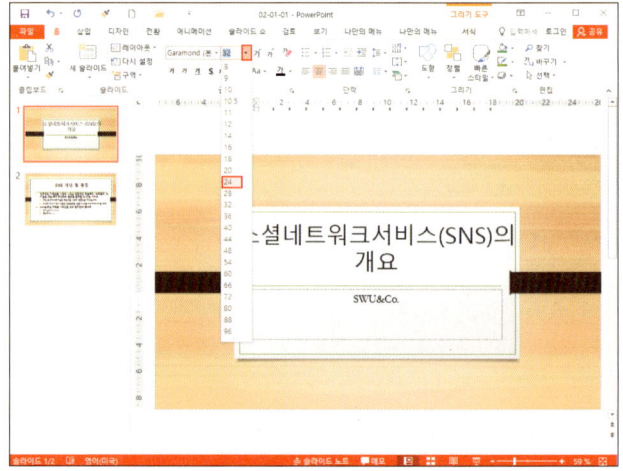

따라하기 02 **글꼴 색 설정하기**

텍스트 상자 안쪽의 텍스트를 선택한 후 글꼴 색을 설정해 보자.

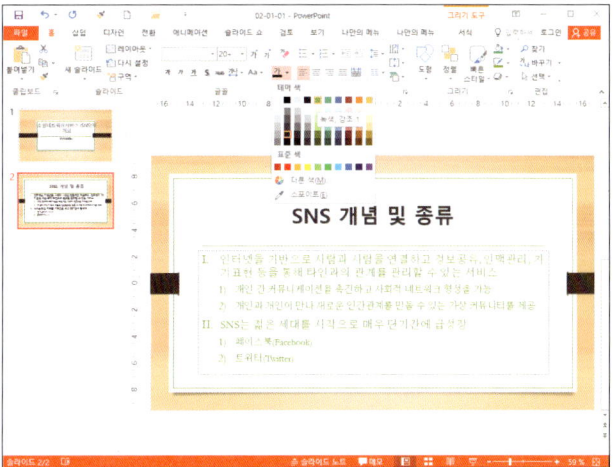

❶ '슬라이드 1'의 제목 텍스트 상자의 '(SNS)' 부분을 드래그해 범위 설정한 뒤 [홈] 탭-[글꼴] 그룹-[글꼴 색](가▼) 목록 단추를 클릭해 [파랑]을 선택한다.

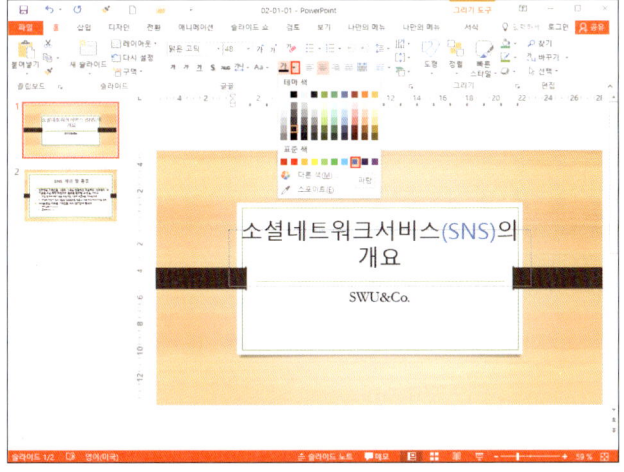

❷ '슬라이드 2'를 선택한 뒤, 내용 텍스트 상자를 클릭해 실선으로 변경한 후 [홈] 탭-[글꼴] 그룹-[글꼴 색](가▼) 목록 단추를 클릭해 [녹색, 강조1]을 선택한다.

> tip ➕
> 색상 목록 위에 커서를 가져가면, 해당 색상의 이름이 툴 팁으로 표시된다.

Section 1. 텍스트 서식 설정하고 정렬하기

따라하기 03 문자 맞춤 정렬하기

텍스트 상자 안의 문장이 텍스트 상자의 전체 영역과 수평, 수직 방향으로 정렬되도록 설정해 보자.

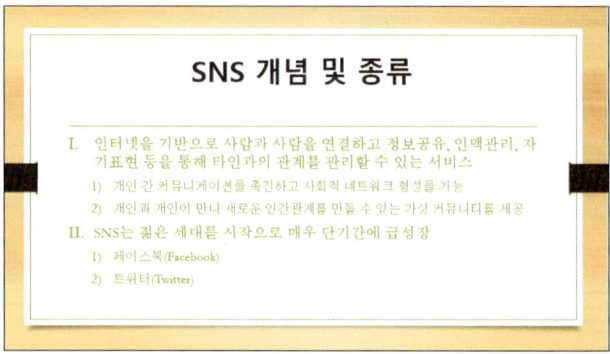

① '슬라이드 1'을 선택한 뒤, 제목 텍스트 상자를 클릭하고 [홈] 탭-[단락] 그룹-[문자 오른쪽 맞춤](≡)을 클릭한다.

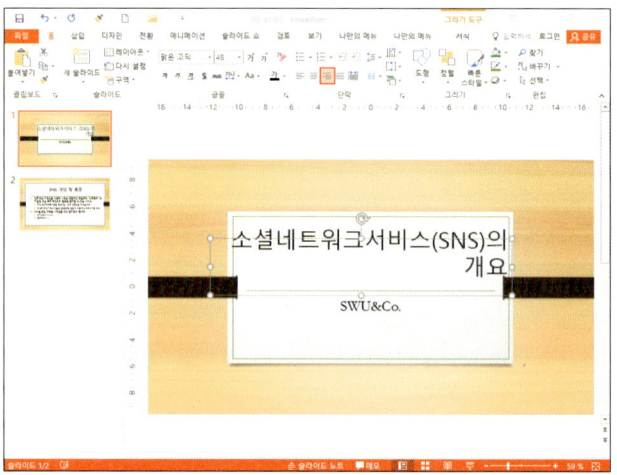

② '슬라이드 2'를 선택한 뒤, 내용 텍스트 상자를 클릭해 [홈] 탭-[단락] 그룹-[텍스트 맞춤](⊟)을 클릭하고 [위쪽]을 선택한다.

- **영어 글꼴, 한글 글꼴** : 사용자 PC에 설치된 다양한 글꼴을 선택할 수 있다.
- **글꼴 스타일** : 글꼴의 굵기와 기울임 정도를 설정할 수 있다.
- **크기** : 글꼴의 크기를 설정할 수 있다.
- **글꼴 색** : 글꼴의 색을 설정할 수 있다.
- **밑줄 스타일, 밑줄 색** : 선택된 문장 아래에 다양한 밑줄 형태와 색을 설정한다.
- **효과** : 선택한 글꼴에 취소선, 첨자, 문자 높이 일치, 대소문자 조정 등의 효과를 적용할 수 있다.

• [단락] 대화상자

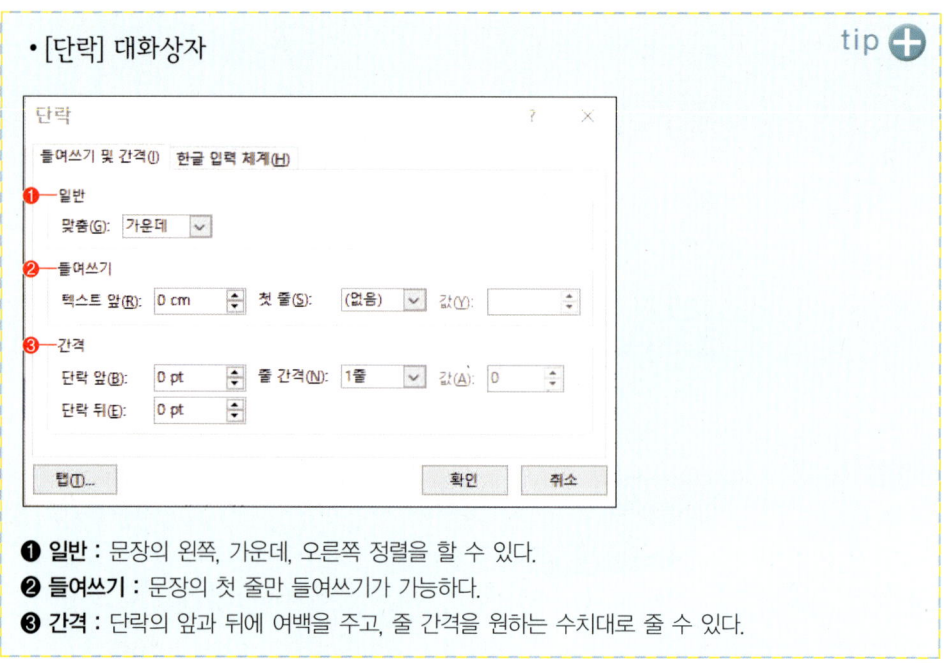

❶ 일반 : 문장의 왼쪽, 가운데, 오른쪽 정렬을 할 수 있다.
❷ 들여쓰기 : 문장의 첫 줄만 들여쓰기가 가능하다.
❸ 간격 : 단락의 앞과 뒤에 여백을 주고, 줄 간격을 원하는 수치대로 줄 수 있다.

01 혼자해보기

새 프레젠테이션 문서에 다음과 같이 내용을 입력하고 글꼴 서식과 단락 서식을 설정해 보자.

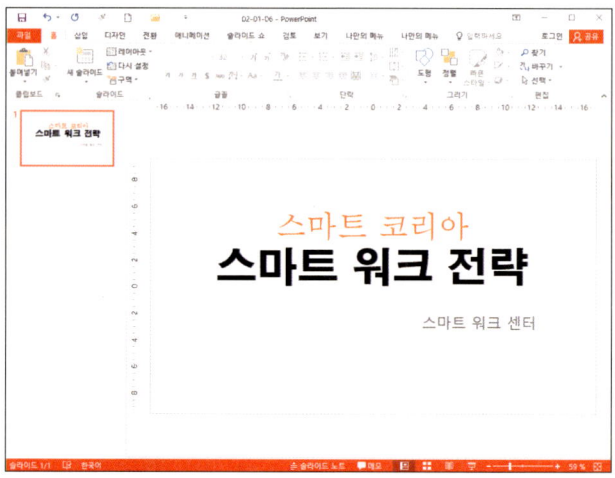

HINT | • 제목(위) 텍스트 상자 : [글꼴] '바탕', [크기] '66', [글꼴 색] '주황, 강조2'
• 제목(아래) 텍스트 상자 : [글꼴] 'HY견고딕', [크기] '88'
• 부제목 텍스트 상자 : [글꼴] '맑은 고딕', [크기] '32', 오른쪽 맞춤, 중간 정렬

Section 2. 특수 기호와 한자 입력하기

슬라이드 내용 중 구분을 짓기 위해서 특수한 형태의 기호를 삽입할 수 있다. 이러한 기호는 일반 글꼴과 동일한 방식으로 서식 조정을 할 수 있다. 또한 텍스트 상자에 입력된 글자는 '한글/한자 변환' 기능을 이용하여 한자로 변환이 가능하다.

◐ 알아두기
- 내용에 맞는 특수 기호를 텍스트 상자에 삽입할 수 있다.
- 글자 단위로 한글을 변환할 수 있다.
- 한자 사전을 통해 모르는 한자의 음과 뜻을 찾아볼 수 있다.

따라하기 01 특수 기호 삽입하기

텍스트 중 강조하거나 꾸미고 싶은 텍스트 앞에 특수 기호를 삽입해 보자.

[작업 준비물 : Ch02\02-02-02-1.pptx]

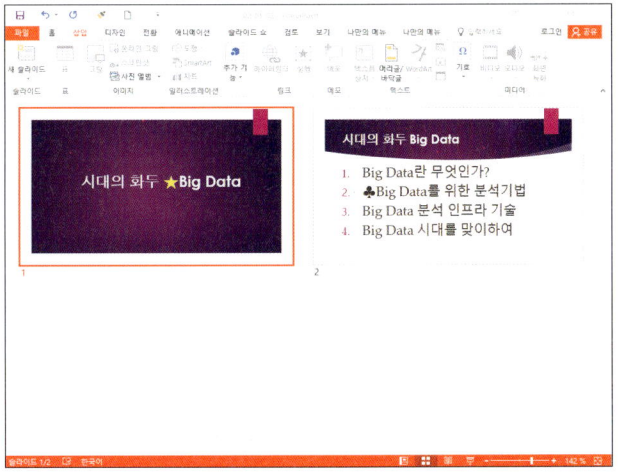

❶ 예제 파일을 열고 '슬라이드 1'를 선택한 뒤, 제목 텍스트 상자 'Big Data'의 'Big' 앞에 커서를 두고 [삽입] 탭-[기호] 그룹-[기호](Ω)를 클릭하여 [기호]를 선택한다.

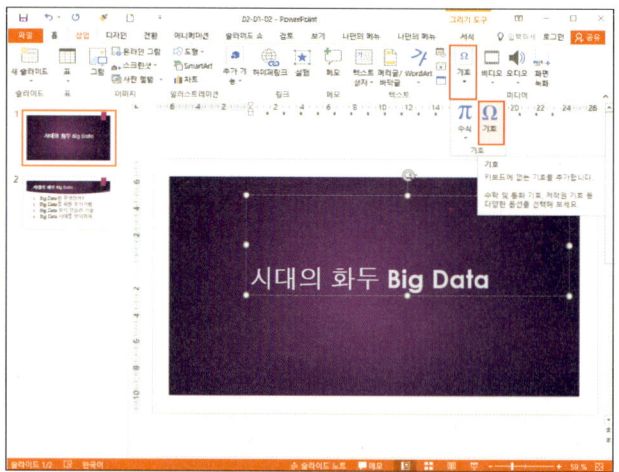

❷ [기호] 대화상자에서 글꼴은 '맑은 고딕'으로 선택한 후 [하위 집합](▼) 목록 단추를 클릭해 [기호1]을 선택한 후 '★'을 선택한다. 이어 [삽입]을 클릭하고 기호가 삽입되면, [닫기]를 클릭해 [기호] 대화상자를 닫는다.

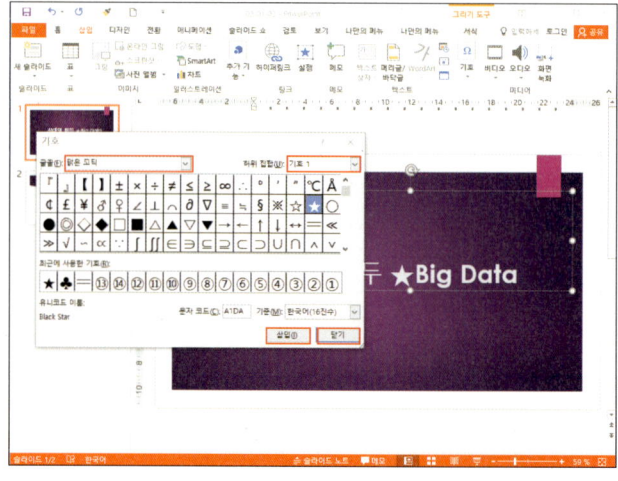

❸ 앞에서 삽입했던 '★' 기호를 드래그하여 범위 설정한 뒤, [홈] 탭-[글꼴] 그룹-[글꼴색]( ) 목록 단추를 클릭해 [노랑]을 선택한다.

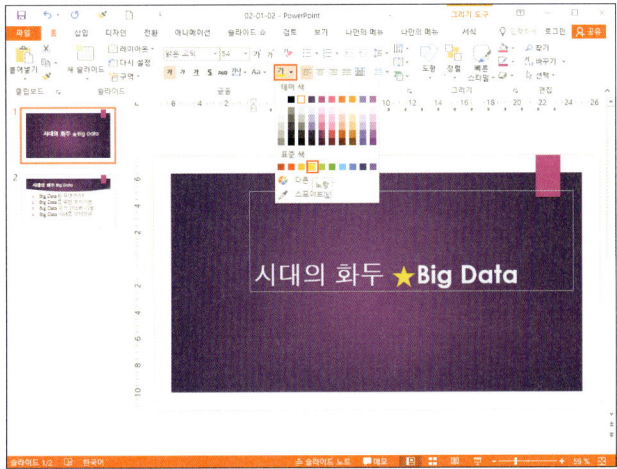

❹ '슬라이드 2'를 선택한 뒤, 두 번째 목록의 가장 앞에 커서를 두고 [삽입] 탭-[기호] 그룹-[기호]( )를 클릭한다.

❺ [기호] 대화상자가 나타나면 글꼴은 '맑은 고딕'으로 선택한 후 [하위 집합]( ) 목록 단추를 클릭해 [기호2]를 선택한 후 '♣'을 선택한다. 이어 [삽입]을 클릭하고 기호가 삽입되면, [닫기]를 클릭해 [기호] 대화상자를 닫는다.

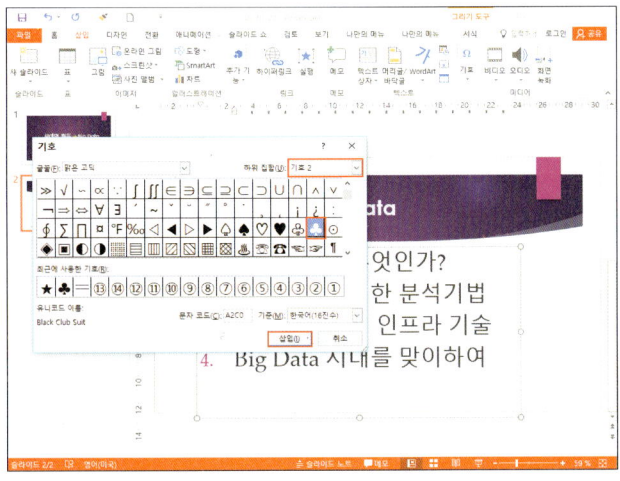

Section 2 . 특수 기호와 한자 입력하기

따라하기 02 한글/한자 변환하기

텍스트 상자 안의 내용 중 선택한 텍스트만 한자로 변환하기 위해 [한글/한자 변환] 대화상자를 활용해 보자.

[작업 준비물 : Ch02\02-02-02-2.pptx]

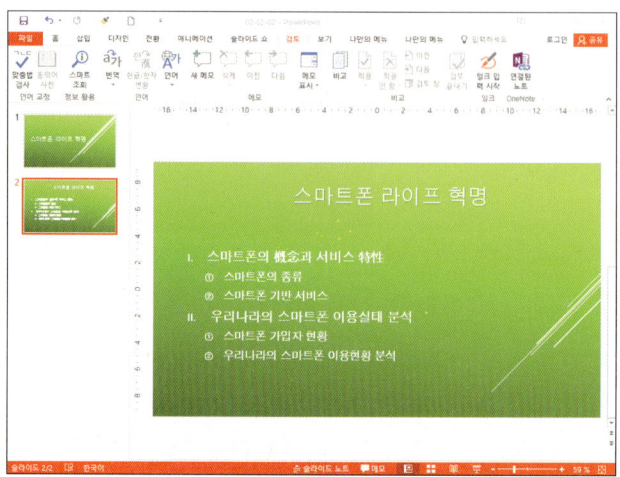

❶ 예제 파일을 열고 '슬라이드 2'를 선택한 뒤, 내용 텍스트 상자 안의 '스마트폰의 개념과 특성' 내용 중 '개념'이라는 단어를 드래그하여 범위 설정한다.

❷ [검토] 탭-[언어] 그룹-[한글/한자 변환]( )을 클릭한다.

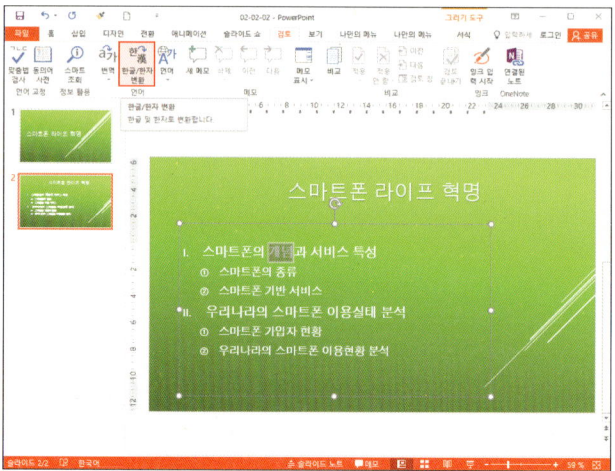

Chapter 2. 문자 입력하고 서식 조정하기

❸ [한글/한자 변환] 대화상자에서 선택한 단어에 해당하는 여러 한자들이 나열된다. 이들 중 뜻이 맞는 한자를 선택한 뒤 [변환]을 클릭한다.

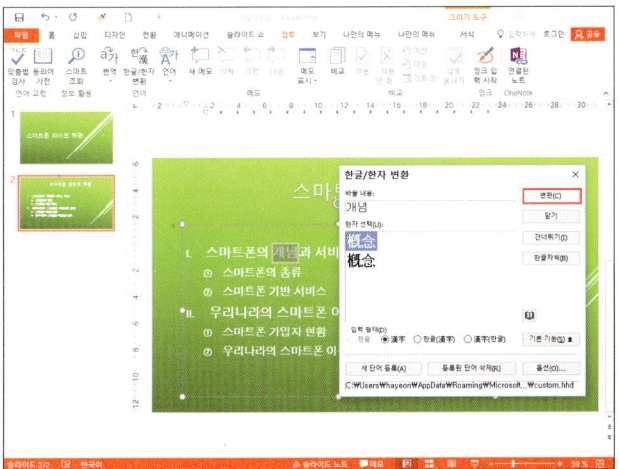

❹ 이번에는 내용 중 '특성'을 범위 설정한 후 [검토] 탭-[언어] 그룹-[한글/한자 변환]( )을 클릭한다.

❺ 적절한 한자를 선택한 뒤 대화상자 오른쪽 아래의 [한자 사전]( )을 클릭한다.

❻ [한자 사전] 대화상자에서 선택된 한자 음절에 대한 뜻이 나타난다. 적절하면 [확인], [변환]을 클릭한다.

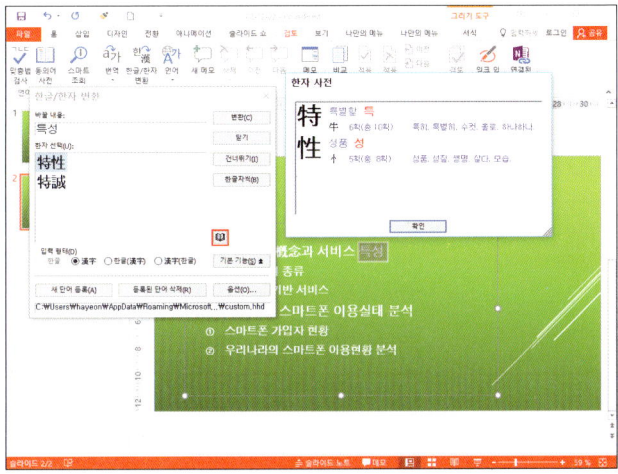

01 혼자해보기   새 프레젠테이션에서 다음과 같이 제목을 입력한 후 글꼴 서식과 문장 앞/뒤로 특수 기호를 입력해 보자.

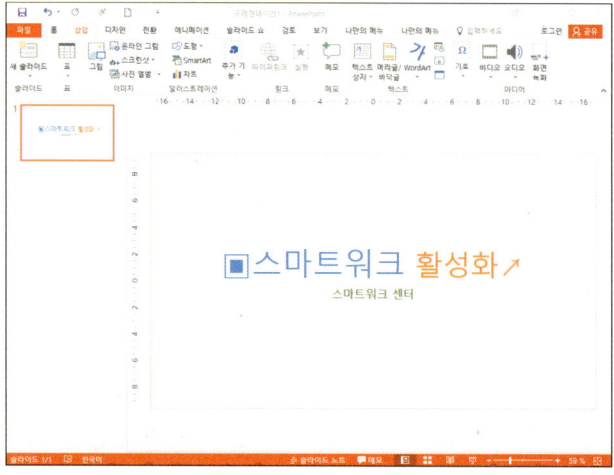

HINT | [삽입] 탭−[기호] 그룹−[기호](Ω 기호)를 클릭한 후, [현재 글꼴]과 [하위 집합]을 선택한 후 기호 삽입

02 혼자해보기   다음 내용 중 '활성화'를 한자로 변환해 보자.

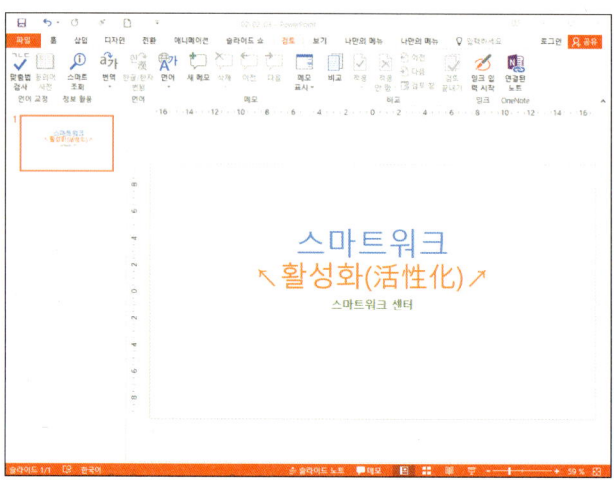

HINT | • '활성'을 드래그하여 범위 설정한 뒤 [검토] 탭−[언어] 그룹−[한글/한자 변환]( ) 클릭
       • [한글/한자 변환] 대화상자의 [입력 형태]를 '한글(漢子)'로 선택하고 [변환] 클릭

Section 3. 개요 형식의 수준이 다른 텍스트 입력하기

슬라이드 내용 중 제목과 내용의 수준을 구분하기 위해서 개요 수준을 내리기도 하고 올리기도 한다. 개요 수준에 맞게 글머리 기호 또는 번호 매기기를 적용해 내용을 명확하게 할 수 있다. 개요 형식 수준이 다른 텍스트를 입력하고 변경해 본다.

⊙ 알아두기

- 개요 수준을 내릴 때에는 키보드의 `Tab` 이나, [홈] 탭-[단락] 그룹-[목록 수준 늘림](≡)을 클릭한다.
- 개요 수준을 올릴 때에는 키보드의 `Shift`+`Tab` 이나, [홈] 탭-[단락] 그룹-[목록 수준 줄임](≡)을 클릭한다.
- 개요 수준에 맞게 글머리 기호나 번호 매기기를 할 수 있다.

따라하기 01 개요 수준 변경하기

텍스트 상자 안의 내용을 '목록 수준 늘림' 기능과 '목록 수준 줄임' 기능을 이용하여 개요 수준을 변경해 보자.

[작업 준비물 : Ch02\02-03-01.pptx]

```
              '15년 3억 불
    ◇전자정부 수출10대 브랜드 육성
      • SOS 국민 안심 서비스, 통합전산센터 등
    ◇대중소기업 합동 해외시장 개척단 운영
      • 국제 IT 전시회 참여
      • 수출전략국가 대상 전자정부시스템 홍보 강화
    ◇전략국가 대상 정보화 MOU 확대
      • 12개국→17개국
```

① 예제 파일을 열고 '슬라이드 2'를 선택한 뒤, 목록 수준 늘림에 해당하는 텍스트만 드래그하여 범위 지정한다. 이 때 Ctrl 을 누르고 드래그하면 떨어져 있는 문장을 한꺼번에 범위 설정할 수 있다.

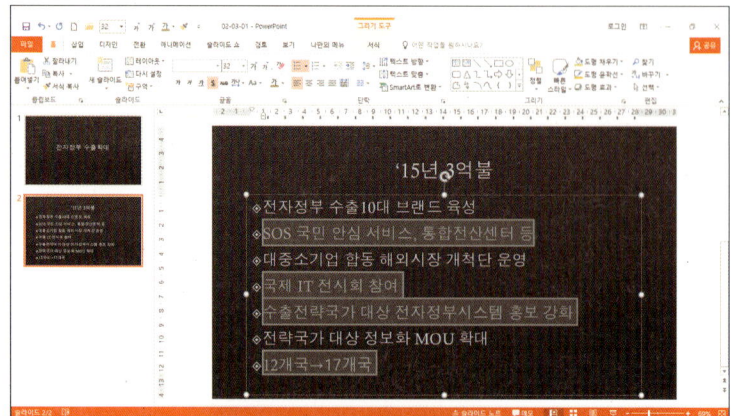

② [홈] 탭-[단락] 그룹-[목록 수준 늘림]( )을 클릭한다.

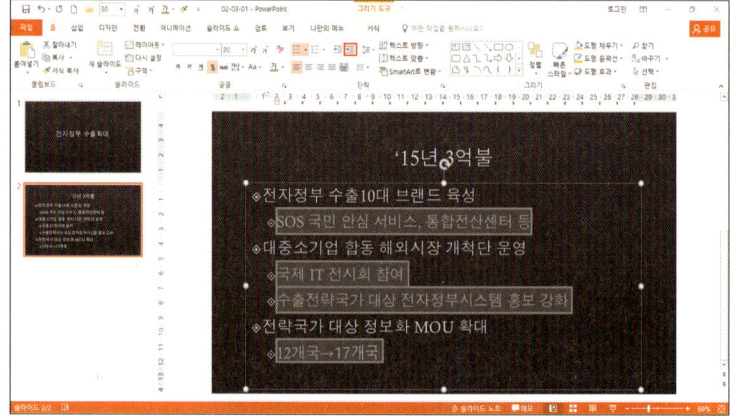

❸ 목록 수준 늘림을 적용한 내용들의 글머리 기호를 변경하기 위해 [홈] 탭-[단락] 그룹-[글머리 기호](≡ ▾) 목록 단추를 클릭해 [속이 찬 둥근 글머리 기호]를 선택한다.

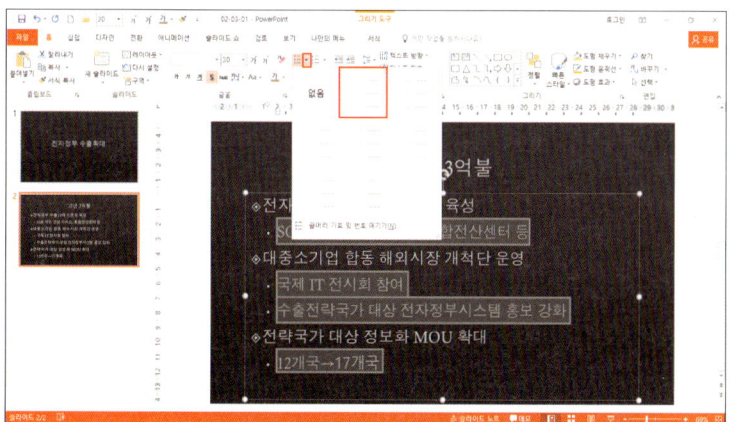

tip ➕ 목록 수준을 내릴 때 [Tab]을 사용하거나 목록 수준을 올리기 위해 [Shift]+[Tab]을 사용해도 된다.

Section 4. 구역 나누기

프레젠테이션을 논리적 구역으로 분할하여 나누고 정리할 수 있다. 구역을 활용하면 다른 사람과 공동 작업 시 작성자별로 구역을 할당하여 손쉽게 편집할 수 있으며, 구역에 포함된 슬라이드를 한꺼번에 이동시켜 순서를 변경할 수도 있다. 구역별로 서로 다른 테마를 적용하는 것도 가능하다.

◎ 알아두기

- 구역은 [홈] 탭-[슬라이드] 그룹-[구역](구역)을 클릭해 [구역 추가]를 선택해 이용할 수 있다.
- [여러 슬라이드 보기] 상태에서 구역의 이름 변경, 구역 삭제, 구역 이동을 할 수 있다.
- '모두 축소' 기능과 '모두 확장' 기능을 이용하여 많은 슬라이드를 간략하게 살펴 볼 수 있다.

따라하기 01 새로운 슬라이드에 내용 입력하기

[기본 보기] 상태에서 구역을 추가하고, [여러 슬라이드 보기] 상태에서 구역 이름 변경, 구역 삭제, 구역 이동을 해 보자.

[작업 준비물 : Ch02\02-04-01.pptx]

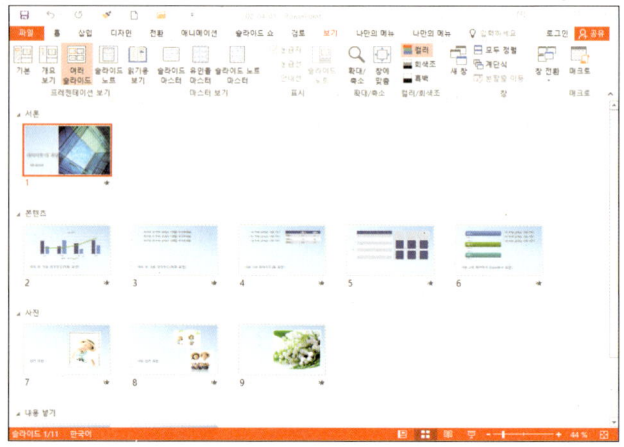

❶ 예제 파일을 열고 '슬라이드 1'을 선택한 뒤, [홈] 탭-[슬라이드] 그룹-[구역](구역▼)을 클릭하여 [구역 추가]를 선택하면 '제목 없는 구역'이란 이름이 '슬라이드 1' 위로 만들어진다.

❷ 계속해서 [홈] 탭-[슬라이드] 그룹-[구역](구역▼)을 클릭하여 [구역 이름 바꾸기]를 선택하면 [구역 이름 바꾸기] 창이 나타난다. [구역 이름]에 '표지'라고 입력한 후 [이름 바꾸기]를 클릭한다.

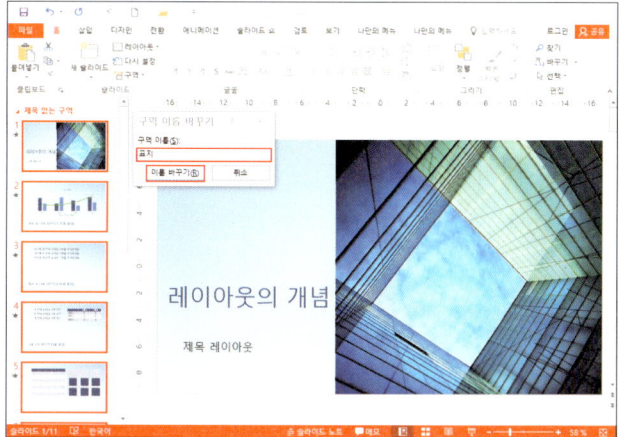

❸ [여러 슬라이드](▦)를 클릭해 보기 상태를 바꾼 뒤, 구역을 추가해 본다. 구역을 추가할 두 슬라이드 사이를 마우스 오른쪽 버튼으로 눌러 [구역 추가]를 선택한다.

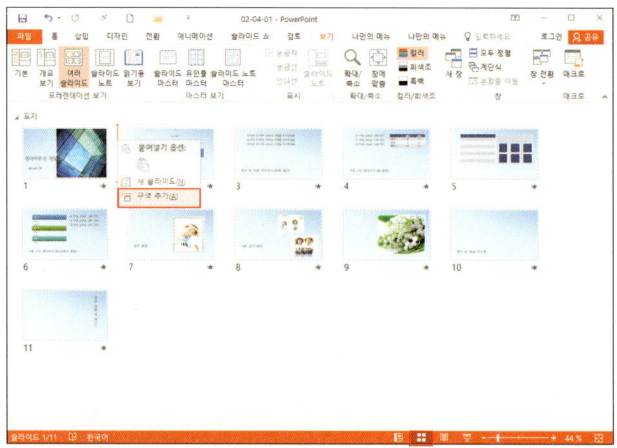

❹ '슬라이드 2' 앞을 클릭하면 검정 커서가 깜박이고, [제목 없는 구역] 위에서 마우스 오른쪽 버튼을 눌러 [구역 이름 바꾸기]를 선택한다. [구역 이름 바꾸기] 창이 나타나면 새 구역 이름을 '다양한 개체'로 입력한 후 [이름 바꾸기]를 클릭한다.

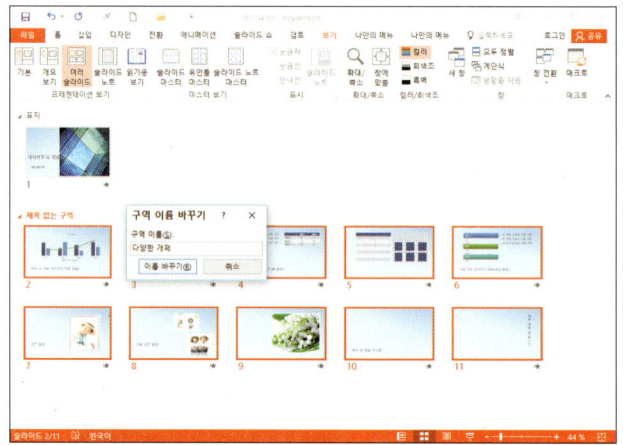

❺ 계속해서 '슬라이드 6' 뒤에 커서를 놓고 ❹번과 같은 방법으로 새 구역의 이름을 '이미지 표현'이라고 입력하고 [이름 바꾸기]를 클릭한다.

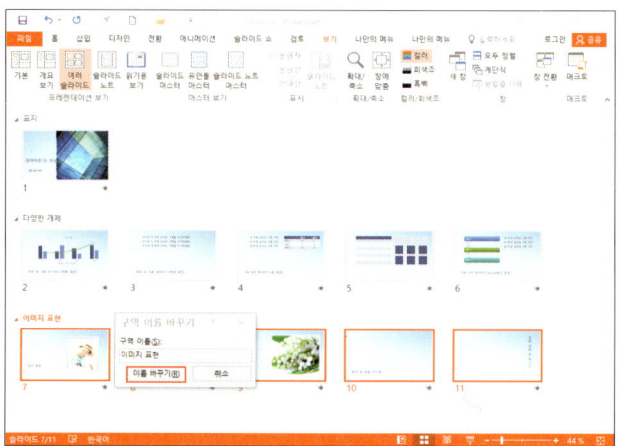

❻ 이 구역을 제거하려면 해당 구역 위에서 마우스 오른쪽 버튼을 클릭한 후 [구역 제거]를 선택한다.

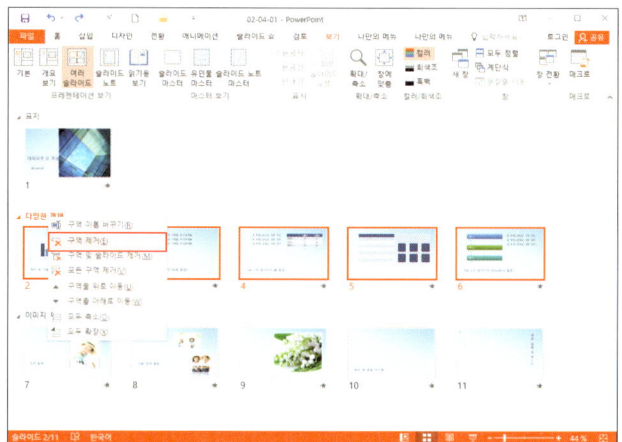

❼ 구역을 축소하거나 확장하려면 구역 위에서 마우스 오른쪽 버튼을 눌러 [모두 축소] 또는 [모두 확장]을 선택한다.

01 혼자해보기

예제 파일을 열고 '슬라이드 1'에는 '도입', '슬라이드 2'에는 '복지 1', '슬라이드 5'에는 '복지 2', '슬라이드 10'에는 '복지 3'이라고 구역 이름을 설정해 보자.

[작업 준비물 : Ch02\02-04-02.pptx]

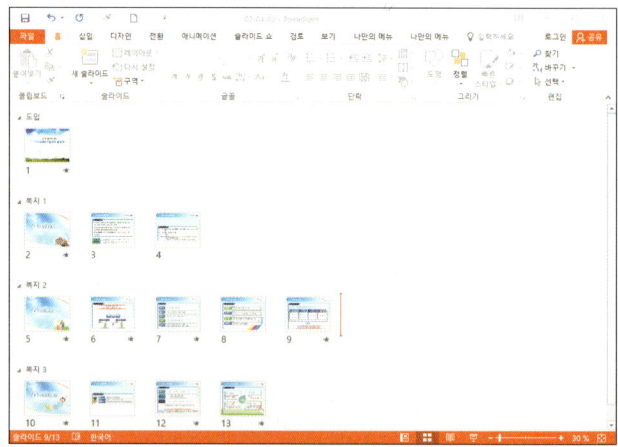

HINT | • [여러 슬라이드](　)를 클릭해 보기 상태를 변경
• 1, 2, 5, 10번 앞에서 마우스 오른쪽 버튼을 클릭해 [구역 추가] 선택
• 마우스 오른쪽 버튼을 클릭해 [구역 이름 바꾸기] 선택 후 구역 이름 변경

02 혼자해보기

'복지 2' 구역을 '복지 3' 구역 뒤로 이동시켜 보자.

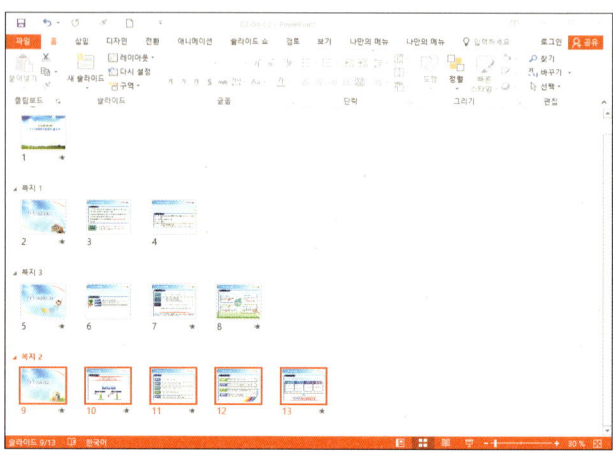

HINT | [복지 2] 구역 이름을 드래그하여 [복지 3] 뒤로 이동

슬라이드 쇼 실행하기

프레젠테이션 문서를 청중 앞에서 발표하기 위해서는 슬라이드 쇼를 실행해야 한다. 슬라이드 쇼를 실행하는 방법과 슬라이드 쇼의 진행, 슬라이드 쇼 옵션 등을 점검해 본다.

◯ 알아두기
- 첫 번째 슬라이드부터 쇼를 시작하거나 현재 슬라이드부터 쇼 시작을 진행할 수 있다.
- [슬라이드 쇼 보기] 상태에서 발표자 도구와 같은 새로운 옵션들을 사용할 수 있다.

따라하기 01 슬라이드 쇼 실행하기

프레젠테이션 문서를 슬라이드 쇼로 진행해 보고, 쇼 진행을 위한 필수 활용 기능에 대해 이해해 보자.

[작업 준비물 : Ch02\02-05-01.pptx]

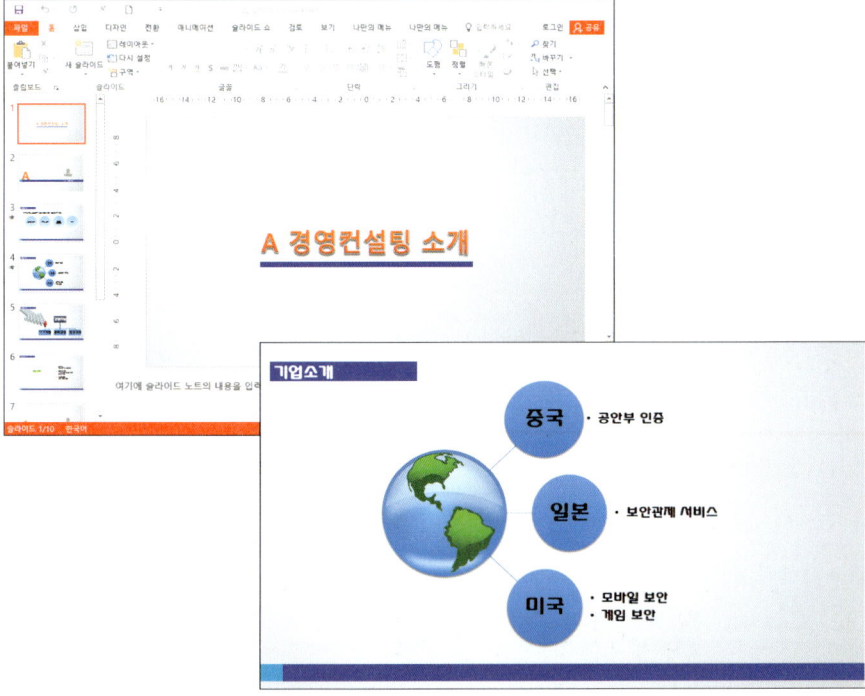

① 예제 파일을 열고 [슬라이드 쇼] 탭-[슬라이드 쇼 시작] 그룹-[처음부터]( )를 클릭하여 슬라이드 쇼를 실행한다.

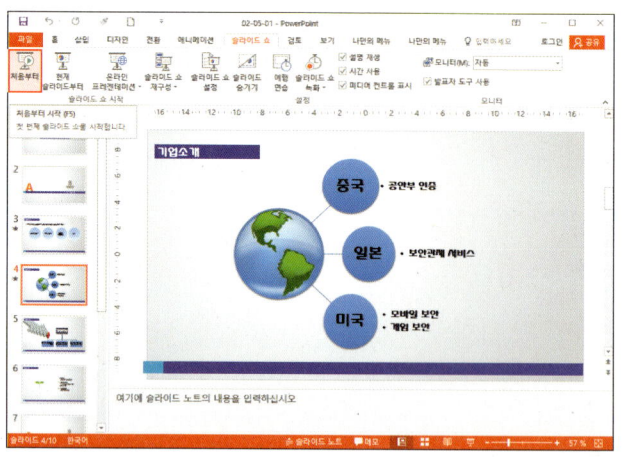

> tip
> • 슬라이드 쇼는 F5를 눌러 실행할 수 있다. Shift + F5를 누르면 현재 슬라이드 부터 쇼를 진행할 수 있다.
> • 화면 오른쪽 아래의 [슬라이드 쇼]( )를 클릭하면 현재 슬라이드부터 슬라이드 쇼가 실행된다.

② 슬라이드 쇼가 시작되면 맨 처음 화면이 모니터에 가득 찬다. 화면 안쪽을 마우스로 클릭해 다음 슬라이드로 이동한다.

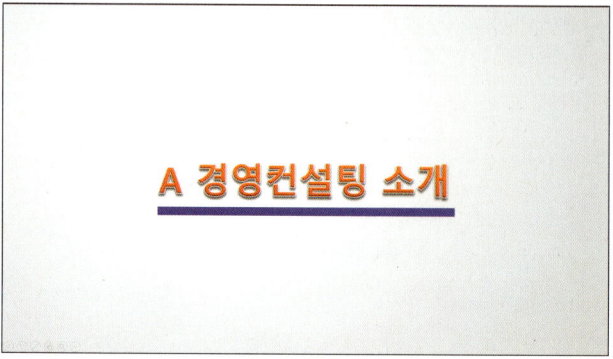

③ 슬라이스 쇼 화면에서 왼쪽 아래에 마우스 포인터를 가져가면 발표자 도구가 보인다. 왼쪽부터 이전 슬라이드로 이동( ), 다음 슬라이드로 이동( ) 아이콘이다.

❹ 다음의 옵션은 [펜 및 레이저 포인터 도구](   )이다. 펜, 형광펜 등의 색을 변경하고 마우스를 레이저 포인터로 사용할 수 있는 옵션이다.

❺ 다음의 옵션은 [모든 슬라이드 보기](   )이다. 슬라이드 번호를 입력하여 페이지로 이동을 하지 않아도 축소판 형태로 슬라이드를 보고 선택할 수 있다. 다음은 [모든 슬라이드 보기]가 적용된 화면이다.

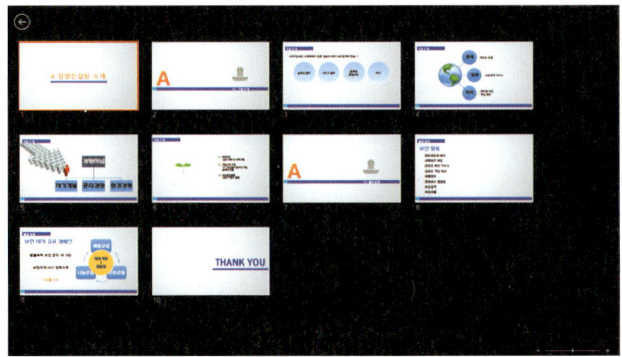

❻ [슬라이드 확대](   )이다. 슬라이드의 일부를 크게 보여줄 수 있다. Zoom이 적용되어 슬라이드의 일부를 확대해서 볼 수 있다. [슬라이드 확대](   )를 클릭하면 특정 부분이 하얗게 보이는데, 원하는 부분을 마우스로 클릭하면 확대가 된다.

❼ 다음은 [쇼 옵션 더 보기](　)이다. 발표자 도구 표시나 화면 표시, 화살표 옵션 등을 변경할 수 있다.

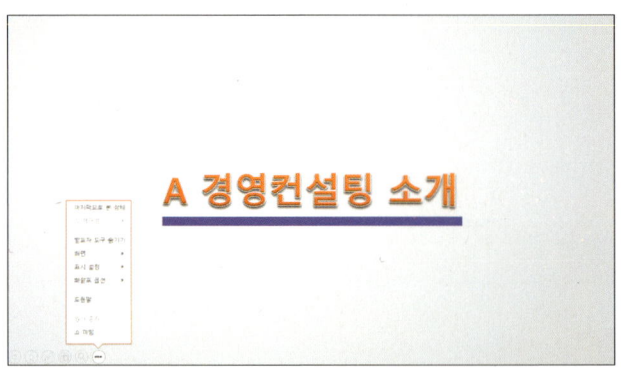

❽ 마우스를 클릭하며 쇼를 진행하다 마지막 슬라이드마저 넘기게 되면, 검정 화면이 나오고 이 상태에서 한 번 더 클릭하면 원래의 편집 화면으로 되돌아와서 슬라이드 쇼가 종료된다.

> tip ➕
> 슬라이드 쇼 진행 중에 Esc 를 눌러 슬라이드 쇼를 종료하고 원래의 기본 화면으로 돌아올 수 있다.

01 혼자해보기

예제 파일을 열고 슬라이드 쇼를 실행한 뒤, '모든 슬라이드 보기' 기능을 이용하여 '슬라이드 6'으로 이동해 보자.

[작업 준비물 : Ch02\02-05-02.pptx]

HINT | • F5를 눌러 슬라이드 쇼를 진행
• 화면 왼쪽 아래의 [모든 슬라이드 보기](   )를 클릭한다.

02 혼자해보기

'슬라이드 6'에서 펜으로 '경영위기'에 밑줄을 긋고 잉크 주석을 유지한 후 슬라이드 쇼를 종료해 보자.

HINT | '슬라이드 6'에서 [펜 및 레이저 포인터 도구](   )을 클릭하여 [펜] 선택하여 긋기

핵심정리 summary

1. 텍스트 서식 설정하고 정렬하기

- 서식 적용은 텍스트 상자 테두리를 클릭하여 모든 텍스트를 선택하거나, 텍스트 내부에 입력된 글자를 범위 설정한 뒤, [홈] 탭-[글꼴] 그룹에서 적용한다.
- 글꼴 설정은 [홈] 탭-[글꼴] 그룹-[글꼴](▼) 목록 단추를 클릭해 원하는 글꼴을 선택한다.
- 크기 설정은 [홈] 탭-[글꼴] 그룹-[글꼴 크기](▼) 목록 단추를 클릭해 원하는 글꼴 크기를 선택한다.
- [홈] 탭-[글꼴] 그룹-[모든 서식 지우기](♦)를 클릭하여 적용해둔 모든 서식들을 지우고 초기 설정으로 돌아간다.
- [홈] 탭-[단락] 그룹에서 [왼쪽 맞춤](≡), [가운데 맞춤](≡), [오른쪽 맞춤](≡) 등을 적용하여 가로 방향의 정렬 배치를 할 수 있다.
- [홈] 탭-[단락] 그룹-[텍스트 맞춤](≡▼)을 클릭하고 [위쪽], [중간], [아래쪽]을 선택하면 세로 방향의 정렬 배치를 할 수 있다.

2. 특수 기호와 한자 입력하기

- 키보드에 없는 특수 문자를 입력하기 위해서 [삽입] 탭-[기호] 그룹-[기호](Ω)를 클릭한 후 [기호] 대화상자에서 [현재 글꼴]과 [하위 집합]을 선택하여 원하는 기호를 삽입할 수 있다.
- 자주 사용하는 기호는 [기호] 대화상자의 [최근에 사용한 기호]에 나열이 되어져 있어서, 쉽게 찾아서 삽입할 수 있다.
- 한자로 변환하기 위해서 원하는 문장을 범위 설정한 다음에 [검토] 탭-[언어] 그룹-[한글/한자 변환](韓)을 클릭한다.
- [한글/한자 변환] 대화상자에서 원하는 한자를 선택한 뒤 [변환]을 클릭한다.
- [한글/한자 변환] 대화상자에서 [입력 형태]의 선택에 따라 여러 가지 형태의 한자 변환이 가능하다.
- [한자 사전](📖)을 클릭하여 모르는 한자의 음과 뜻을 파악할 수 있다.

3. 개요 형식의 수준이 다른 텍스트 입력하기

- 개요 수준을 올릴 때에는 [홈] 탭-[단락] 그룹-[목록 수준 줄임](≡)을 클릭하거나, 키보드의 Shift + Tab 을 누른다.

- 개요 수준을 내릴 때에는 [홈] 탭-[단락] 그룹-[목록 수준 늘림](▦)을 클릭하거나, 키보드의 Tab 을 누른다.
- 개요 수준을 내용에 맞게 조절했다면 [홈] 탭-[단락] 그룹-[글머리 기호](▦) 및 [번호 매기기](▦)를 이용하여 적절한 글머리 기호를 삽입하여 정돈된 문장을 구성할 수 있다.

4. 구역 나누기
- 구역을 나누어 구역 단위로 선택과 삭제가 가능하고, 해당 위치로 빠르게 이동할 수 있다.
- 구역이 나누어지길 원하는 슬라이드를 선택한 후 [홈] 탭-[슬라이드] 그룹-[구역](구역)을 클릭해 [구역 추가]를 선택한다.
- 제목이 없는 구역이 추가되면 [홈] 탭-[슬라이드] 그룹-[구역](구역)을 클릭해 [구역 이름 바꾸기]를 선택하여 원하는 구역의 이름으로 변경한다.
- 필요 없는 구역에서 마우스 오른쪽 버튼을 눌러 [구역 삭제]를 선택해 삭제한다.
- 마우스 오른쪽 버튼을 눌러 [구역 축소] 및 [구역 확대]를 선택하여 전체 슬라이드를 조절할 수 있다.

5. 슬라이드 쇼 실행하기
- [슬라이드 쇼] 탭-[슬라이드 쇼 시작] 그룹-처음부터를 클릭해, 처음부터 슬라이드 쇼를 진행할 수 있다.
- [슬라이드 쇼 보기] 상태에서 사용할 수 있는 펜 및 레이저 포인터 도구의 펜, 형광펜 등의 색을 변경하고 마우스를 레이저 포인터로 사용할 수 있다.
- '모든 슬라이드 보기' 기능으로 그림 축소판 형태로 슬라이드를 보고 원하는 슬라이드로 이동할 수 있다.
- '슬라이드 확대 옵션' 기능으로 슬라이드의 일부를 크게 보여줄 수 있다. Zoom이 적용되어 슬라이드의 일부를 확대해서 볼 수 있다.
- '슬라이드 쇼 옵션 더 보기' 기능으로 발표자 도구 표시나 화면 표시, 화살표 옵션 등을 변경할 수 있다.
- 슬라이드 쇼는 진행하는 도중 Esc 를 누르거나 마우스 오른쪽 버튼을 눌러 [쇼 마침]을 선택하여 종료할 수 있다.

종합실습 pointup

1. 예제 파일을 열고 '슬라이드 1'의 제목 텍스트 상자에 글꼴 서식을 적용해 보자.

   [작업 준비물 : Ch02\02-05-03.pptx]

▲ Before

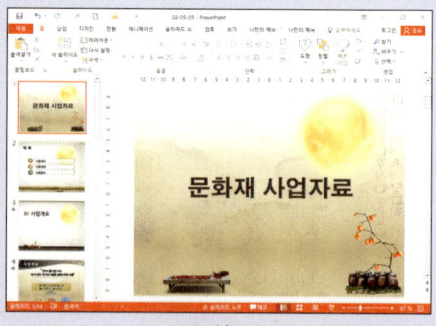
▲ After

HINT | 제목 텍스트 상자 : [글꼴] 'HY견고딕', [글꼴 크기] '60', [글꼴 색] '밤색, 텍스트2'

2. '슬라이드 03' 제목 중 '개요'를 한자로 변환한다. 'O1'이라는 텍스트를 삭제하고 '사업 개요' 왼쪽에 '☞'가 표시되고 오른쪽에 '✍'가 표시되도록 설정한 후 왼쪽 정렬을 해 보자.

▲ Before

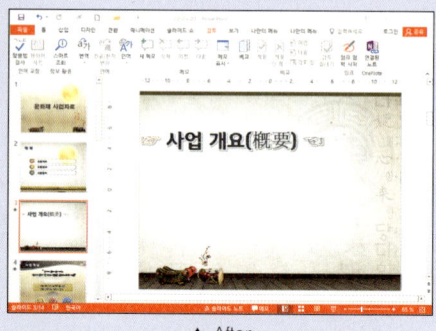
▲ After

HINT | • [검토] 탭-[언어] 그룹-[한글/한자 변환](🈁)을 클릭 후 [한글/한자 변환] 대화상자에서 [입력 형태]를 '한글(漢子)' 선택
• [삽입] 탭-[기호] 그룹-[기호](Ω) 클릭해 기호 삽입
• [홈] 탭-[단락] 그룹-[왼쪽 맞춤](≡) 클릭

종합실습

3. '슬라이드 13'의 텍스트 내용 중 '지역'과 '사업주관'을 제외한 내용의 목록 수준을 늘려 보자. '지역'과 '사업주관'에는 Ⅰ,Ⅱ의 번호 매기기를 설정하고, 내용에는 ①, ②의 번호 매기기를 설정해 보자.

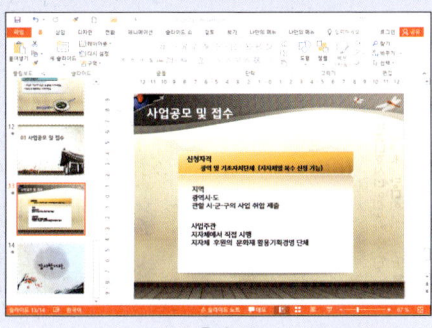
▲ Before

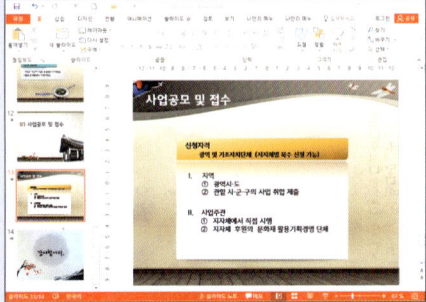
▲ After

HINT ㅣ • [홈] 탭–[단락] 그룹–[목록 수준 늘림]() 클릭
• [홈] 탭–[단락] 그룹–[번호 매기기]() 클릭

5. 슬라이드 쇼를 진행하고, '슬라이드 4'의 내용 중 '프로그램'을 확대해 보자.

▲ Before

▲ After

HINT ㅣ • [슬라이드 쇼] 탭–[슬라이드 쇼 시작] 그룹–[처음부터]()를 클릭
• '슬라이드 4'에서 화면 왼쪽 아래의 [발표자 도구 옵션]–[확대]() 클릭

03 CHAPTER

슬라이드 서식 조정 및 관리하기

텍스트 상자는 슬라이드 작업의 초석이 되는 중요한 곳이다. 때문에 필요에 따라 가로/세로 방향의 텍스트 상자를 추가하는 방법을 익혀두어야 하며, 작성된 슬라이드의 디자인 서식을 빠르게 변경해 내용에 어울리는 디자인 테마를 적용할 줄도 알아야 한다. 이번 챕터에서는 이러한 필수 과정을 함께 따라하며, 전반적인 슬라이드의 관리 요령까지 다루도록 한다.

Section 1   가로/세로 텍스트 상자 만들기
Section 2   글머리 기호와 번호 매기기
Section 3   디자인 테마 설정하기
Section 4   슬라이드 마스터 다루기

슬라이드 서식 조정 및 관리하기

Chapter 3

새 프레젠테이션으로 파워포인트 2016을 시작하면 첫 번째 슬라이드에 '제목 및 부제목'을 입력할 수 있는 텍스트 상자가 보인다. 두 번째 슬라이드부터는 '제목 및 내용'을 입력할 수 있는 텍스트 상자가 나타나는데, 그 외의 새로운 텍스트 상자를 추가 배치해 작업할 수 있다. 또한 글머리 기호나 번호 매기기의 옵션 등을 이용하여 내용을 정돈시키고, 디자인 테마를 통해 손쉽게 다른 느낌의 슬라이드 디자인을 적용할 수 있다. 아울러 '슬라이드 마스터' 기능을 이용하여 많은 슬라이드의 공통적으로 적용되는 부분을 손쉽게 편집할 수 있다.

01 가로/세로 텍스트 상자 만들기

주어진 레이아웃의 제목이나 내용 외의 텍스트 상자가 추가로 필요한 경우가 생긴다. 이런 경우에 [삽입] 탭-[텍스트] 그룹-[텍스트 상자]( )를 클릭해 가로 및 세로 방향의 텍스트 상자를 추가 삽입할 수 있어 추가 텍스트 입력이 가능하다. 이렇게 추가된 텍스트 상자는 이전과 동일한 방식으로 내용 입력이나 서식 조정이 가능하다.

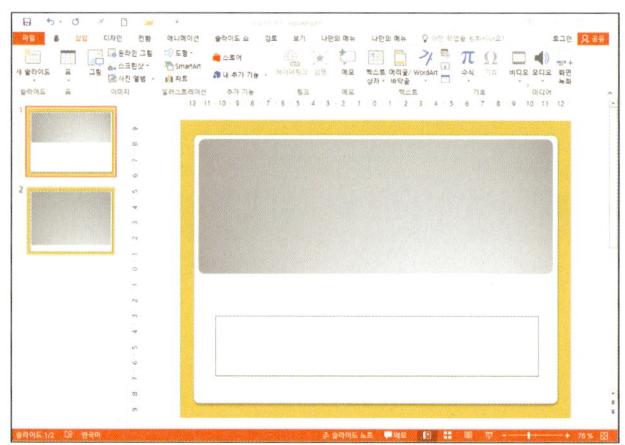

02 글머리 기호와 번호 매기기

슬라이드에 작성된 문장에 [글머리 기호](📋)과 [번호 매기기](📋)로 규칙성을 부여해 내용의 이해도를 높일 수 있다. 글머리 기호나 번호는 텍스트 서식과 동일하게 크기나 색을 부여할 수 있다.

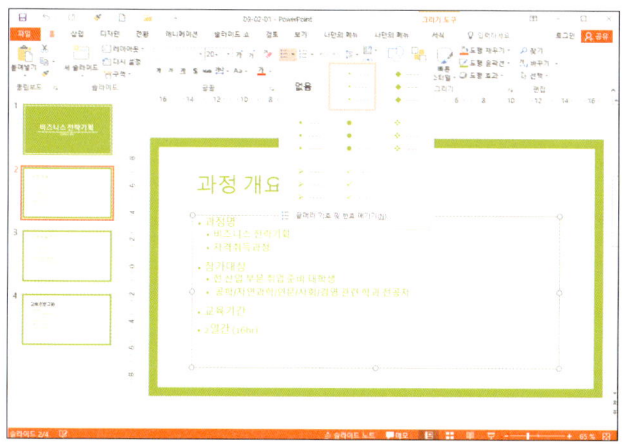

03 디자인 테마 설정하기

기존에 디자인된 슬라이드의 배경, 무늬, 글꼴 서식 등의 설정을 디자인 테마로 한 번에 적용할 수 있다. [디자인] 탭-[테마] 그룹에서 선택해 적용할 수 있다. 디자인 테마를 적용한 후에도, [디자인] 탭-[적용] 그룹에서 색 배합, 배경 스타일을 변경할 수도 있다.

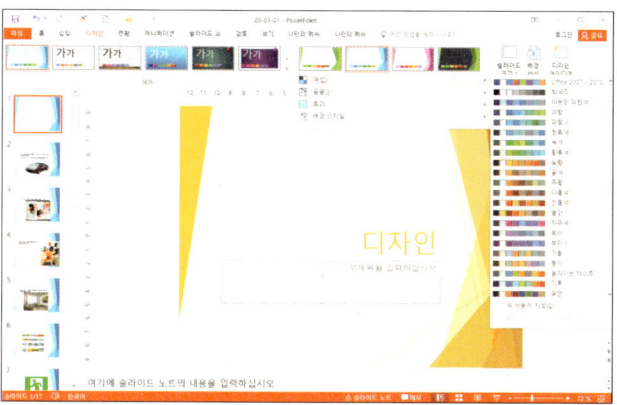

04 슬라이드 마스터 다루기

슬라이드 마스터로 프레젠테이션을 구성하는 슬라이드의 배경과 서식, 머리글과 바닥글, 페이지 번호 등을 동시에 설정할 수 있다. 슬라이드 마스터는 일관성, 통일성 있는 디자인이 가능하고, 전체적인 배경이나 제목의 위치 등을 일괄적으로 수정할 수 있다.

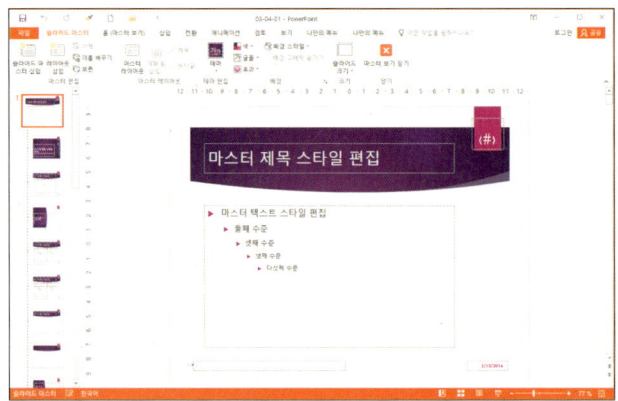

가로/세로 텍스트 상자 만들기

슬라이드에 내용을 채우다 보면 텍스트 상자가 추가로 필요한 상황이 있다. [삽입] 탭–[텍스트] 그룹–[텍스트 상자]( )를 클릭하여 새로운 텍스트 상자 삽입이 가능하다. 추가로 삽입한 텍스트 상자에 추가 내용을 입력할 수 있다.

◯ 알아두기

- [삽입] 탭에서 가로로 입력되는 가로 텍스트 상자를 삽입할 수 있다.
- [삽입] 탭에서 세로로 내용이 입력되는 세로 텍스트 상자를 삽입할 수 있다.

따라하기 01 가로 텍스트 상자 추가하기

슬라이드 내용을 채우다가 추가로 텍스트 상자가 필요한 경우가 있다. 새로운 텍스트 상자를 삽입하고 텍스트 상자에 입력한 후 서식을 적용해 보자.

[작업 준비물 : Ch03\03-01-01.pptx]

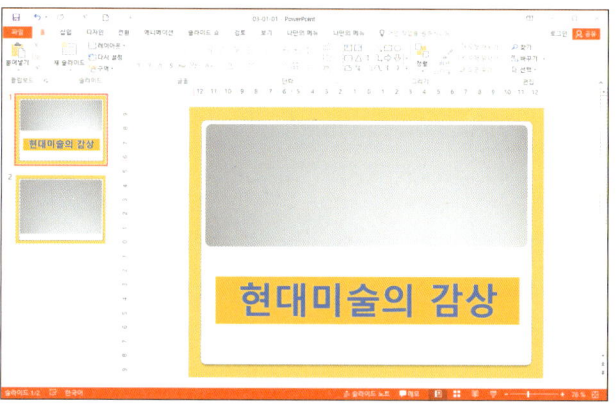

❶ 예제 파일을 열고 '슬라이드 1'을 선택한 뒤, [삽입] 탭-[텍스트] 그룹-[텍스트 상자]( )를 클릭하고 슬라이드 영역을 드래그해 텍스트 상자를 삽입한다.

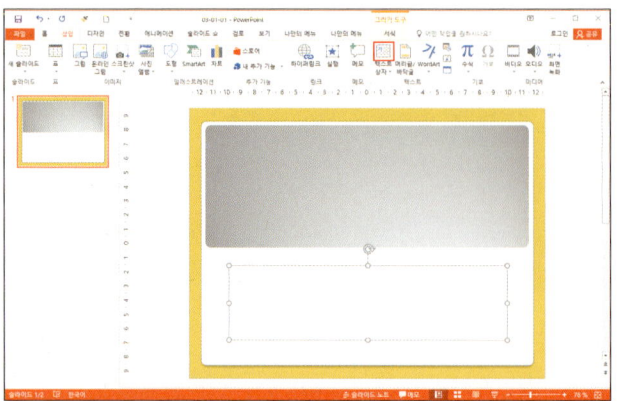

❷ 텍스트 상자 안쪽에 '현대미술의 감상'을 입력한다.

❸ 텍스트 상자를 클릭한 후 [글꼴]은 '맑은 고딕', [글꼴 크기]는 '72', [굵게], [글꼴 색]( ) 목록 단추를 클릭하여 [파랑]을 선택한다.

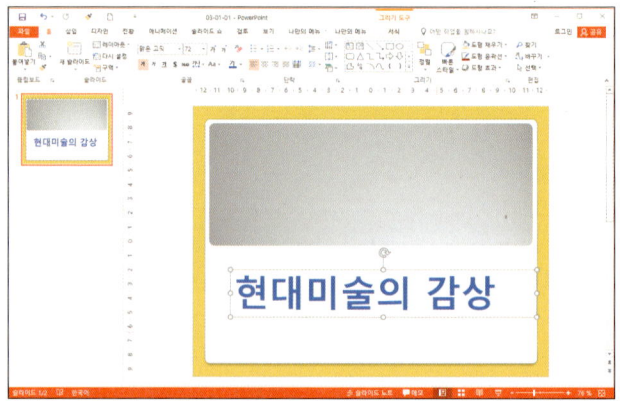

❹ 텍스트 상자가 선택된 상태에서 [그리기 도구]–[서식] 탭–[도형 스타일] 그룹–[도형 채우기]( )를 클릭하고 [주황]을 선택한다.

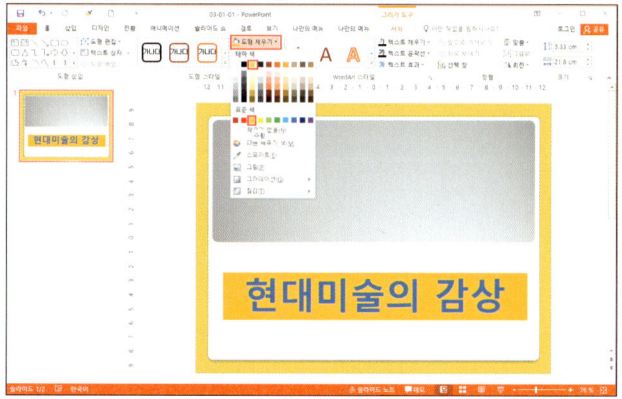

> tip ➕
> [도형 채우기]( )에서 특정 색상 위에 마우스를 놓으면 실시간 미리 보기가 적용되어, 선택한 곳의 색상이 임시로 채워지면 결과를 확인할 수 있다.

> tip ➕
> • [텍스트] 그룹
>
>
>
> ❶ **텍스트 상자** : 작업 중인 슬라이드에 빈 텍스트 상자를 삽입할 수 있다.
> ❷ **머리글/바닥글** : 슬라이드 위쪽/아래쪽 여백에 간단한 바닥글이나, 슬라이드 번호, 날짜 및 시간들을 입력할 수 있다.
> ❸ **WordArt** : 선택한 문장을 화려한 그래픽 개체로 변환할 수 있다.
> ❹ **날짜 및 시간** : [머리글/바닥글] 대화상자를 불러내어 슬라이드에 날짜 및 시간을 입력할 수 있다.
> ❺ **슬라이드 번호** : 작성 중인 슬라이드에 번호를 삽입할 수 있다.
> ❻ **개체** : [개체 삽입] 대화상자에서 선택된 개체 유형을 슬라이드 문서에 삽입할 수 있다.

| 따라하기 | 02 세로 텍스트 상자 추가하기 |

슬라이드의 내용을 세로로 입력하기 위해 세로 텍스트 상자를 삽입하고 세로 방향으로 텍스트를 입력해 보자.

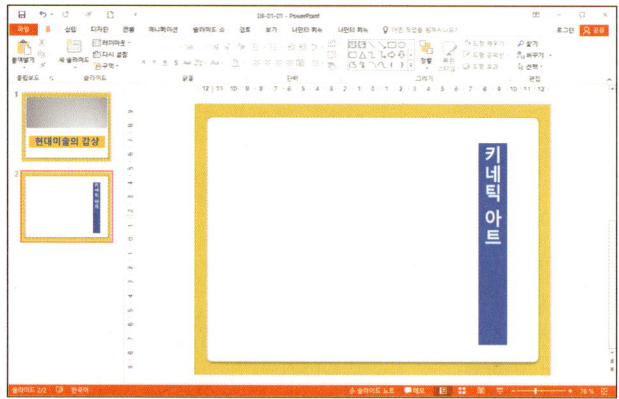

❶ [홈] 탭-[슬라이드] 그룹-[새 슬라이드]( ) 목록 단추를 클릭해 [빈 화면]을 선택한다.

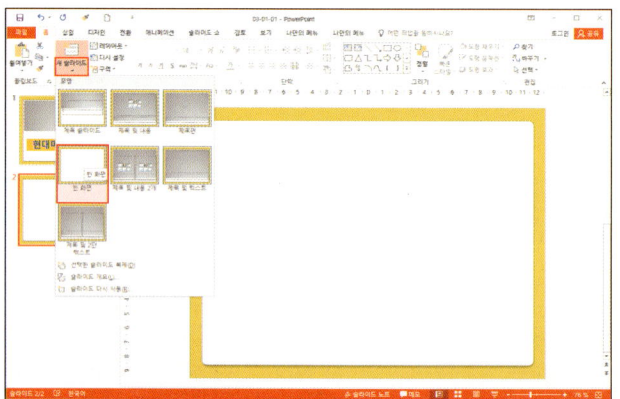

tip 특정 레이아웃을 지정하여 새 슬라이드를 삽입할 땐 [홈] 탭-[슬라이드] 그룹-[새 슬라이드]( ) 목록 단추를 사용하고, 이미 삽입된 슬라이드의 레이아웃만 변경할 때는 [홈] 탭-[슬라이드] 그룹-레이아웃을 클릭하면 된다.

❷ '슬라이드 2'를 선택한 뒤, [삽입] 탭-[텍스트] 그룹-[텍스트 상자]( ) 목록 단추를 클릭하여 [세로 텍스트 상자]를 선택한다.

❸ 슬라이드 안쪽을 세로 방향으로 드래그하여 세로 텍스트 상자를 삽입한다.

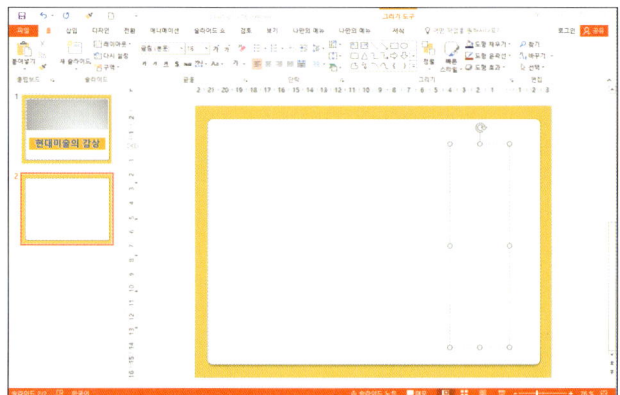

❹ 텍스트 상자에 '키네틱 아트'를 입력한 뒤, [글꼴]은 '맑은 고딕', [글꼴 크기] '36', [굵게], [글꼴 색]( ) 목록 단추를 클릭하여 '흰색, 배경 1, 5% 더 어둡게'를 선택한다.

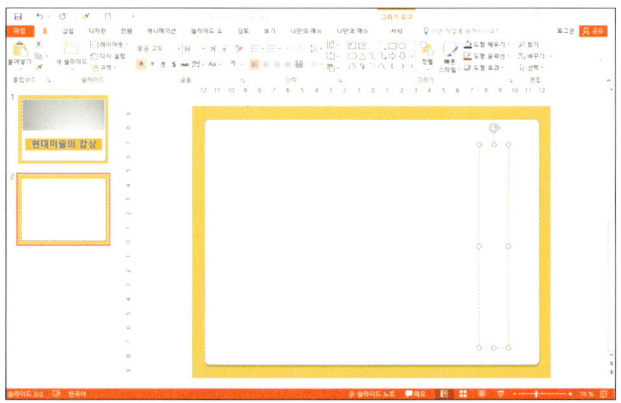

❺ 텍스트 상자를 클릭한 후 [그리기 도구]-[서식] 탭-[도형 스타일] 그룹-[도형 채우기](도형 채우기 ▼)를 클릭하고 [파랑]을 선택한다.

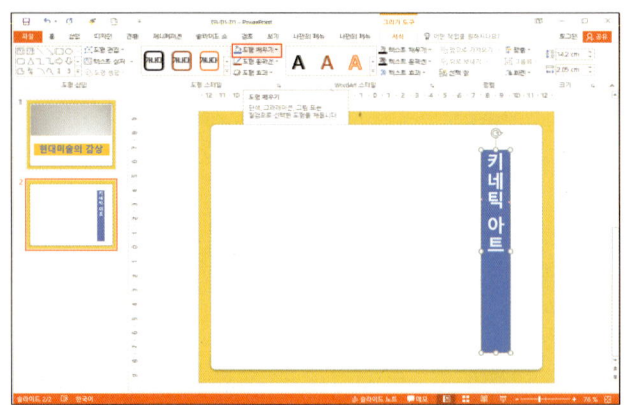

| 따라하기 | 03 | 도형 채우기 색의 투명도 조절하기 |

텍스트 상자에 채워진 색의 투명도를 조절해 보자.

[작업 준비물 : Ch03\03-01-02.pptx]

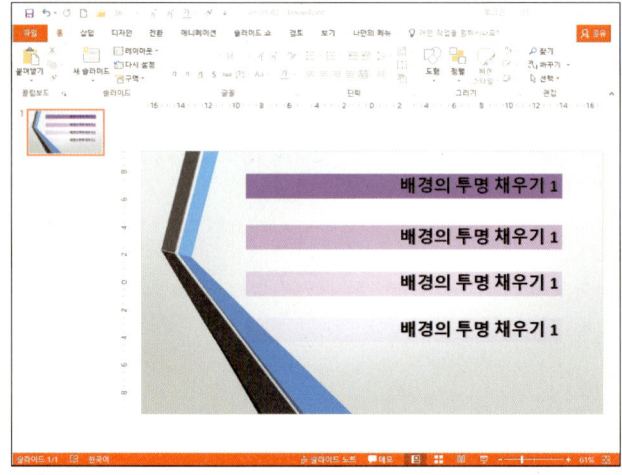

❶ 예제 파일을 열고 두 번째 텍스트 상자를 클릭한 후 [그리기 도구]-[서식] 탭-[도형 스타일] 그룹-[도형 채우기](도형 채우기 ▾)를 클릭하고 [다른 채우기 색]을 선택한다.

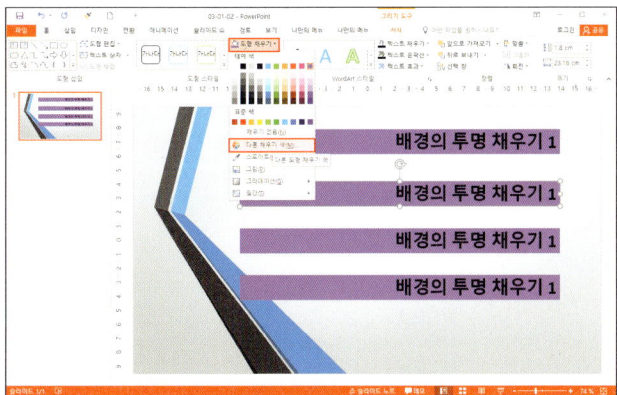

❷ [색] 대화상자가 나타나면 [투명도] 비율을 '30%'로 입력한 뒤, [확인]을 클릭한다.
❸ 다른 텍스트 상자들도 투명도를 각각 다르게 설정해 보자. 배경이 비치는 정도가 다르게 나타난다.

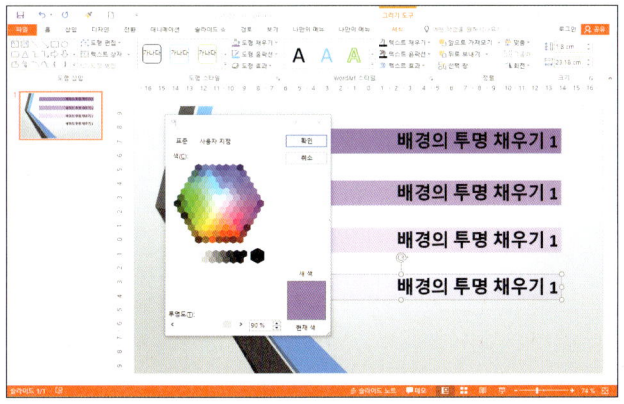

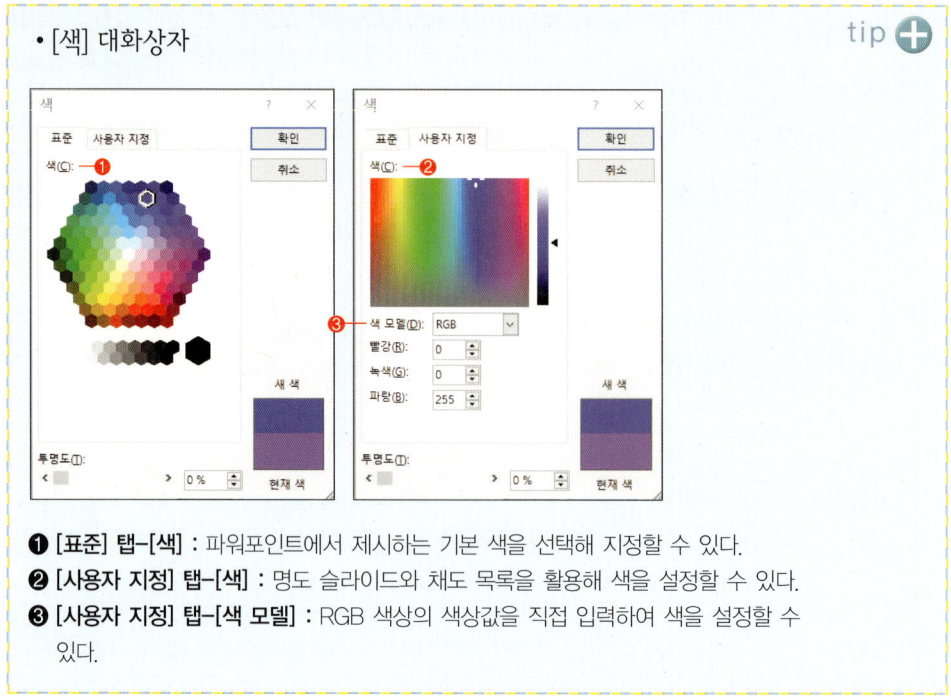

- [색] 대화상자

❶ [표준] 탭-[색] : 파워포인트에서 제시하는 기본 색을 선택해 지정할 수 있다.
❷ [사용자 지정] 탭-[색] : 명도 슬라이드와 채도 목록을 활용해 색을 설정할 수 있다.
❸ [사용자 지정] 탭-[색 모델] : RGB 색상의 색상값을 직접 입력하여 색을 설정할 수 있다.

01 혼자해보기

예제 파일을 열고, 텍스트 상자를 이용해 텍스트를 입력하고 다음과 같이 글꼴 서식을 설정해 보자.

[작업 준비물 : Ch03\03-01-03.pptx]

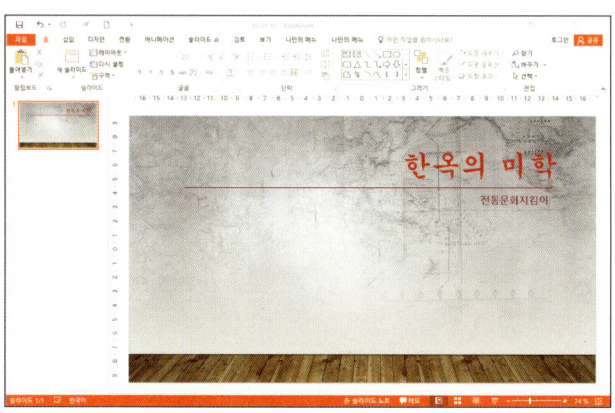

HINT | • 제목 텍스트 상자 : [글꼴] 'HY궁서', [크기] '60', [글꼴 색] '진한 빨강'
• 부제목 텍스트 상자 : [글꼴] '맑은 고딕', [크기] '20', [글꼴 색] '빨강, 강조2, 25% 더 어둡게'

02 혼자해보기

'빈 화면' 슬라이드를 삽입한 뒤, 세로 텍스트 상자를 삽입해 다음과 같이 입력하고 서식을 조정해 보자.

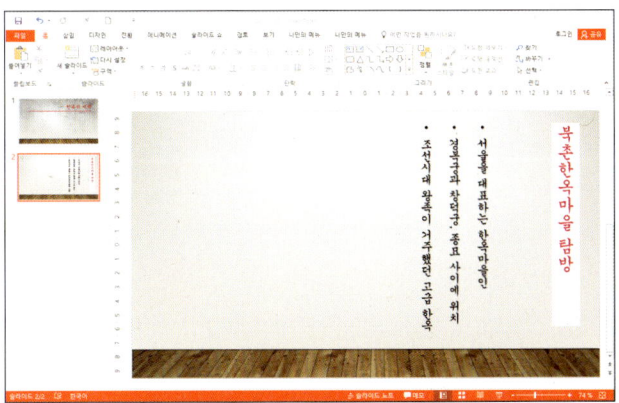

HINT |
- [홈] 탭-[슬라이드] 그룹-[새 슬라이드]( ) 목록 단추를 클릭하여 [빈 화면] 선택
- 제목 텍스트 상자 : [글꼴] 'HY궁서', [크기] '36', [글꼴 색] '진한 빨강', [도형 채우기] '흰색, 배경 1'
- 부제목 텍스트 상자 : [글꼴] '궁서', [크기] '20', [글꼴 색] '검정, 텍스트1'
- [홈] 탭-[단락] 그룹-[글머리 기호]( ) 클릭

Section 2. 글머리 기호와 번호 매기기

슬라이드 내용을 입력하다 보면 내용의 정리가 필요할 때가 있다. 이때 글머리 기호와 번호 매기기는 나열된 문장들을 깔끔하게 구분되어 보이도록 한다. 또한, 기본 제공된 글머리 기호 이외에 클립아트를 글머리 기호로 사용할 수 있으며, 특정 이미지를 글머리 기호로 사용이 가능하다.

◉ 알아두기
- 글머리 기호 및 번호 매기기를 삽입하거나 해제할 수 있다.
- 온라인에서 원하는 그림을 검색해 글머리 기호로 활용할 수 있다.
- 특정 이미지를 글머리 기호로 사용할 수 있다.

따라하기 01 글머리 기호 사용하기

텍스트 상자에 입력된 문장들에 글머리 기호와 번호 매기기를 적용해 보자.
[작업 준비물 : Ch03\03-02-01.pptx]

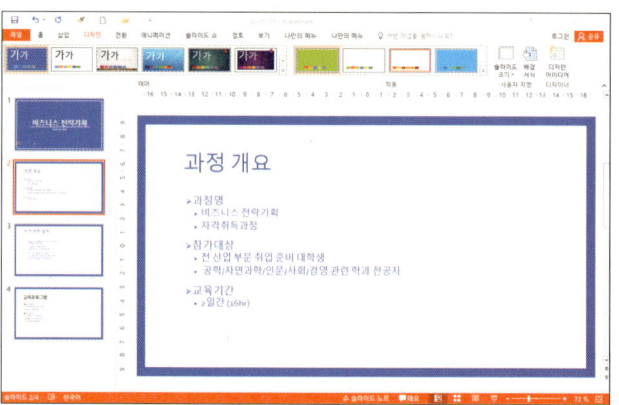

❶ 예제 파일을 열고 '슬라이드 2'를 선택한 뒤, 내용 텍스트 상자를 클릭한다.

❷ [홈] 탭-[단락] 그룹-[글머리 기호](≡▼) 목록 단추를 클릭한 뒤, 적용할 글머리 기호를 선택한다.

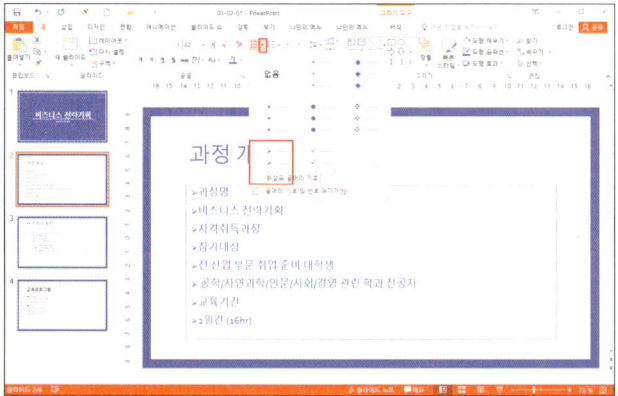

❸ 글머리 기호 적용 후 다음과 같이 범위 설정한 후 [홈] 탭-[단락] 그룹-[목록 수준 늘림](→≡)을 클릭한다.

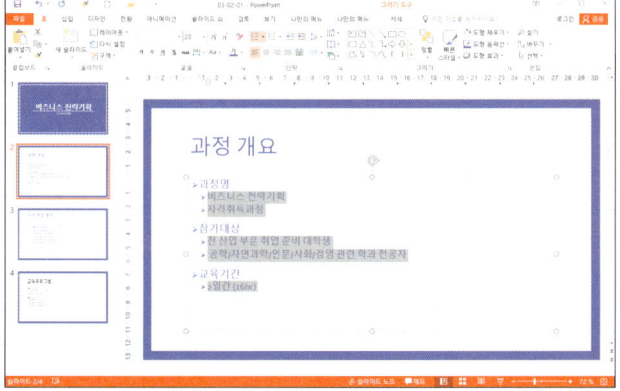

❹ 한 수준 들어간 문장을 선택한 후 [홈] 탭-[단락] 그룹-[글머리 기호](≡▼) 목록 단추를 클릭한 뒤, 적용할 글머리 기호를 선택한다.

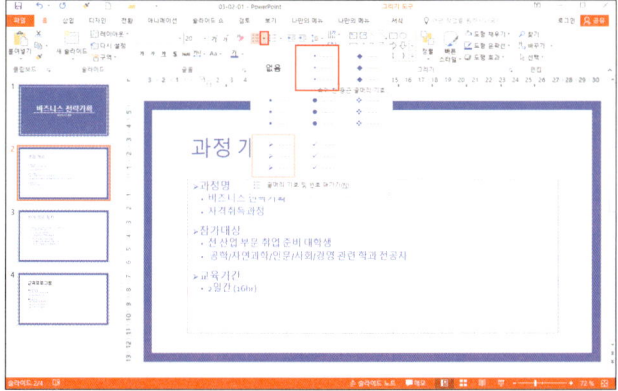

❺ [글머리 기호](≡▼) 목록 단추를 다시 클릭하면 적용된 글머리 기호가 해제된다.

| 따라하기 | 02 | 번호 매기기 사용하기 |

슬라이드에 입력된 문장들에 번호 매기기를 사용하여 내용의 순서를 정해 보자.

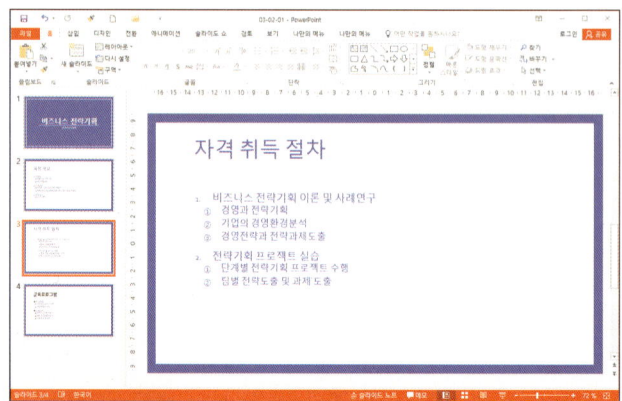

❶ '슬라이드 3'을 선택한 뒤, 내용 텍스트 상자를 클릭한다.

❷ [홈] 탭-[단락] 그룹-[번호 매기기](　) 목록 단추를 클릭한 뒤, 적용할 번호를 선택한다.

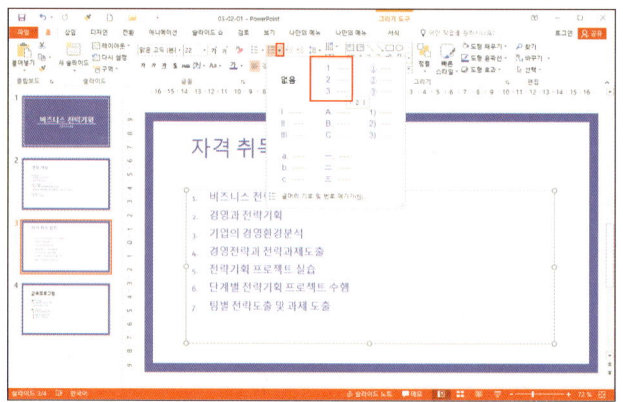

❸ 번호 매기기 적용 후 다음과 같이 범위 설정한 후 [홈] 탭-[단락] 그룹-[목록 수준 늘림](   )을 클릭한다.

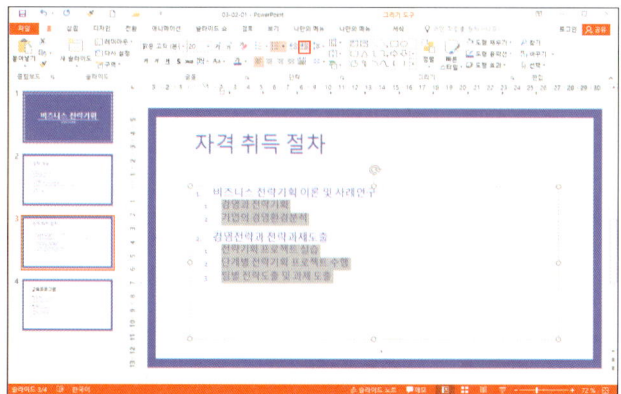

❹ 한 수준 들어간 문장을 선택한 후 [홈] 탭-[단락] 그룹-[번호 매기기](   ) 목록 단추를 클릭한 뒤, 적용할 번호를 선택한다.

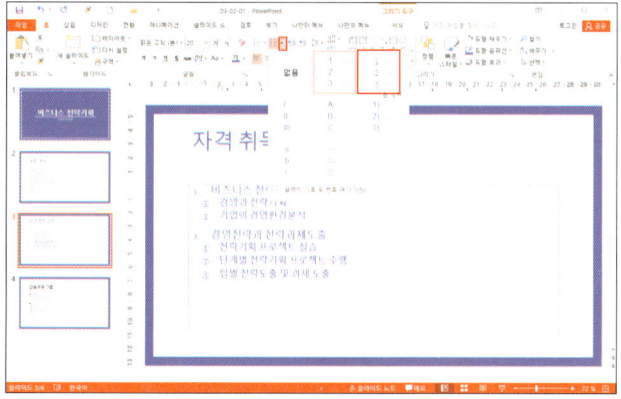

> tip ➕
> 글머리 기호나 번호 매기기의 목록 선택 과정은 실시간 미리 보기가 지원되며, 이 때 문단에 어울리는 적절한 기호나 번호를 선택할 수 있다.

따라하기 03 그림 글머리 기호 사용하기

온라인에서 검색할 수 있는 클립아트 또는 내 컴퓨터에 저장되어 있는 이미지를 문단 앞 글머리 기호로 활용할 수 있다. 그림을 글머리 기호로 사용해 보자.

[작업 준비물 : Ch03\학사모.png]

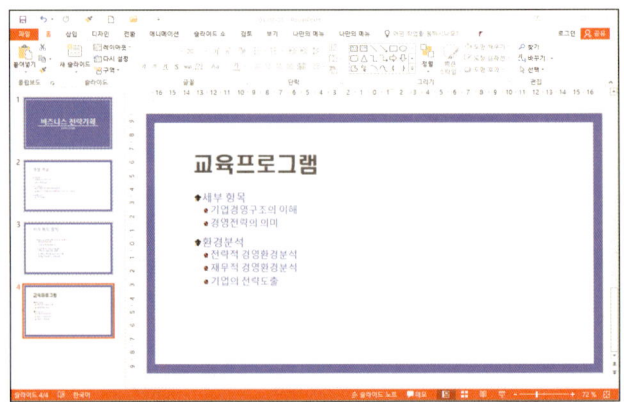

❶ '슬라이드 4'를 선택한 뒤, 텍스트 상자를 클릭한 후 [홈] 탭-[단락] 그룹-[글머리 기호](☰▾) 목록 단추를 클릭하고 [글머리 기호 및 번호 매기기]를 선택한다.

❷ [글머리 기호 및 번호 매기기] 대화상자가 나타나면 [글머리 기호] 탭-[그림]을 클릭한다.

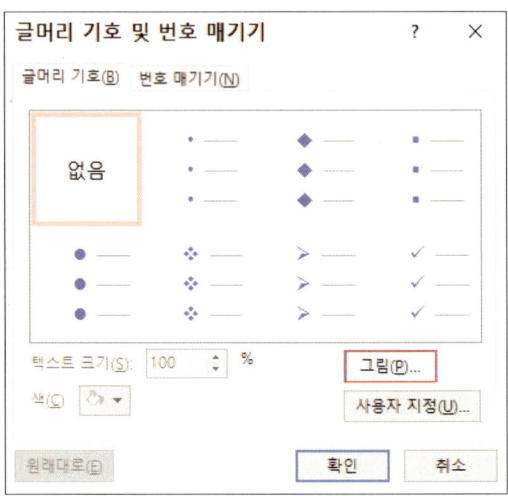

tip ➕

• [글머리 기호 및 번호 매기기] 대화상자

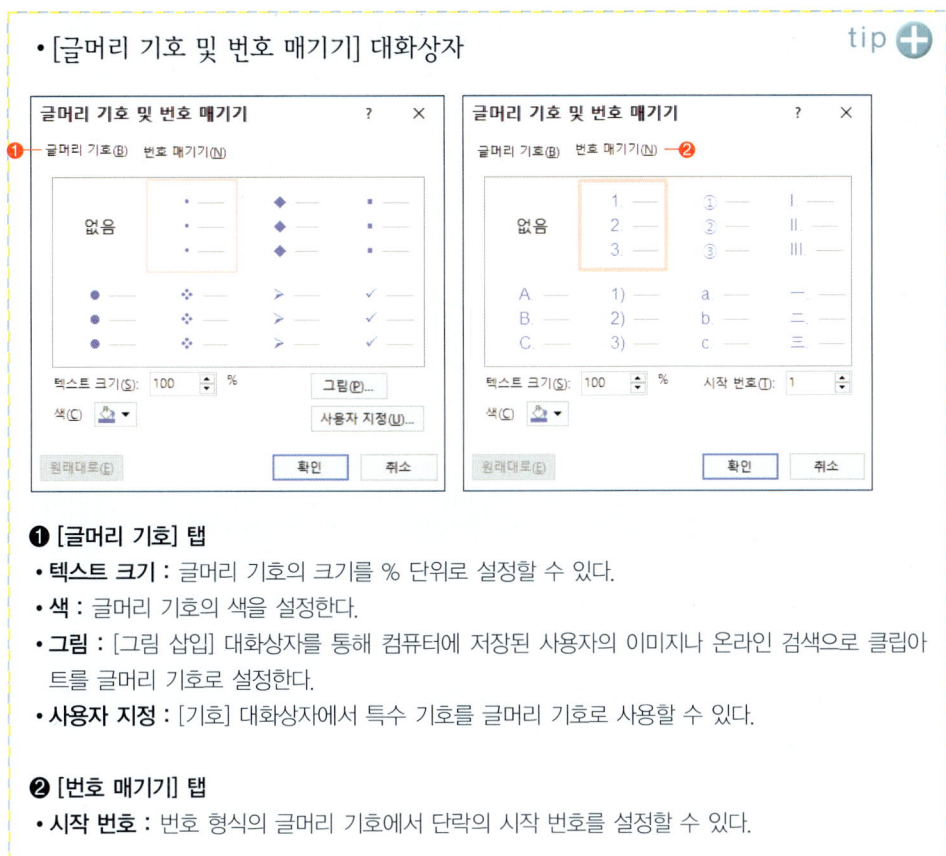

❶ [글머리 기호] 탭
- **텍스트 크기** : 글머리 기호의 크기를 % 단위로 설정할 수 있다.
- **색** : 글머리 기호의 색을 설정한다.
- **그림** : [그림 삽입] 대화상자를 통해 컴퓨터에 저장된 사용자의 이미지나 온라인 검색으로 클립아트를 글머리 기호로 설정한다.
- **사용자 지정** : [기호] 대화상자에서 특수 기호를 글머리 기호로 사용할 수 있다.

❷ [번호 매기기] 탭
- **시작 번호** : 번호 형식의 글머리 기호에서 단락의 시작 번호를 설정할 수 있다.

❸ [그림 삽입] 창이 나타나면 'Bing 이미지 검색'의 검색란에 '노트'라고 입력하고 Enter 를 누른다. '노트'와 관련된 이미지 결과들이 나열된다.

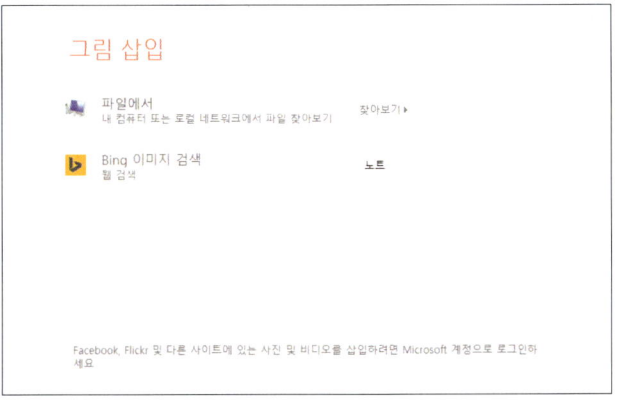

❹ 스크롤바를 드래그해 마음에 드는 클립아트를 선택한 뒤, [삽입]을 클릭한다.

❺ 선택한 클립 아트가 문단의 그림 글머리 기호로 삽입된 것을 확인할 수 있다. 삽입된 글머리 기호의 크기를 조정하기 위해 다시 [홈] 탭-[단락] 그룹-[글머리 기호] 목록 단추를 클릭하고 [글머리 기호 및 번호 매기기]를 선택한다.

❻ [글머리 기호 및 번호 매기기] 대화상자에서 [문자 크기]를 '150%'로 입력한 뒤, [확인]을 클릭한다.

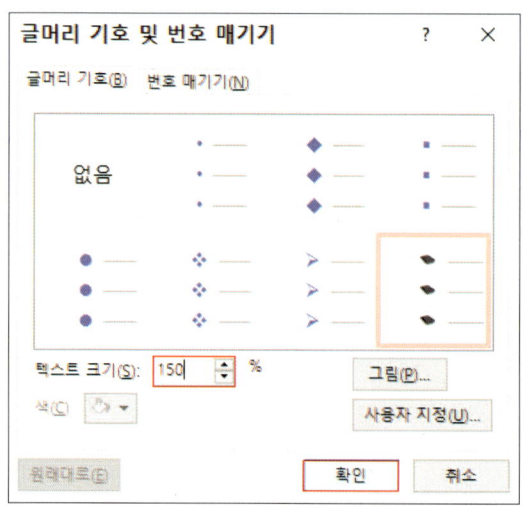

❼ 처음 삽입됐던 그림 글머리 기호보다 더 커진 그림 글머리 기호가 된 것을 확인할 수 있다.

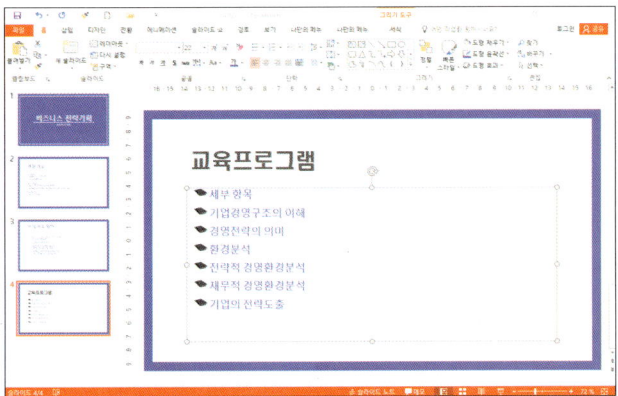

❽ '슬라이드 4'의 에서 다음과 같이 범위 설정한 후 Tab 을 눌러서 목록 수준을 늘려 준다.

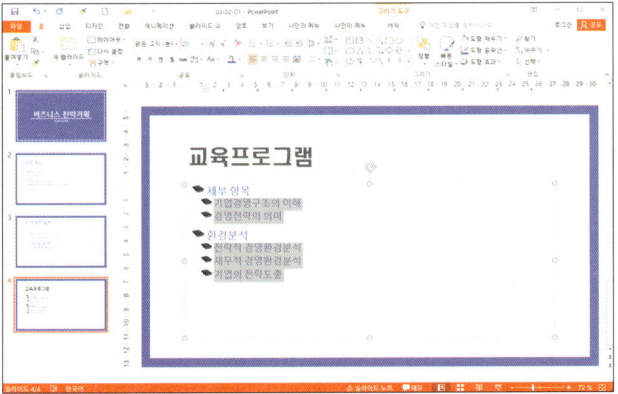

❾ [홈] 탭-[단락] 그룹-[글머리 기호]( ) 목록 단추를 클릭하고 [글머리 기호 및 번호 매기기]를 선택한다. [글머리 기호 및 번호 매기기] 대화상자가 나타나면 [글머리 기호] 탭-[그림]을 클릭한다. [파일에서]-[찾아보기]를 클릭한다.

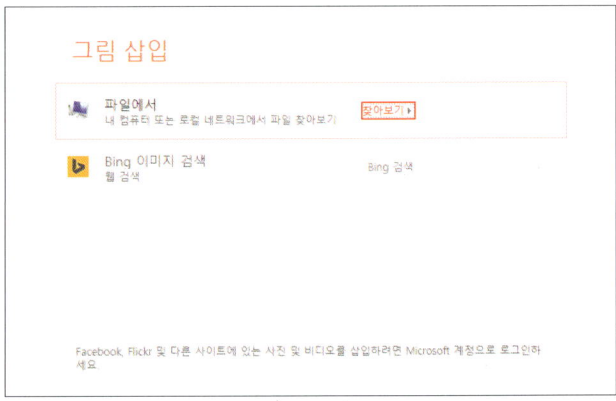

❿ '학사모.png'를 선택한 후 [삽입]을 클릭한다.

⓫ '학사모' 이미지가 그림 글머리 기호로 삽입된 결과 화면을 볼 수 있다.

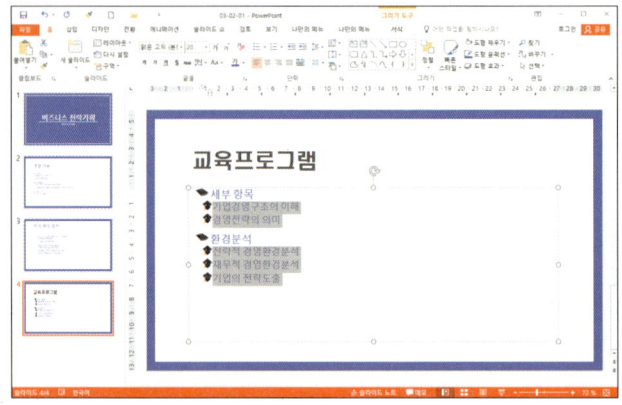

01 혼자해보기 예제 파일을 열고 '슬라이드 1'의 텍스트 상자의 글머리 기호를 다음과 같이 설정해 보자.

[작업 준비물 : Ch03\03-02-02.pptx]

HINT | [홈] 탭-[단락] 그룹-[글머리 기호](☰▾) 목록 단추 클릭하여 기호 선택

02 혼자해보기 '슬라이드 2'의 텍스트 상자 번호 매기기를 다음과 같이 설정해 보자.

HINT | [홈] 탭-[단락] 그룹-[번호 매기기](☰▾) 목록 단추 클릭하여 번호 선택

Section 2. 글머리 기호와 번호 매기기

Section 3. 디자인 테마 설정하기

파워포인트 2016에서 디자인 테마를 활용하면 전문 디자이너처럼 파워포인트 자료를 만들 수 있다. 파워포인트에서 제공하는 디자인 테마를 이용하면 슬라이드를 이루는 배색, 글꼴, 무늬 등을 보기 좋게 할 수 있으니 자세히 알아본다.

> **알아두기**
> - 작성 중인 슬라이드에 새로운 디자인 테마를 적용할 수 있다.
> - 적용된 테마 색과 배경 스타일을 다르게 설정할 수 있다.

따라하기 01 디자인 테마 사용하기

[디자인] 탭-[테마] 그룹에서 다양한 디자인을 선택해, 작성 중인 전체 슬라이드를 통일성 있는 서식으로 변경해 보자.

[작업 준비물 : Ch03\03-03-01.pptx]

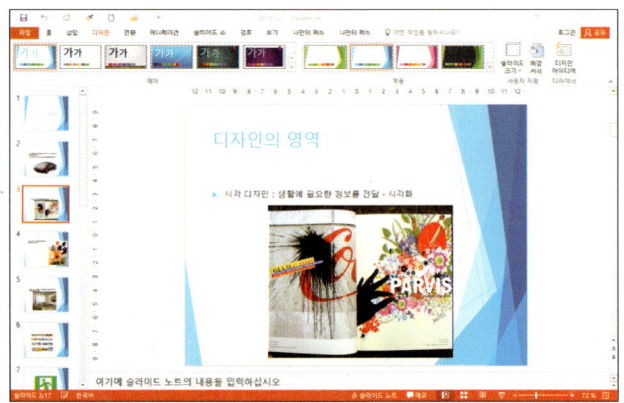

106 Chapter 3. 슬라이드 서식 조정 및 관리하기

❶ 예제 파일을 열고 '슬라이드 1'을 선택한 뒤, [디자인] 탭-[테마] 그룹의 자세히 단추( )를 클릭하고 [줄기] 디자인을 선택한다.

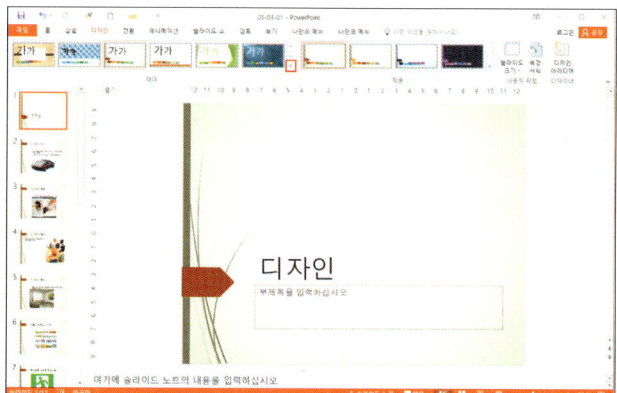

❷ 다시 [테마] 그룹의 디자인 목록에서 [주요 이벤트] 디자인을 선택한다.

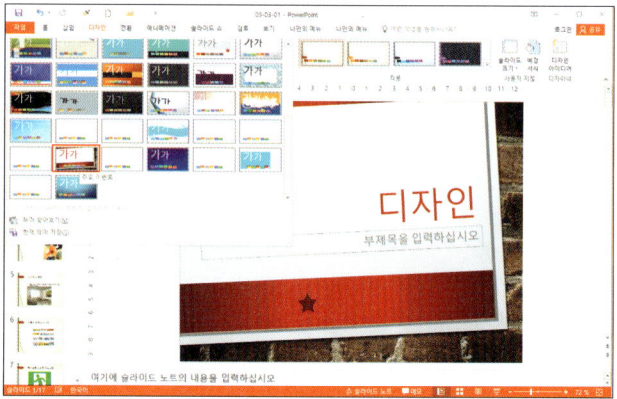

> tip ➕
> [테마] 그룹의 [Office 테마] 디자인을 선택하면, 처음 프레젠테이션을 시작했을 때 보았던 기본 서식으로 돌아간다.

Section 3 . 디자인 테마 설정하기

따라하기 02 디자인 테마의 색상과 배경 스타일 변경하기

디자인 되어진 테마의 요소 색상들을 변경하고, 글꼴과 배경 스타일을 변경해 보자.

❶ [디자인] 탭-[적용] 그룹에서 [디자인] 탭-[테마] 그룹에서 적용된 [주요 이벤트] 디자인의 다른 색 구성 목록을 선택해 본다.

❷ [디자인] 탭-[적용] 그룹의 자세히 단추(▼)를 클릭한 뒤, [색]-[노랑]을 선택한다.

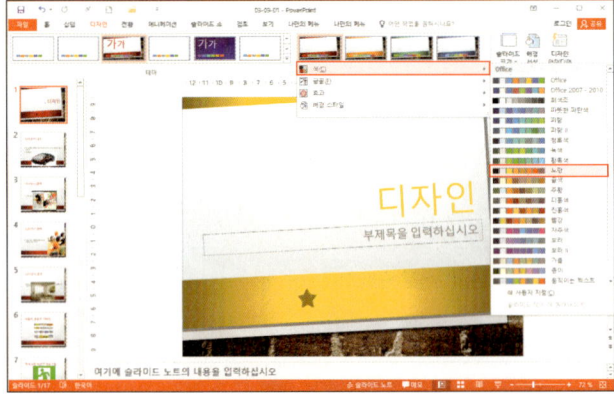

❸ [디자인] 탭-[적용] 그룹의 자세히 단추(▼)를 클릭한 뒤, [배경 스타일]-[스타일9]를 선택한다. 위와는 다른 은은한 회색 톤의 디자인 서식 배경으로 변경된다.

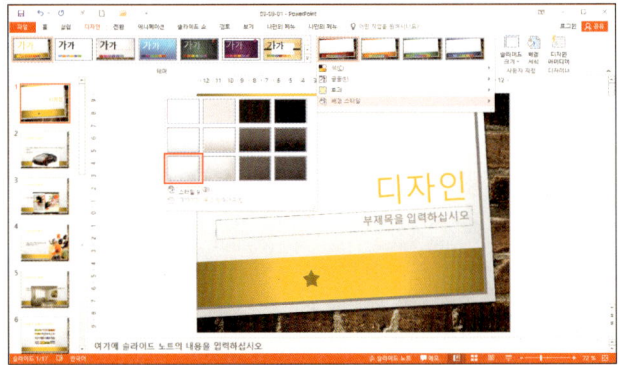

❹ [디자인] 탭-[적용] 그룹의 자세히 단추()를 클릭한 뒤, [글꼴]-[돋움]을 선택한다. 슬라이드의 제목, 부제목 내용의 글꼴이 [돋움]에서 지정한 글꼴로 변경된다.

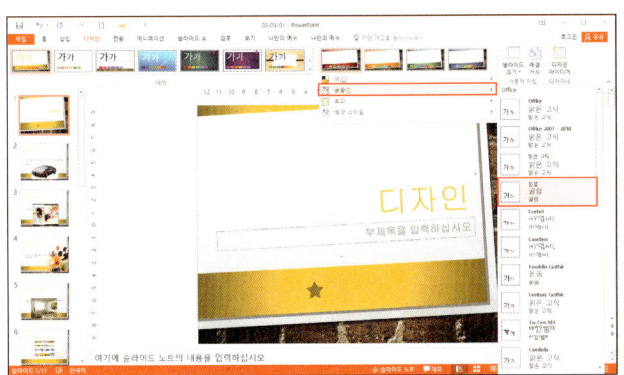

01 혼자해보기

예제 파일을 열고 [디자인] 탭에서 '다마스크' 디자인 테마를 선택해 슬라이드에 적용해 보자.

[작업 준비물 : Ch03\03-03-02.pptx]

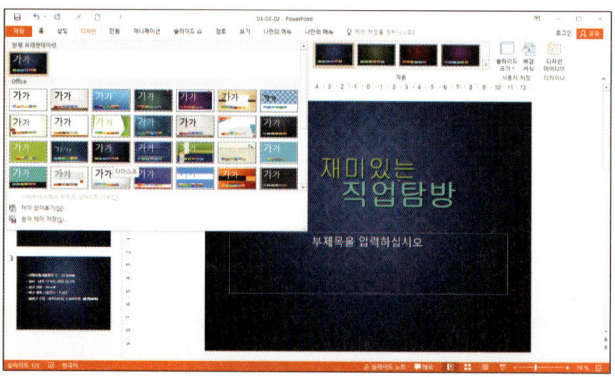

HINT | [디자인] 탭-[테마] 그룹의 자세히 단추(▼)를 클릭하고, [다마스크] 디자인 선택

02 혼자해보기

현재 적용된 디자인 테마의 적용 색을 '종이'로 변경해 보자.

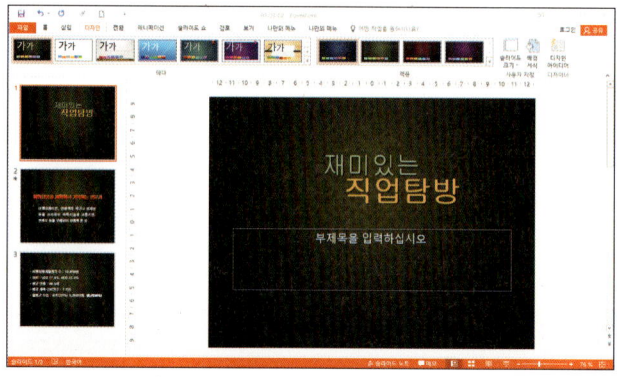

HINT | [디자인] 탭-[적용] 그룹의 자세히 단추(▼)를 클릭하고, [색]-[종이] 선택

슬라이드 마스터 다루기

슬라이드 마스터란 프레젠테이션을 구성하는 슬라이드 배경과 서식, 머리글과 바닥글의 내용 등을 한꺼번에 설정해 놓는 기능이다. 슬라이드 마스터에서 작업한 디자인은 기존 슬라이드와 새로 만드는 슬라이드에 동일하게 적용되므로 일관성, 통일성 있는 디자인이 가능하고 시간 절약을 할 수 있다.

○ 알아두기
- [기본 보기] 상태에서 [슬라이드 마스터 보기] 상태로 전환이 가능하다.
- 슬라이드 마스터에서 표지의 배경을 설정할 수 있다.
- 슬라이드 마스터에서 제목 및 부제목, 내용의 글꼴과 크기, 색 등을 지정할 수 있다.

따라하기 01 슬라이드 마스터 보기로 전환하기

[기본 보기] 상태에서 슬라이드 마스터를 이용해 [슬라이드 마스터 보기] 상태로 전환해 보자.

[작업 준비물 : Ch03\03-04-01.pptx]

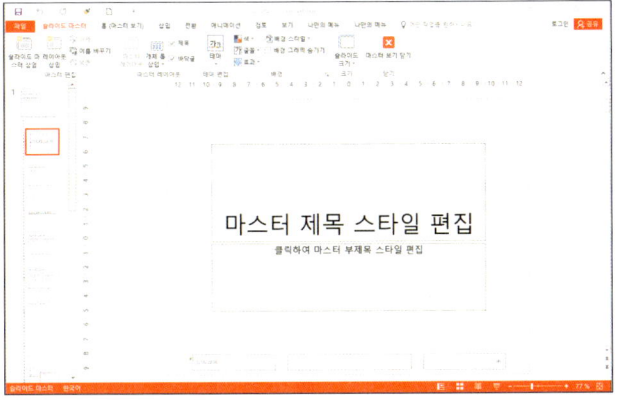

❶ [슬라이드 마스터 보기] 상태로 전환하려면 [보기] 탭-[마스터 보기] 그룹-[슬라이드 마스터]( )를 클릭한다. 첫 번째 '슬라이드 마스터'는 일반 슬라이드처럼 그림, 도형 등으로 배경을 디자인할 때 많이 활용되며, 슬라이드 마스터에서 작업한 내용은 모든 슬라이드에 적용된다.

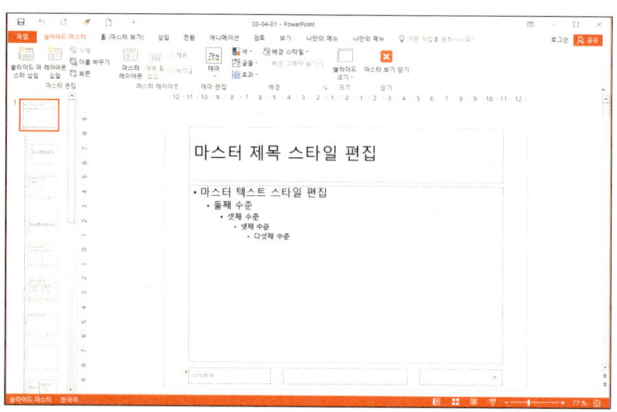

tip ➕ [슬라이드 마스터 보기] 상태로 전환은 Shift 를 누른 채 오른쪽 아래의 [기본 보기]( )를 클릭해도 된다.

❷ 슬라이드 마스터에 포함된 11개의 슬라이드 레이아웃 마스터는 자주 사용하는 레이아웃을 미리 설정해 놓은 것으로 특정 레이아웃 마스터에서 작업을 하면 같은 레이아웃의 슬라이드에만 적용이 된다.

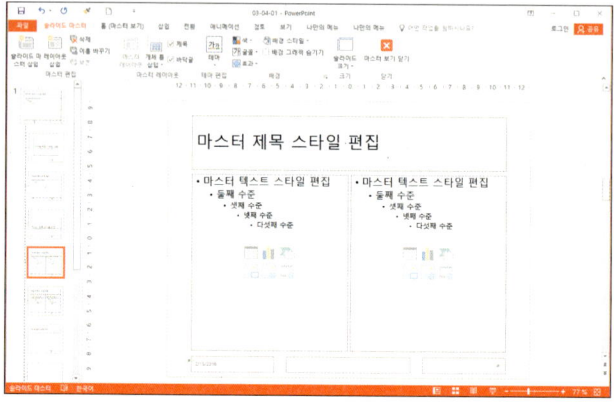

❸ [슬라이드 마스터 보기] 상태에서 [기본 보기] 상태로 돌아올 때는 [슬라이드 마스터] 탭-[마스터 보기 닫기]( )를 클릭하거나 화면 오른쪽 아래의 [기본 보기]( )를 클릭해도 된다.

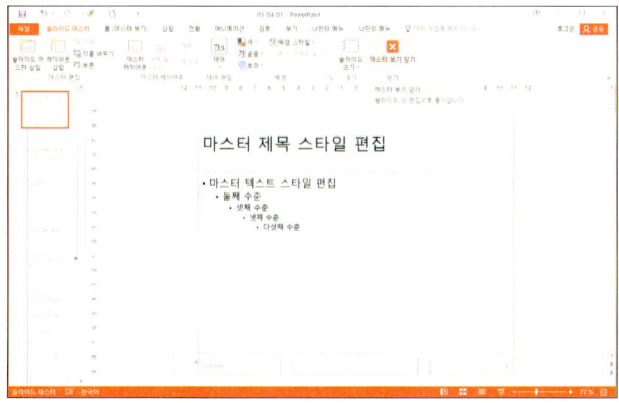

따라하기 02 슬라이드 마스터 디자인하기

[슬라이드 마스터 보기] 상태로 전환하여 배경 그림 및 본문 제목과 내용의 글꼴, 글꼴 크기, 색, 로고 등을 일관성 있게 디자인해 보자.

[작업 준비물 : Ch03\커피로고.png, 커피배경.jpg]

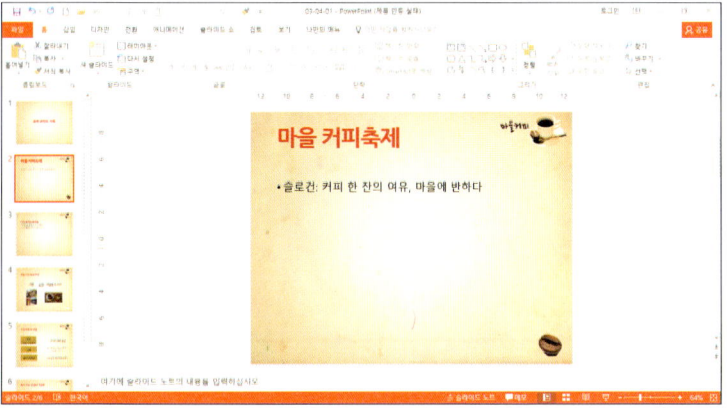

❶ [보기] 탭-[마스터 보기] 그룹-[슬라이드 마스터](　)를 클릭하여 [슬라이드 마스터] 보기 상태로 전환한 후 첫 번째 '마스터 슬라이드'를 선택한다.

❷ 배경 그림을 지정하기 위해 슬라이드의 빈 부분에서 마우스 오른쪽 버튼을 눌러 [배경 서식]을 선택한다.

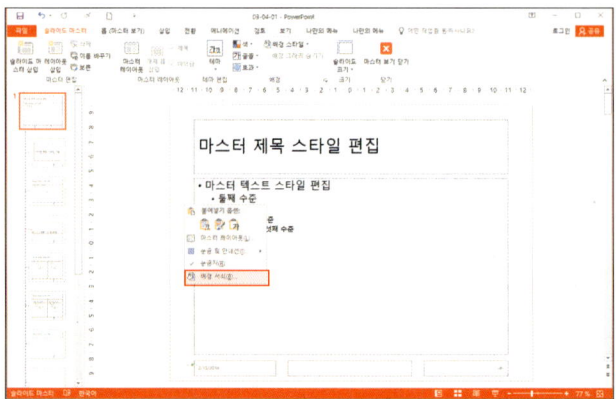

❸ [배경 서식] 작업 창이 열리면 [채우기] 범주의 [그림 또는 질감 채우기]를 선택한 후 [파일]을 클릭한다.

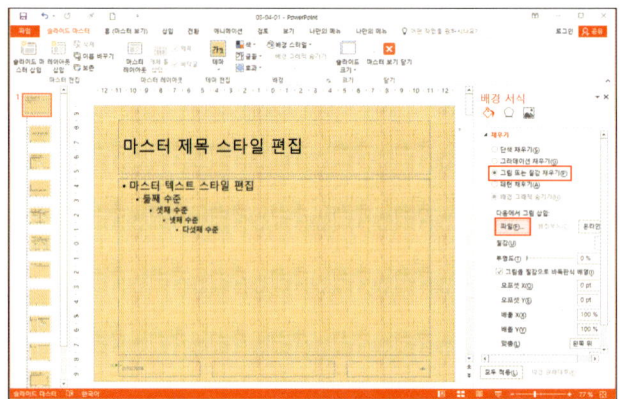

❹ [그림 삽입] 대화상자가 나타나면 '커피배경.jpg'를 선택한 다음 [삽입]을 클릭한다. 마스터 슬라이드에 배경 그림이 지정되고 나머지 전체 레이아웃 마스터에도 같은 배경 그림으로 지정된다.

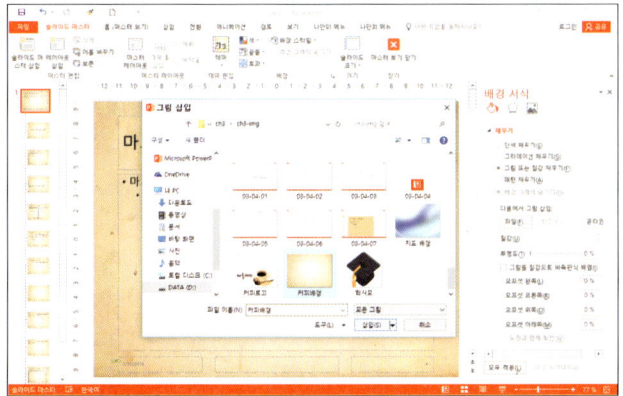

[배경 서식] 작업 창은 오른쪽의 [닫기]()를 클릭해 작업 창을 닫을 수 있다. tip ➕

❺ 본문 슬라이드의 제목 전체에 동일한 서식을 지정하기 위해서, '마스터 슬라이드'의 제목 텍스트 상자를 클릭한 후 [글꼴] '맑은 고딕', [글꼴 크기] '40', [글꼴 색] '진한 빨강', [맞춤] '왼쪽 맞춤'으로 지정한다.

❻ 슬라이드 오른쪽 위에 로고 이미지를 삽입하기 위해서, [삽입] 탭-[이미지] 그룹-[그림]( )을 클릭한다.

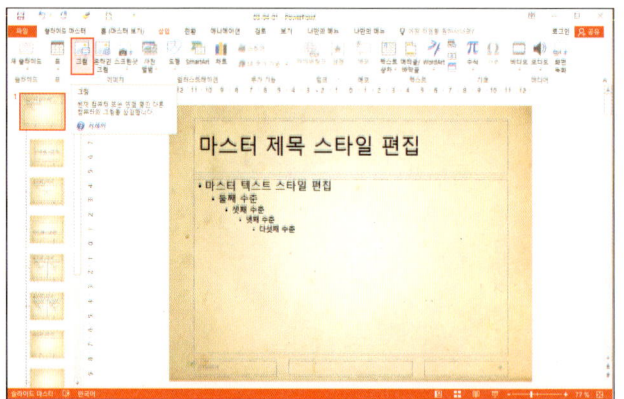

❼ [그림 삽입] 대화상자가 나타나면 '커피로고.png'를 선택한 다음 [삽입]을 클릭한다.

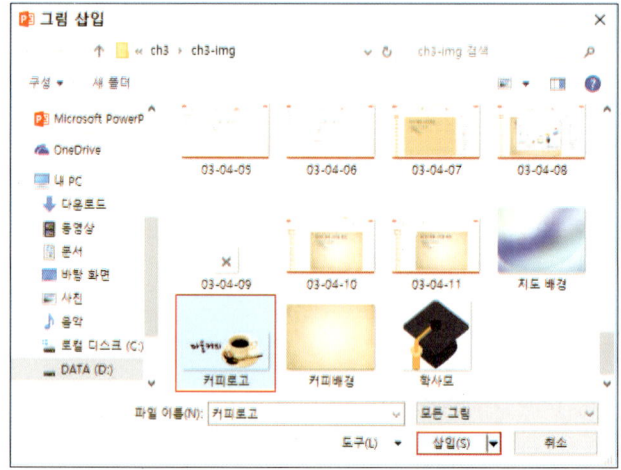

❽ 삽입된 '커피 로고' 이미지 테두리의 동그란 조절점을 마우스로 드래그하여 크기를 적절히 조절한 후 알맞은 위치에 이동시킨다. 나머지 전체 레이아웃 마스터에도 같은 배경 그림으로 지정된다.

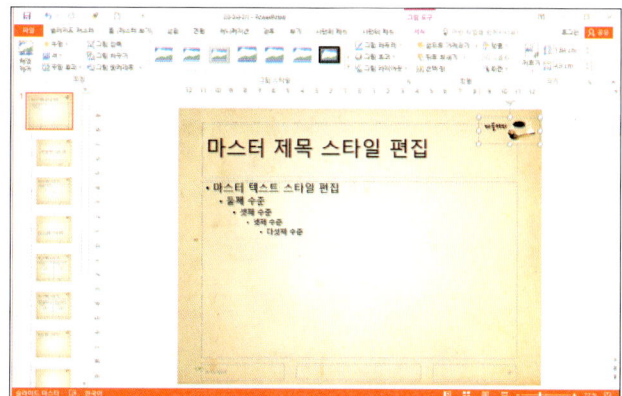

❾ 프레젠테이션의 첫 번째 슬라이드에는 특정 로고 이미지를 나타내지 않는다. 첫 번째는 일반적으로 표지로 디자인하여 사용하기 때문에 첫 번째 슬라이드의 로고를 보이지 않게 하려면 '제목 슬라이드'를 선택한 뒤, [슬라이드 마스터] 탭-[배경 그래픽 숨기기]를 체크하여 '커피로고' 이미지가 나타나지 않게 설정한다.

❿ [슬라이드 마스터] 탭-[닫기] 그룹-[마스터 보기 닫기]( )를 클릭하여 [기본 보기] 상태로 전환한다. '슬라이드 1'은 표지의 의미이므로 '슬라이드 1'을 선택한 뒤, [홈] 탭-[슬라이드] 그룹-[레이아웃]( )을 클릭하여 [제목 슬라이드]를 선택한다.

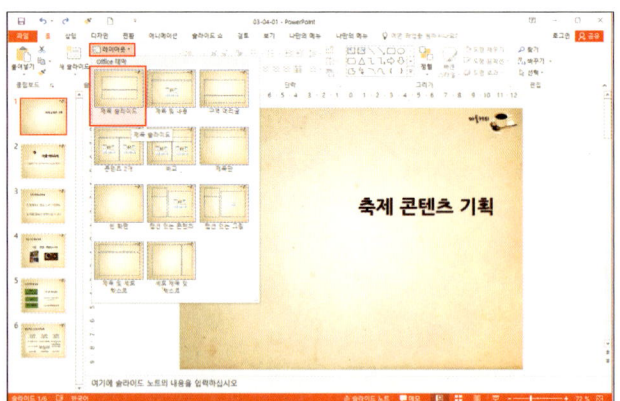

⓫ '슬라이드 2 ~ 슬라이드 6'을 모두 선택하기 위해서 '슬라이드 2'를 클릭한 후 '슬라이드 6'을 Shift +클릭한다. 이어서 [홈] 탭-[슬라이드] 그룹-[레이아웃]( )을 클릭하여 [제목 및 내용]을 선택한다.

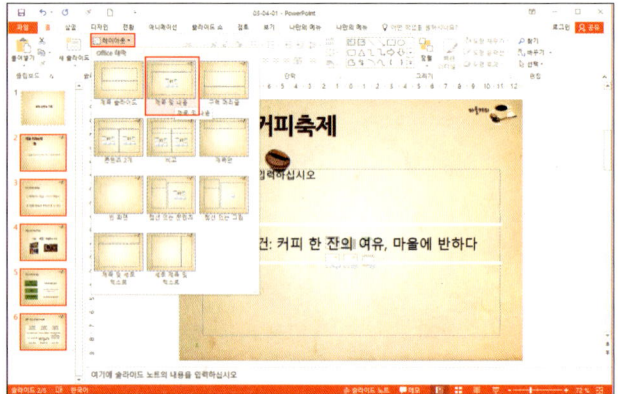

⓬ 첫 번째 슬라이드는 [슬라이드 마스터 보기] 상태에서 '제목 레이아웃' 마스터에서 작업한 내용이 적용되고, 나머지 슬라이드는 슬라이드 마스터에서 작업한 내용이 적용된 것을 볼 수 있다.

01 혼자해보기

예제 파일을 열고 [슬라이드 마스터 보기] 상태에서 슬라이드 마스터의 배경을 '과일채소.jpg'로 지정하고, [제목 레이아웃 마스터]의 제목 [글꼴] 'HY견고딕', [글꼴 크기] '54'로 지정해 보자.

[작업 준비물 : Ch03\03-04-01.pptx, 과일채소.jpg]

HINT |
- [보기] 탭-[마스터 보기] 그룹-[슬라이드 마스터]( )를 클릭하여 [슬라이드 마스터 보기] 상태로 전환
- 첫 번째 '슬라이드 마스터'에서 슬라이드의 빈 부분에서 마우스 오른쪽 버튼을 눌러 [배경 서식] 선택
- [배경 서식] 작업 창의 [채우기]-[그림 또는 질감 채우기]를 선택한 후 [파일] 클릭
- [그림 삽입] 대화상자에서 '과일채소.jpg' 선택 후 삽입
- [홈] 탭-[글꼴] 그룹에서 글꼴 및 글자 크기 지정

핵심정리 summary

1. 가로/세로 텍스트 상자 삽입하기
- [삽입] 탭-[텍스트] 그룹-[텍스트 상자](　)를 클릭한 뒤, 슬라이드에 드래그해 텍스트 상자를 삽입한다. 텍스트를 입력하면 가로 방향으로 문장이 입력된다.
- [삽입] 탭-[텍스트] 그룹-[텍스트 상자](　) 목록 단추를 클릭해 [세로 텍스트 상자]를 선택한 뒤, 세로 방향으로 드래그해 텍스트 상자를 삽입한다. 텍스트를 입력하면 세로 방향으로 문장이 입력된다.

2. 글머리 기호와 번호 매기기
- 텍스트 상자의 테두리를 클릭하거나 텍스트 상자 내의 문장을 트리플 클릭(문장을 연달아서 3회 클릭)을 하여 문장을 범위 설정한 후 [홈] 탭-[단락] 그룹-[글머리 기호](　) 목록 단추를 클릭해서 사용할 글머리 기호를 선택한다.
- 텍스트 상자의 테두리를 클릭하거나 텍스트 상자 내의 문장을 트리플 클릭(문장을 연달아서 3회 클릭)을 하여 문장을 범위 설정한 후 [홈] 탭-[단락] 그룹-[번호 매기기](　) 목록 단추를 클릭해서 사용할 번호를 선택한다.
- 그림 글머리 기호는 [글머리 기호](　) 목록 단추를 클릭해서 [글머리 기호 및 번호 매기기]를 선택한 후 [글머리 기호 및 번호 매기기] 대화상자에서 [그림]을 선택한 후 내 컴퓨터에 저장된 이미지를 찾아오거나, Bing 검색을 이용하여 원하는 이미지를 선택하여 글머리 기호로 사용할 수 있다.

3. 디자인 테마 설정하기
- 슬라이드 배경, 글꼴 서식 등 디자인 설정을 한 번의 클릭으로 적용할 수 있는 것이 디자인 테마이다.
- [디자인] 탭-[테마] 그룹의 목록에서 원하는 디자인 테마를 선택하여 적용할 수 있다.
- [테마] 그룹의 디자인 목록에 커서를 위치시키면, 실시간 미리보기가 적용되어 작성 중인 슬라이드에 적용되었을 경우에 실시간으로 확인할 수 있다.
- [디자인] 탭-[적용] 그룹에서 색, 글꼴, 배경 스타일을 선택하여 다양한 디자인을 표현할 수 있다.

4. 슬라이드 마스터 다루기

- 슬라이드 마스터란 프레젠테이션을 구성하는 슬라이드의 배경, 서식, 머리글 및 바닥글, 페이지 번호 등을 일괄적으로 설정해 놓는 기능이다.
- [슬라이드 마스터 보기] 상태로 전환하기 위해서는 [보기] 탭-[마스터 보기] 그룹-[슬라이드 마스터]( )를 클릭한다.
- 슬라이드 마스터의 구성은 그림, 도형 등으로 배경을 디자인하거나 로고를 삽입하여 전체 레이아웃 슬라이드에 적용할 수 있는 [슬라이드 마스터]가 있다.
- 11개의 슬라이드 레이아웃 마스터 중 특정 레이아웃 마스터에서 작업을 하면 같은 레이아웃의 슬라이드에만 적용이 된다.
- 슬라이드 마스터에서 배경 그림으로 디자인하려면 빈 슬라이드에서 마우스 오른쪽 버튼을 눌러 [배경 서식]을 선택한다.
- [배경 서식] 작업 창이 나타나면 [채우기]-[그림 또는 질감 채우기]를 선택하여 [파일]을 클릭해 원하는 이미지를 삽입한다.
- 글꼴 서식 등은 [홈(마스터보기)] 탭-[글꼴] 그룹에서 지정한다.
- [슬라이드 마스터 보기] 상태에서 [마스터 보기 닫기]( )를 클릭하여 [기본 보기] 상태로 전환한다.

종합실습 pointup

1. 예제 파일을 열고 '슬라이드 1'에 가로 텍스트 상자와 세로 텍스트 상자를 삽입한 후 다음과 같은 내용과 서식을 적용해 보자.

   [작업 준비물 : Ch03\03-01-04.pptx]

   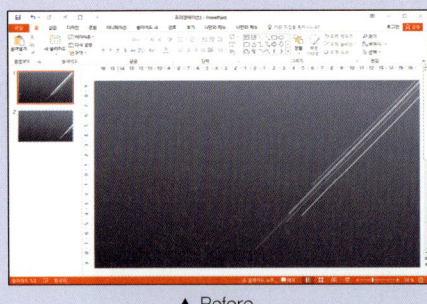

   ▲ Before   ▲ After

   HINT | • [삽입] 탭-[텍스트] 그룹-[텍스트 상자]( )에서 선택해 입력
   - 가로 텍스트 상자 : [글꼴] 'HY견고딕', [글꼴 크기] '72', [글꼴 색] '분홍, 강조 1'
   - 세로 텍스트 상자 : [글꼴] '궁서', [글꼴 크기] '32', [글꼴 색] '주황'

2. '슬라이드 2'에 텍스트 입력 후 다음과 같은 글머리 기호와 서식을 적용해 보자.

   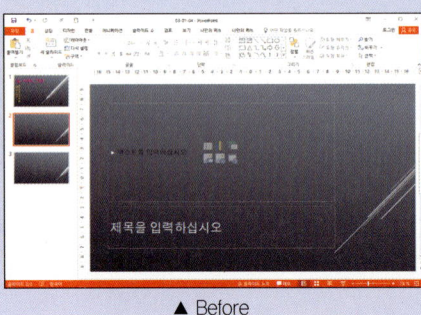 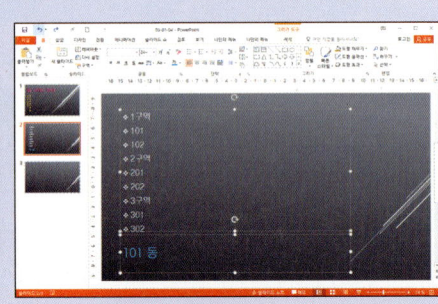

   ▲ Before   ▲ After

   HINT | • [홈] 탭-[단락] 그룹-[글머리 기호]( ) 클릭
   - 제목 텍스트 상자 : [글꼴] 'HY중고딕', [글꼴 크기] '24', [글꼴 색] '흰색, 텍스트 1'
   - 내용 텍스트 상자 : [글꼴] 'HY견고딕', [글꼴 크기] '48', [글꼴 색] '연한 파랑'

종합실습 pointup

3. '슬라이드 2'에 다음과 같이 목록 수준 늘림과 번호 매기기를 적용해 보자.

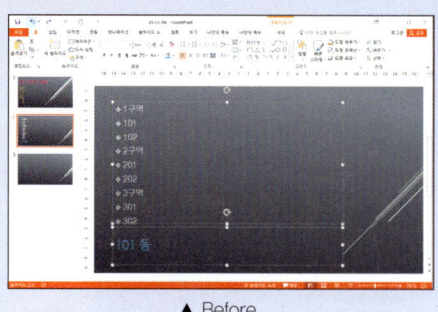
▲ Before

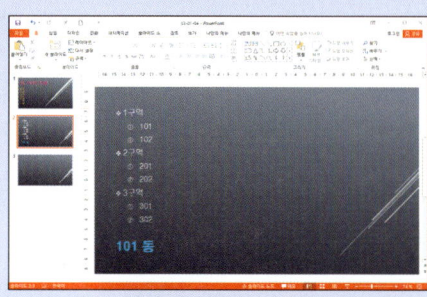
▲ After

HINT | • [홈] 탭–[단락] 그룹–[목록 수준 늘림]( ) 클릭
• [홈] 탭–[단락] 그룹–[번호 매기기]( ) 클릭

4. [슬라이드 마스터 보기] 상태에서 슬라이드 마스터의 배경 서식을 '라이트배경.jpg'로 지정해 본다.

[작업 준비물 : Ch03\라이트배경.jpg]

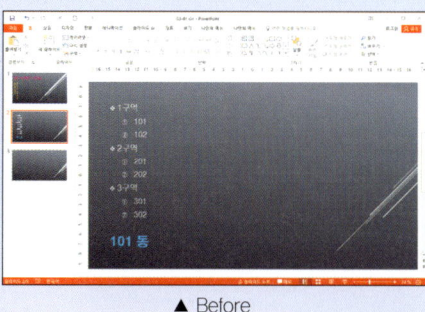
▲ Before

▲ After

HINT | • [보기] 탭–[슬라이드] 그룹–[슬라이드 마스터]( ) 클릭
• [슬라이드 마스터]의 빈 슬라이드에서 마우스 오른쪽 버튼을 눌러 [배경 서식] 선택
• [배경 서식] 작업 창에서 [그림 또는 질감 채우기] 선택 후 [파일] 클릭
• [그림 삽입] 대화상자에서 '라이트배경.jpg' 선택 후 삽입

04 CHAPTER

슬라이드에 멀티미디어 삽입하기

파워포인트에서는 더욱 생동감 있는 문서 작성을 위해 사진이나 그림, 워드아트, 클립 아트 등의 멀티미디어 개체들을 자주 삽입한다. 삽입된 멀티미디어를 통해 청중은 발표자가 의도한 내용을 더욱 간단하게 이해할 수 있게 된다. 이러한 멀티미디어 개체들을 종류별로 삽입해 보고, 사용 목적에 맞도록 개체를 수정해 보도록 하자. 아울러 스크린샷을 통해 사용자가 펼쳐놓은 인터넷 창 그대로를 캡처해 문서에 삽입해 보고 화면을 녹화해 보자.

Section 1   슬라이드에 그림 삽입하기

Section 2   워드아트로 문장 만들기

Section 3   스크린샷 활용하기

Section 4   화면 녹화하기

멀티미디어 슬라이드 다루기

Chapter 4

프레젠테이션에서 청중의 집중도를 높이기 위해서 생동감 있는 사진이나 그림, 워드 아트 등 멀티미디어 개체들을 삽입한다. 슬라이드에 그림, 워드아트 같은 다양한 개체를 삽입해보고 스크린샷으로 화면을 이미지화해 보고 이들의 이동, 크기 조정, 특수 효과 등을 적용해 보자. 또한, 프레젠테이션에서 몇 번만 클릭하면 화면 녹화를 포함할 수 있어 데모를 효과적으로 시연할 수 있다.

01 슬라이드에 그림 삽입하기

슬라이드에 사진이나 그림을 삽입할 수 있다. [삽입] 탭-[이미지] 그룹-[그림]( )을 통해 삽입 가능하며, 내용 텍스트 상자의 개체 아이콘 중 [그림]( )을 클릭해서도 그림을 삽입할 수 있다. 이렇게 삽입된 사진이나 그림은 다양한 형태의 자르기와 화려한 효과를 설정할 수도 있다.

02 워드아트로 문장만들기

워드아트는 이미지와 유사하여 일반 이미지에 적용되는 크기, 위치 조정, 테두리 설정, 효과 적용 등을 설정할 수 있다. 또한 문자의 속성도 유지되므로, [글꼴] 그룹의 서식들을 통한 글꼴의 형태와 크기, [단락] 그룹의 정렬 명령 등도 영향을 받는다. 워드아트는 [삽입] 탭-[텍스트] 그룹에서 선택할 수 있다.

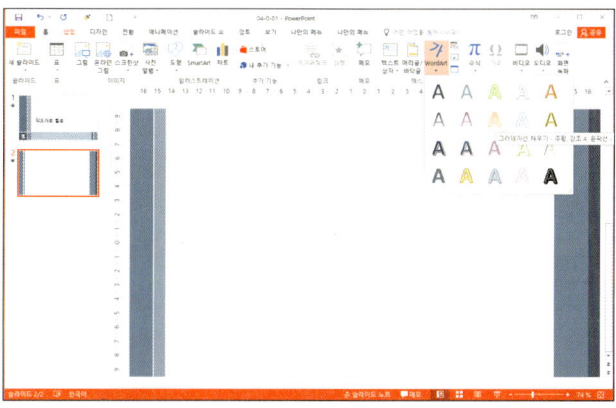

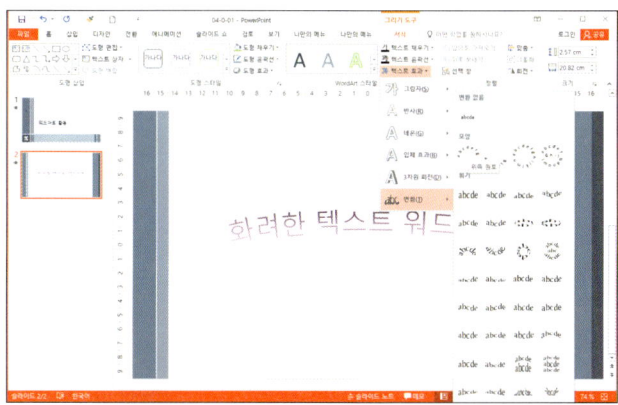

03 스크린샷 활용하기

스크린샷은 윈도우에서 작업 중인 창을 이미지로 캡처하는 기능이다. 윈도우 전체 창을 캡처할 수도 있고 창의 일부분만 잘라서 캡처할 수도 있다. 스크린샷으로 삽입된 캡처 이미지는 일반적인 사진이나 그림들과 동일하게 취급되어, 이전에 다루었던 스타일과 테두리 설정들이 수정 옵션으로써 동일하게 제공된다.

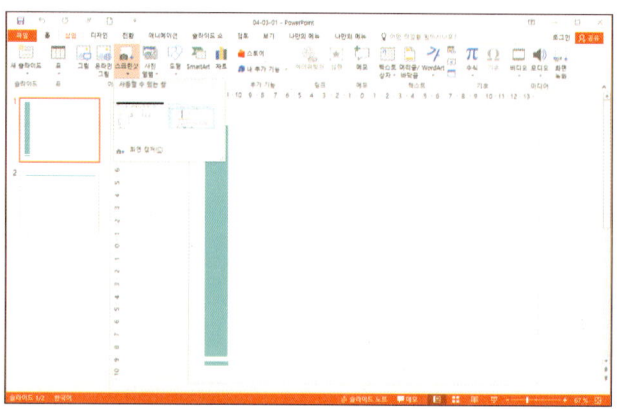

04 화면 녹화하기

'화면 녹화' 기능은 파워포인트 2016에 새로 추가된 기능으로 프레젠테이션에서 몇 번만 클릭하면 화면 녹화할 수 있어 데모를 효과적으로 시연할 수 있다. 화면에서 녹화할 내용을 설정한 다음 [삽입] 탭-[미디어] 그룹-[화면 녹화]( )를 클릭하기만 하면 화면에서 녹화할 부분을 선택하고, 필요한 내용을 캡처하고, 프레젠테이션에 직접 삽입하는 작업을 한 번에 원활하게 수행할 수 있다.

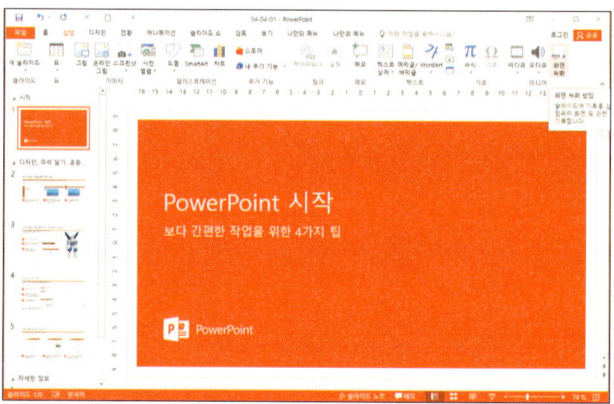

슬라이드에 그림 삽입하기

프레젠테이션의 내용을 전달할 때 그림은 함축적이고 직관적이며 효과적이다. 슬라이드를 작성하기 위해 삽입하는 그림들은 슬라이드 구성에 적합한 크기로 재조정 가능하며, 다양한 테두리 설정 및 효과 지정이 가능하다. 또한 원하는 크기로 사진을 자르기해 배치하거나 원래 상태로 되돌릴 수도 있다.

◐ 알아두기
- 그림을 삽입하고 그림 테두리 경계선에 나타나는 조절점을 드래그해 크기를 조정할 수 있다.
- 추가한 그림에 그림 테두리 설정 및 효과를 적용할 수 있다.
- 그림을 삽입했을 때 나타나는 '디자인 아이디어' 기능을 효과적으로 활용할 수 있다.

따라하기 01 그림 삽입하기

슬라이드에 그림을 삽입하는 방법을 이해해 보자. 슬라이드에 그림을 삽입하고 그림의 크기를 조정해 보자.

[작업 준비물 : Ch04\04-01-01.pptx, 남매1~남매2.jpg]

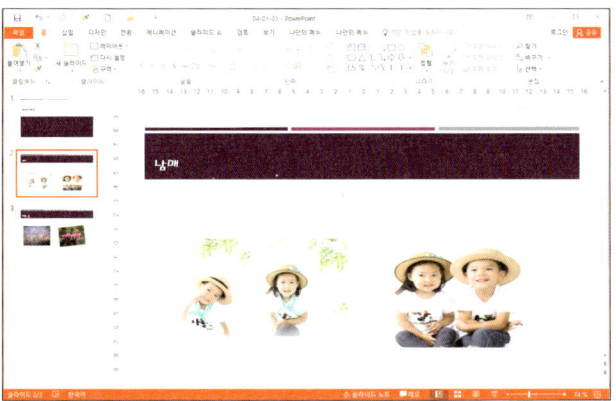

❶ 예제 파일을 열고 '슬라이드 2'를 선택한 뒤, 내용 텍스트 상자 안쪽에서 [그림](🖼)을 클릭한다.

❷ [그림 삽입] 대화상자가 나타나면, 예제 파일이 저장된 폴더에서 '남매1.jpg'을 선택하고 [삽입]을 클릭한다.

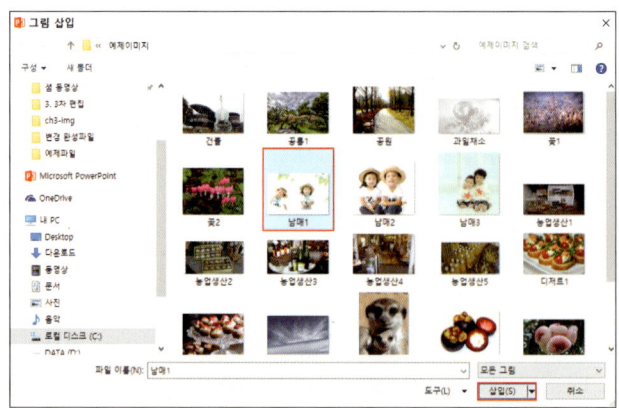

❸ 그림을 삽입하면 파워포인트 2016에 새로 추가된 [디자인 아이디어] 작업 창이 생성된다. 슬라이드를 보다 멋지게 만들 수 있는 다양한 아이디어를 자동으로 생성하는 새로운 서비스이다. 사진이나 기타 고유한 시각적 콘텐츠를 추가하면 [디자인 아이디어] 작업 창이 자동으로 열리고 슬라이드에 적용하도록 선택할 수 있는 다양한 시각적 추천 처리 방식이 표시된다.

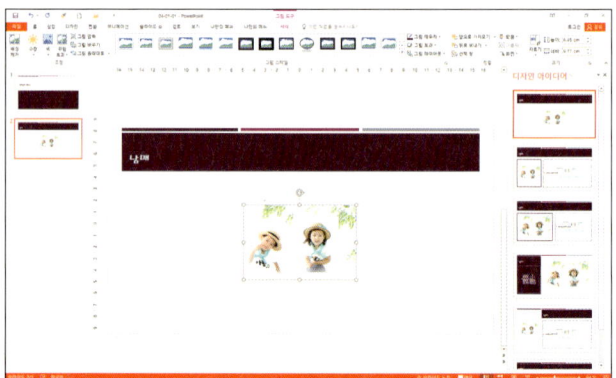

❹ 삽입한 그림의 테두리 조절점을 드래그해 그림의 크기를 다음과 같이 조정한다.

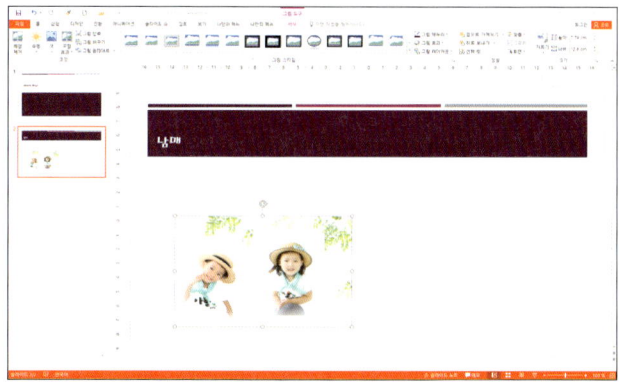

tip 그림을 선택하면 그림 테두리에 조절점들이 보인다. 왼쪽/오른쪽 조절점은 그림의 수평 크기를 조정, 위쪽/아래쪽 조절점은 그림의 수직 크기를 조정한다. 모서리 조절점은 그림을 대각선 방향으로 드래그하여 수평/수직 크기를 동시에 조정한다.

❺ 다른 방법으로 그림을 삽입해 보자. [삽입] 탭-[이미지] 그룹-[그림]()을 클릭하고, [그림 삽입] 대화상자를 이용하여 '남매2.jpg'를 삽입한다. '남매1.jpg' 그림과 비슷하게 크기를 조정한다.

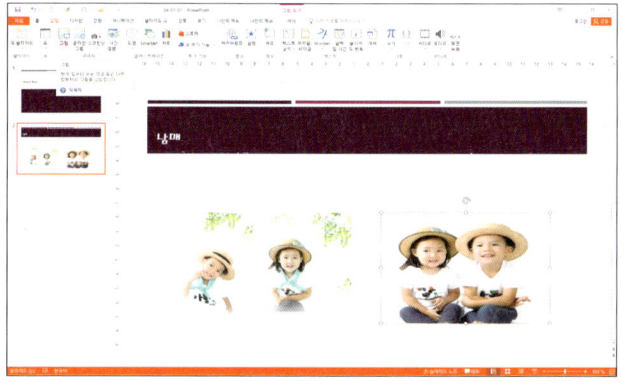

Section 1. 슬라이드에 그림 삽입하기　131

따라하기 02 그림 조정하고 효과 설정하기

슬라이드에 삽입된 그림에 다양해 조정해 보고 그림 효과를 적용해 보기 좋은 그림으로 변경해 보자.

[작업 준비물 : Ch04\04-01-01-1.pptx]

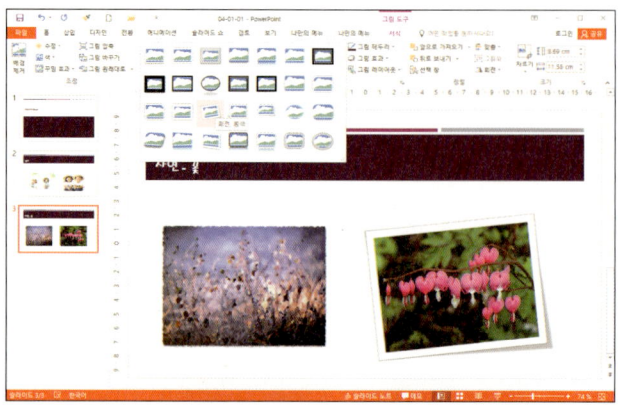

① 예제 파일을 열고 '슬라이드 3'을 선택한 뒤, 왼쪽 그림을 클릭한다. [그림 도구]-[서식] 탭-[그림 스타일] 그룹-[그림 효과]( )를 클릭해 [반사]-[근접 반사, 터치]를 선택한다.

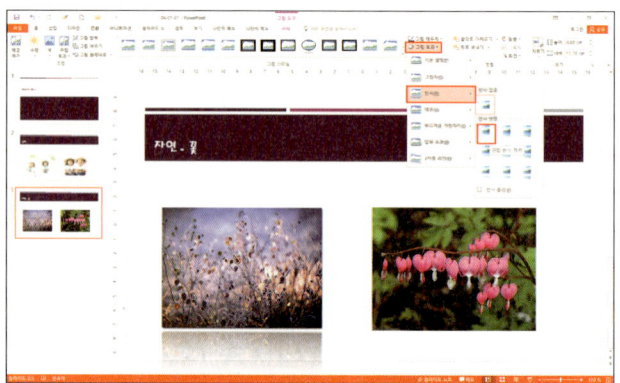

삽입된 그림을 더블클릭하면 [그림 도구]-[서식] 탭의 모든 그룹들이 보인다.

❷ [그림 도구]-[서식] 탭-[조정] 그룹-[꾸밈 효과](꾸밈 효과 ▾)를 클릭해 [표식]을 선택한다.

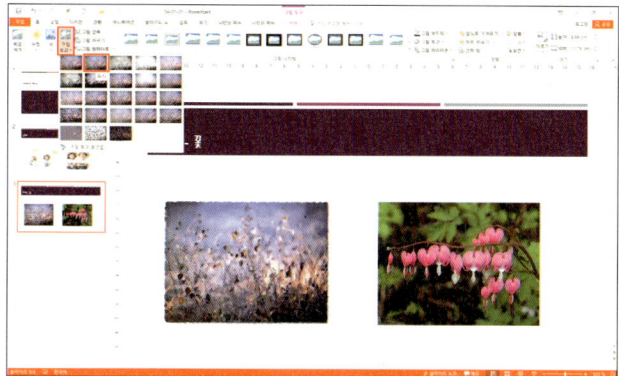

❸ 오른쪽에 배치된 그림을 선택한 뒤, [그림 도구]-[서식] 탭-[그림 스타일] 그룹의 자세히 단추( )를 클릭한다. 스타일 중 [회전, 흰색]을 선택한다.

| 따라하기 | 03 삽입한 그림 자르기 |

'그림 자르기' 기능을 이용하여 자르기해 보고 슬라이드에 삽입된 그림을 도형 느낌으로 잘라 활용해 보자.

[작업 준비물 : Ch04\04-01-02.pptx]

① 예제 파일을 열고 '열대 과일1' 그림을 클릭한 뒤, [그림 도구]-[서식] 탭-[크기] 그룹-[자르기]( )를 클릭한다.

② 선택된 그림 오른쪽 중간의 조절점을 드래그해 다음과 같이 영역을 설정한 뒤 그림 밖의 슬라이드 공간을 클릭하면 드래그한 부분이 자르기된다.

❸ '열대 과일2' 그림을 클릭한 후 [그림 도구]-[서식] 탭-[크기] 그룹-[자르기]( ) 목록 단추를 클릭해 [도형에 맞춰 자르기]-[기본 도형]-[눈물 방울]을 선택한다.

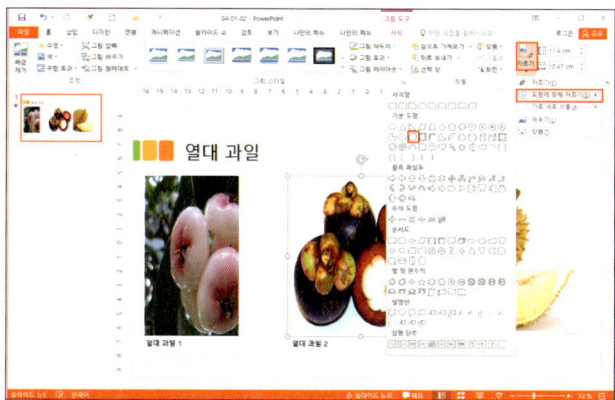

❹ '열대 과일3' 그림을 선택한 후 [그림 도구]-[서식] 탭-[크기] 그룹-[자르기]( ) 목록 단추를 클릭해 [도형에 맞춰 자르기]-[포인트가 6개인 별]을 선택한다. 선택한 도형의 모양에 맞춰 자르기된다. [그림 도구]-[서식] 탭-[그림 스타일] 그룹-[그림 테두리]( ) 를 클릭해 [검정, 텍스트 1]을 선택한다.

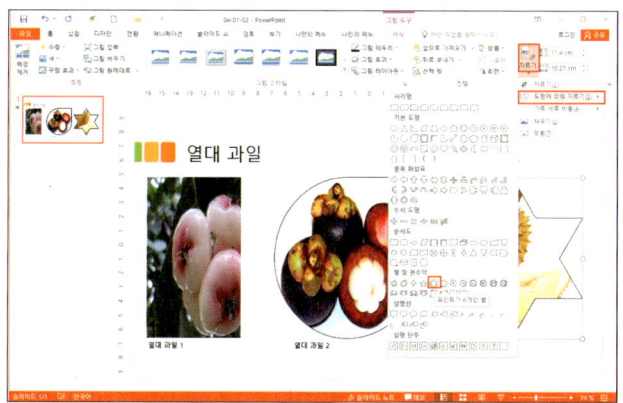

• [그림 도구]-[서식] 탭-[조정] 그룹   tip

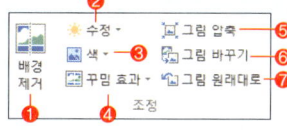

❶ **배경 제거** : 선택된 그림 요소 중에 불필요한 부분을 자동/수동으로 설정해 제거한다.
❷ **수정** : 그림의 밝기, 대비 및 선명도를 조정한다.
❸ **색** : 그림의 채도, 색조 등을 조정하며, 다시 칠하기를 통해 그림의 색을 조정한다.
❹ **꾸밈 효과** : 포토샵의 필터와 유사한 특수 효과를 그림에 적용한다.
❺ **그림 압축** : 그림의 품질이나 잘려진 영역의 제거 여부를 설정한다.
❻ **그림 바꾸기** : 선택된 그림을 다른 경로의 그림으로 교체한다.
❼ **그림 원래대로** : 조정된 그림을 원래 상태로 되돌린다.

01 혼자해보기

예제 파일을 열고 '슬라이드 1'의 2개의 그림을 다음과 같은 형태의 도형으로 자르기한 뒤, 다음과 같은 효과가 되도록 설정해 보자.

[작업 준비물 : Ch04\04-01-03.pptx]

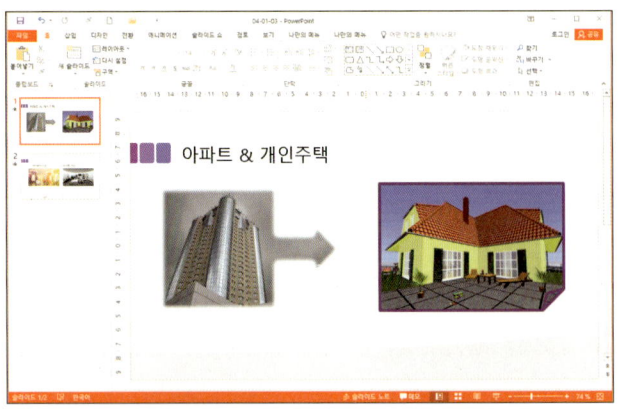

HINT | • 첫 번째 그림 : ① [그림 도구]-[서식] 탭-[크기] 그룹-[자르기]() 목록 단추를 클릭 후 [도형에 맞춰 자르기]-[블록 화살표]-[오른쪽 화살표 설명선] 선택 ② [그림 도구]-[서식] 탭-[그림 스타일] 그룹-[그림 효과]()를 클릭해 [부드러운 가장자리]-[10포인트] 선택
• 두 번째 그림 : ① [그림 도구]-[서식] 탭-[크기] 그룹-[자르기]() 목록 단추를 클릭 후 [도형에 맞춰 자르기]-[기본 도형]-[모서리가 접힌 도형]을 선택 ② [그림 도구]-[서식] 탭-[그림 스타일] 그룹-[그림 테두리]()를 선택한 후 '진한 자주 텍스트2', [두께] '6pt' 설정

02 혼자해보기

'슬라이드 2'의 2개의 그림에 그림 스타일을 적용해 다음과 같이 만들어 보자.

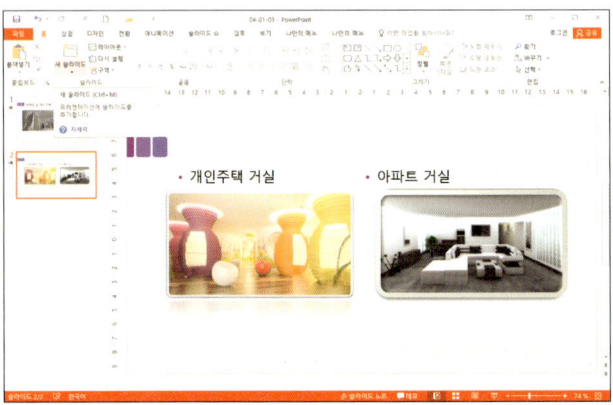

HINT | • 첫 번째 그림 : [그림 도구]-[서식] 탭-[그림 스타일] 그룹의 자세히 단추()를 클릭해 [반사형 입체, 흰색] 선택
• 두 번째 그림 : [그림 도구]-[서식] 탭-[그림 스타일] 그룹의 자세히 단추()를 클릭해 [모서리가 둥근 금속 사각형] 선택

워드아트로 문장 만들기

'워드아트' 기능을 활용하면 텍스트이지만 그래픽 이미지처럼 색과 스타일을 다양하게 적용할 수 있다. 워드아트를 삽입하여 위치, 크기, 테두리 설정, 효과 적용 등을 하여 다채롭게 꾸며보고, 텍스트 속성을 이용하여 글꼴, 글꼴 크기 등 서식 적용이 가능하다.

◐ 알아두기
- 슬라이드에 워드아트를 삽입하고 위치 및 크기 조정을 할 수 있다.
- 삽입된 워드아트에 다양한 테두리 설정 및 효과 적용을 할 수 있다.

따라하기 01 워드아트 삽입 및 서식 조정

슬라이드에 워드아트를 삽입하고 적절한 크기로 조정하며 보기 좋은 모양이 되도록 설정해 보자.

[작업 준비물 : Ch04\04-02-01.pptx]

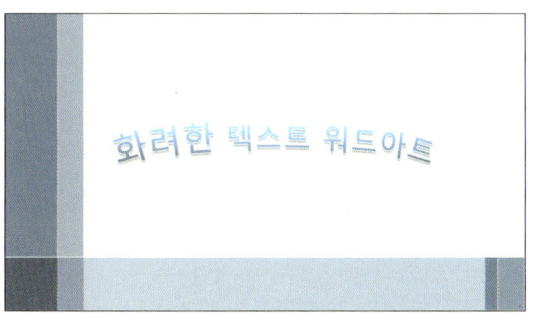

❶ 예제 파일을 열고 '슬라이드 2'를 선택한 뒤, [삽입] 탭-[텍스트] 그룹-[WordArt]( )를 클릭해 [채우기-청회색, 텍스트1, 윤곽선-배경1, 진한 그림자-강조5]를 선택한다.

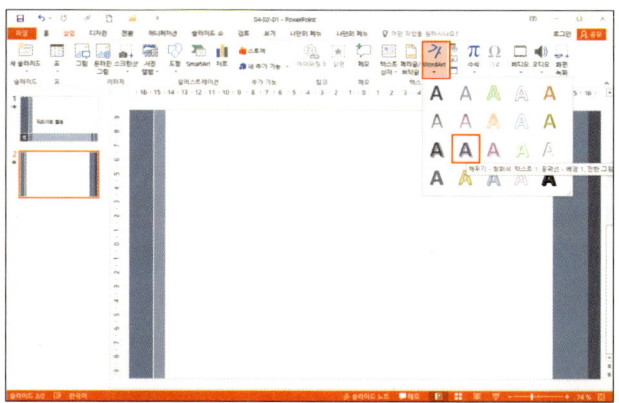

❷ 워드아트가 삽입되면 '화려한 텍스트 워드아트'라고 입력한다.

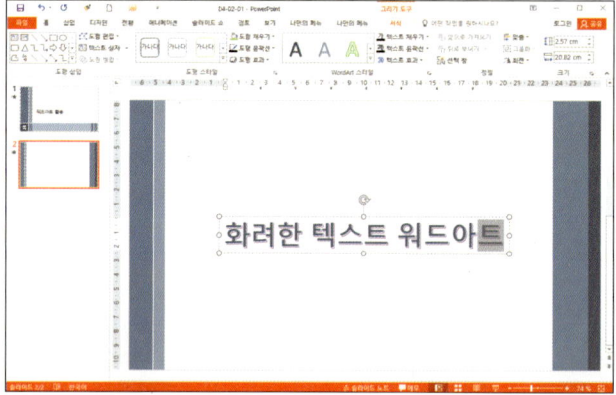

❸ 워드아트 텍스트 상자를 클릭한 뒤, [홈] 탭-[글꼴] 그룹에서 [글꼴] '맑은 고딕', [글꼴 크기] '60'으로 설정한다.

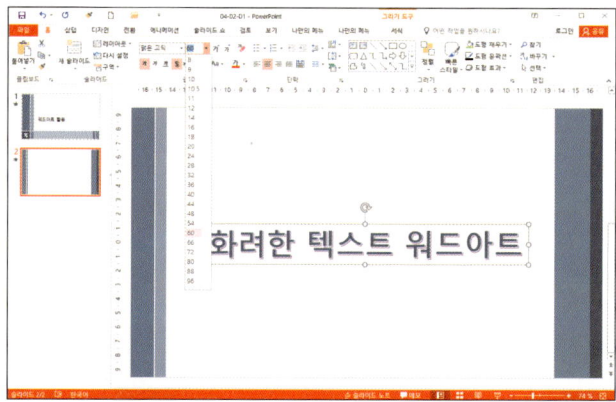

❹ '화려한' 단어만 범위 설정한 후, [글꼴 크기]가 '72'가 되도록 설정한다.

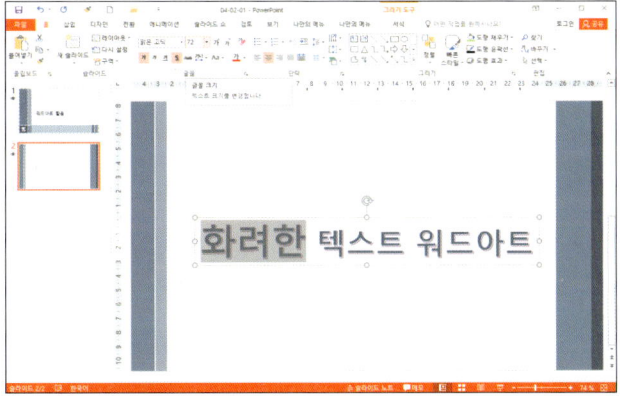

따라하기 02 워드아트에 효과주기

문서에 삽입된 워드아트에 색, 두께 등 다양한 효과를 설정해 보자.

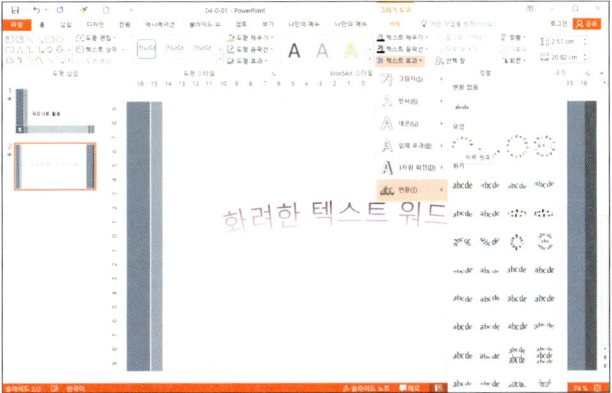

❶ 워드아트가 입력된 텍스트 상자를 클릭한 뒤, [그리기 도구]-[서식] 탭-[WordArt 스타일] 그룹-[텍스트 효과](텍스트 효과▼)를 클릭한 후 [네온]-[청회색, 8pt 네온, 강조색1]을 선택한다.

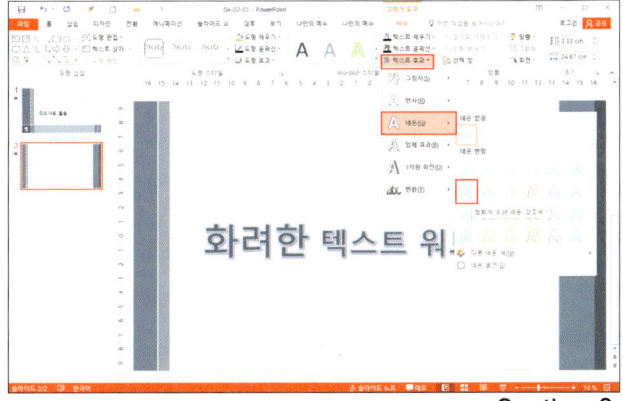

Section 2 . 워드아트로 문장 만들기

❷ [그리기 도구]-[서식] 탭-[WordArt 스타일] 그룹-[텍스트 효과](텍스트 효과)를 클릭하고 [변환]-[모양]-[위쪽 원호]를 선택한다.

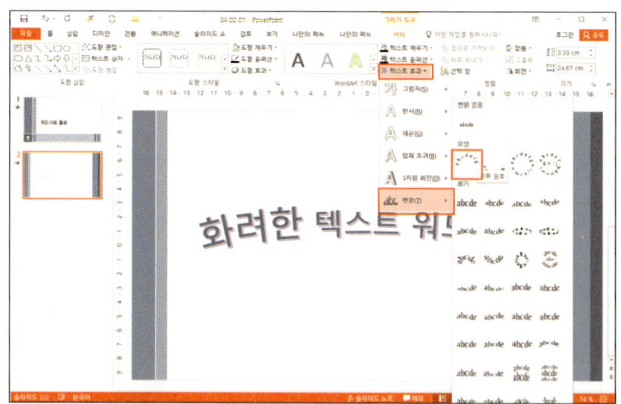

❸ [그리기 도구]-[서식] 탭-[WordArt 스타일] 그룹-[텍스트 효과](텍스트 효과)를 클릭해 [3차원 회전]-[원근감 (보통의 경사)]를 선택한다.

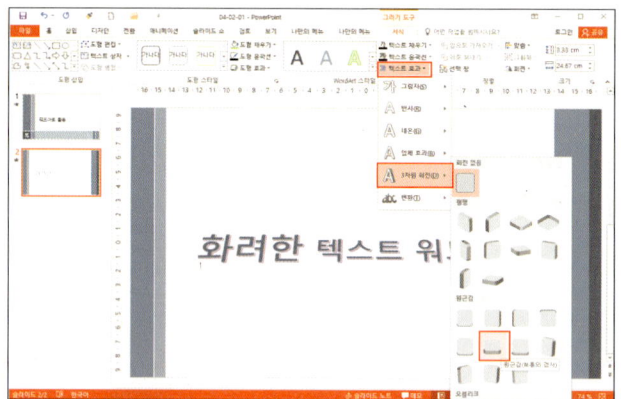

> 3차원 회전은 선택한 워드아트를 다양한 방향과 각도로 움직여 역동성 있는 원근감과 회전 효과를 준다. **tip ➕**

01 혼자해보기

예제 파일을 열고 '슬라이드 1'에 워드아트를 삽입한 뒤, 다음과 같이 만들어 보자.

[작업 준비물 : Ch04\04-02-02.pptx]

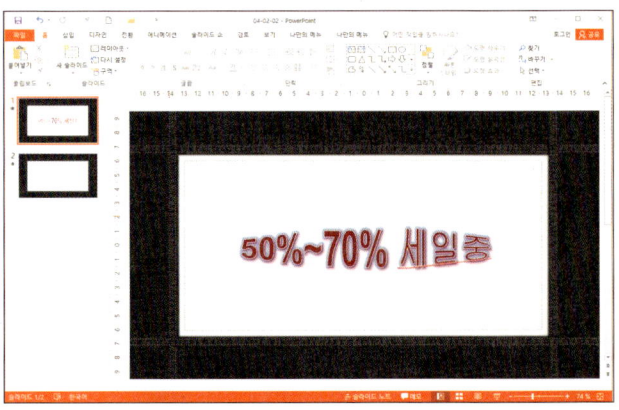

HINT |
- [삽입] 탭-[텍스트] 그룹-[WordArt]( )를 클릭해 [채우기-진한빨강, 강조5, 윤곽선-배경1, 진한 그림자-강조5] 선택
- 텍스트 입력 후 [그리기 도구]-[서식] 탭-[WordArt 스타일] 그룹-[텍스트 효과]( )의 자세히 단추( )를 클릭해 [네온]-[진한파랑, 8pt 네온, 강조색1] 선택
- [그리기 도구]-[서식] 탭-[WordArt 스타일] 그룹-[텍스트 효과]( )의 자세히 단추( )를 클릭해 [변환]-[중지] 선택

02 혼자해보기

'슬라이드 2'에 워드아트를 삽입해 다음과 같이 만들어 보자.

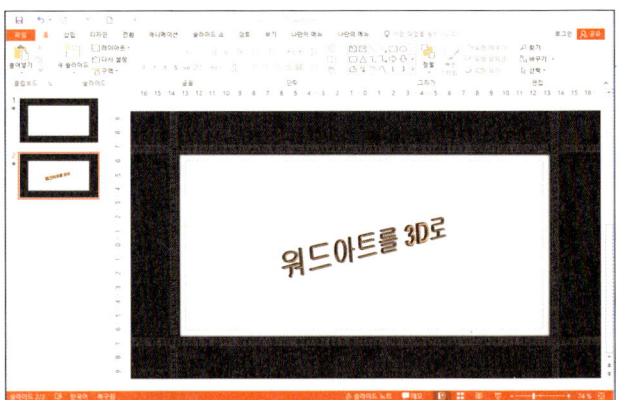

HINT |
- [삽입] 탭-[텍스트] 그룹-[WordArt]( )를 클릭해 [무늬 채우기-황갈색, 강조3, 좁은 가로선, 안쪽 그림자] 선택
- [그리기 도구]-[서식] 탭-[WordArt 스타일] 그룹-[텍스트 효과]( )의 자세히 단추( )를 클릭해 [입체 효과]-[비스듬하게] 선택
- [그리기 도구]-[서식] 탭-[WordArt 스타일] 그룹-[텍스트 효과]( )의 자세히 단추( )를 클릭해 [3차원 회전]-[원근감 대조적으로(오른쪽)] 선택

Section 3 — 스크린샷 활용하기

스크린샷이란 윈도우에 작업 중인 창을 캡처하여 슬라이드에 바로 삽입이 가능한 기능으로 캡처된 이미지는 일반 사진이나 이미지와 동일한 속성을 가지고 있어서 다양한 효과와 테두리 설정이 가능하다.

> **○ 알아두기**
> • 검색 중인 인터넷 창을 그대로 캡처하여 슬라이드에 삽입할 수 있다.
> • 삽입된 캡처 이미지를 자르거나, 다양한 그림 효과를 적용할 수 있다.

따라하기 01 스크린샷 이용하기

인터넷 창에 보이는 내용을 스크린샷으로 캡처하여 슬라이드에 삽입해 보자.
[작업 준비물 : Ch04\04-03-01.pptx]

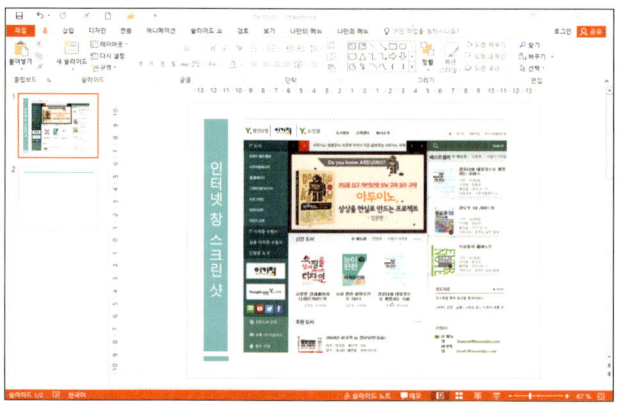

① 인터넷을 실행하고 인터넷 주소 입력란에 'www.youngjin.com'을 입력하고 Enter 를 눌러 해당 웹페이지로 이동한다.

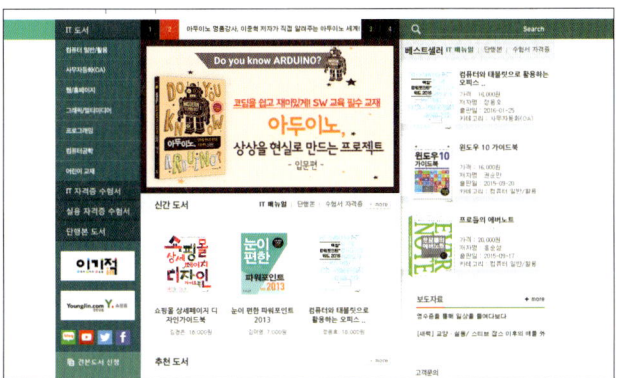

② 예제 파일을 열고 '슬라이드 1'을 선택한 뒤, [삽입] 탭-[이미지] 그룹-[스크린샷]( )을 클릭해 [화면 캡처]를 선택한다.

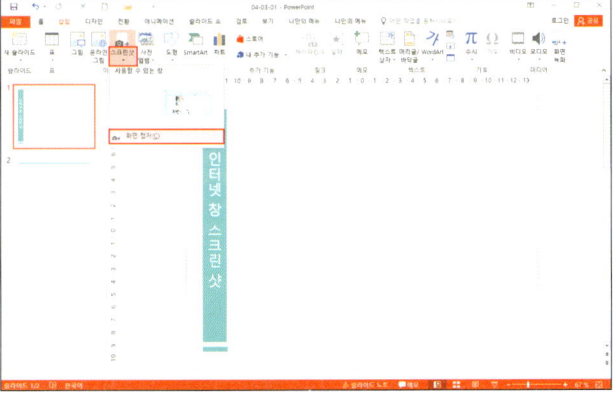

③ 인터넷 창이 보이면서 화면이 흐리게 변경되고 마우스 포인터가 십자형(+)으로 변경된다. 캡처하고자 하는 화면을 드래그하여 화면을 캡처한다.

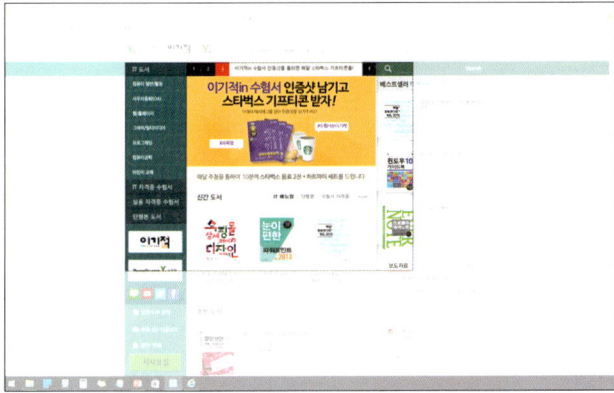

❹ 캡처한 화면은 바로 슬라이드에 삽입된다. 캡처한 이미지의 크기를 다음과 비슷하게 조정한 후 중앙에 배치한다.

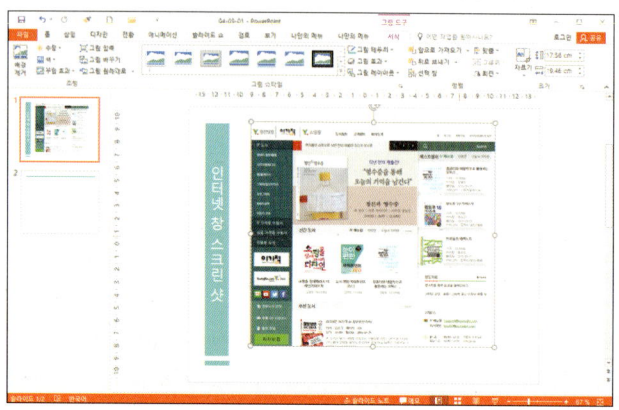

따라하기 02 스크린샷 캡처 이미지에 다양한 효과 적용하기

스크린샷으로 삽입된 이미지에 자르기 및 다양한 효과를 적용해 보자.

❶ '슬라이드 1'의 캡처 이미지를 클릭하고, [그림 도구]-[서식] 탭-[크기] 그룹-[자르기]( )를 클릭한다. 다음과 같이 비슷한 느낌으로 자르기 영역을 설정하고 슬라이드의 빈 영역을 클릭하여 자르기를 마친다.

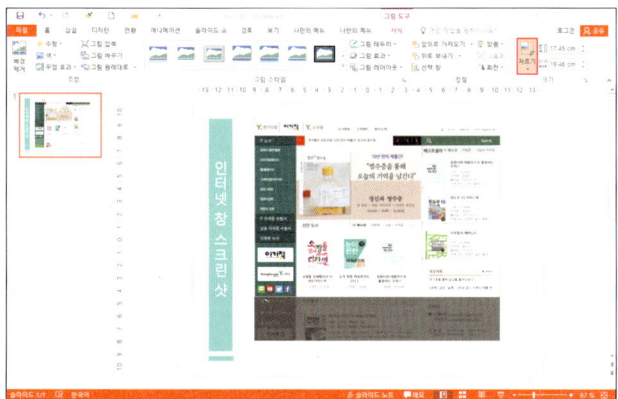

❷ [그림 도구]-[서식] 탭-[크기] 그룹-[자르기]( ) 목록 단추를 클릭하여 [도형에 맞춰 자르기]-[대체 처리]를 선택한다.

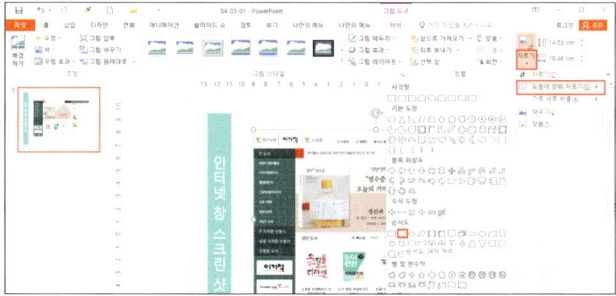

❸ [그림 도구]-[서식] 탭-[그림 스타일] 그룹의 자세히 단추( )를 클릭해 [회전, 흰색]을 선택한다.

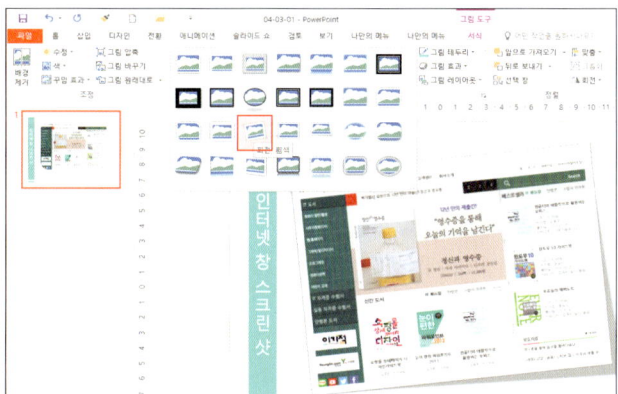

스크린샷으로 캡처한 이미지는 [그림 도구]-[서식] 탭의 모든 기능을 적용할 수 있다.

01 혼자해보기 예제 파일을 열고 인터넷을 이용해 '겨울 여행지'에 대해 검색한 뒤, 검색 결과를 스크린샷으로 슬라이드에 삽입하고 다음과 같이 크기를 조정해 보자.

[작업 준비물 : Ch04\04-03-02.pptx]

HINT | • [삽입] 탭–[이미지] 그룹–[스크린샷]( )의 목록 단추를 클릭한 뒤 [화면 캡처]를 선택해 원하는 화면 드래그
• 캡처 이미지를 선택한 후, 크기 조절점 드래그하여 크기 조정

02 혼자해보기 화면 캡처된 이미지를 다음과 같은 그림 스타일을 조정해 보자.

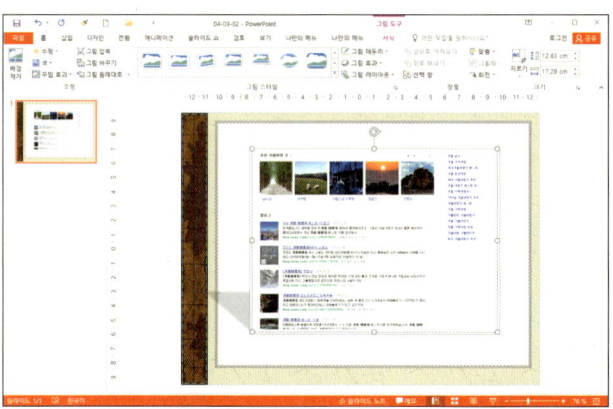

HINT | [그림 도구]–[서식] 탭–[그림 스타일] 그룹에서 자세히 단추( )를 클릭해 [원근감 있는 그림자, 흰색] 선택

146 Chapter 4. 슬라이드에 멀티미디어 삽입하기

Section 4. 화면 녹화하기

파워포인트 2016에서는 프레젠테이션에서 몇 번만 클릭하면 화면 녹화를 포함할 수 있어 데모를 효과적으로 시연할 수 있다. 화면에서 녹화할 내용을 설정한 다음 '화면 녹화' 기능을 활용한다. 화면에서 녹화할 부분을 선택하고, 필요한 내용을 캡처하고, 프레젠테이션에 직접 삽입하는 작업을 한 번에 원활하게 수행할 수 있다.

◐ 알아두기

- [기본 보기] 상태에서 '화면 녹화' 기능을 이용하여 사용자가 마우스로 클릭하는 장면을 녹화할 수 있다.
- [슬라이드 쇼 보기] 상태에서 화면 녹화를 할 수 있다.
- 녹화가 완료된 영상의 결과물을 슬라이드에서 확인할 수 있다.

따라하기 01 [기본 보기] 상태에서 화면 녹화하기

[기본 보기] 및 [슬라이드 쇼 보기] 상태에서 화면을 녹화해 보자.
[작업 준비물 : Ch04\04-04-01.pptx]

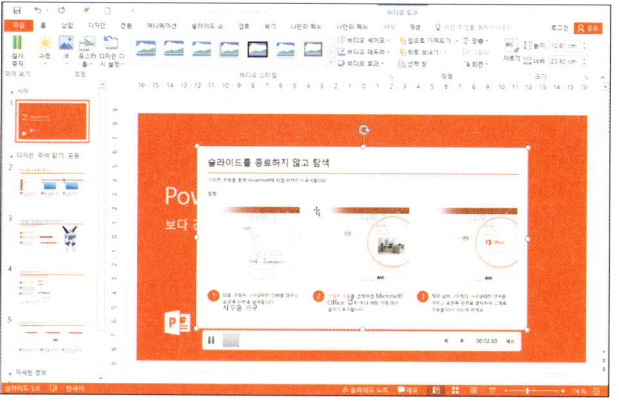

❶ 예제 파일을 열고 '슬라이드 1'를 선택한 뒤, [삽입] 탭-[미디어] 그룹-[화면 녹화]( )를 클릭한다.

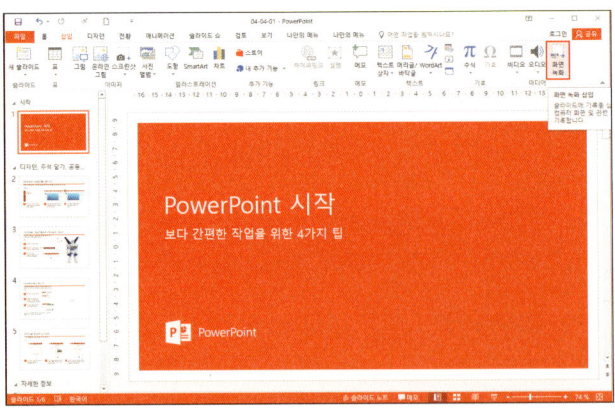

❷ 프레젠테이션 화면이 잠시 화면 아래쪽으로 내려오고 화면 위쪽에 다음과 같이 [녹화] 도구 상자가 보인다.

> tip ➕
> - **[기록]** : 화면 녹화를 시작
> - **[중지]** : 화면 녹화를 중지
> - **[영역 선택]** : 녹화를 원하는 영역을 선택
> - **[오디오]** : 본인의 목소리를 녹음할 때 선택
> - **[레코드 포인터]** : 화면 녹화 중 강조하고자 하는 부분을 가리킴

❸ [녹화] 도구 상자에서 [영역 선택]( )을 클릭하고 화면 아래쪽에 내려앉은 예제 파일을 클릭하고 녹화되기를 원하는 영역을 드래그하면 빨간 점선의 사각형 테두리가 보인다.

❹ 녹화 영역을 설정하고, 화면 윗 부분에 마우스 포인터를 가져가면 [녹화] 도구 상자가 보인다. [기록]( )을 클릭한 후 원하는 작업을 수행하면 화면 녹화를 할 준비 카운트 다운 시간이 3-2-1 순으로 진행이 되고, 녹화가 시작된다.

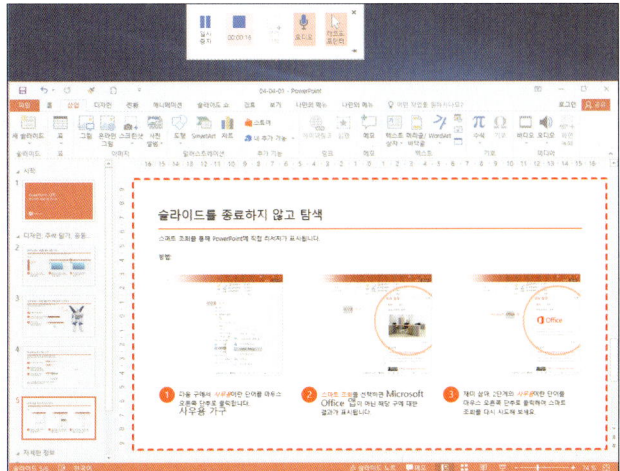

❺ [중지]( )를 클릭하면, 화면 녹화가 멈추며 녹화된 영상이 자동으로 '슬라이드 1'에 추가된다. 재생(▶)을 클릭해서 녹화된 결과를 확인한다.

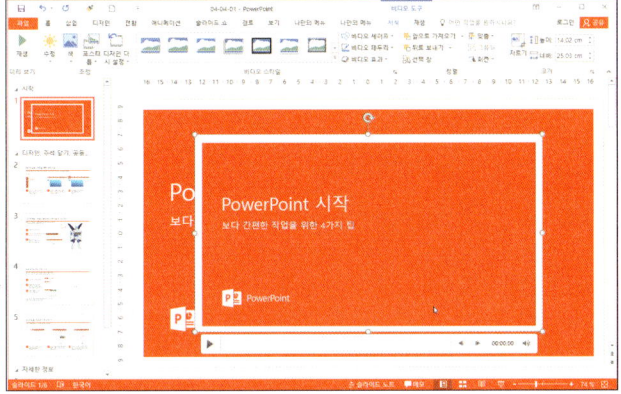

Section 4 . 화면 녹화하기   149

따라하기 02 슬라이드 쇼 녹화하기

[슬라이드 쇼 보기] 상태로 전환하여 슬라이드 쇼 화면을 녹화해 보자.

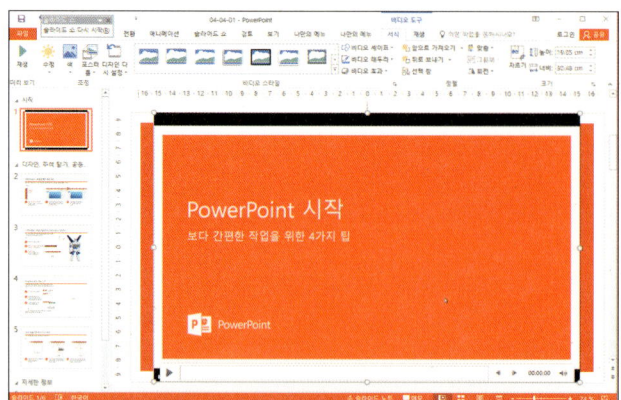

❶ [삽입] 탭-[미디어] 그룹-[화면 녹화]( )를 클릭한 후 [슬라이드 쇼] 탭-[슬라이드 쇼 시작] 그룹-[현재 슬라이드부터]( )를 클릭하여 슬라이드 쇼를 진행하고 [영역 선택]( )을 클릭하여 녹화되기를 원하는 영역을 드래그하여 선택한다.

❷ 영역 지정이 완료되면 [기록]( )을 클릭한 후 원하는 작업을 수행하면 화면 녹화할 준비 카운트다운 시간이 3-2-1 순으로 진행이 되고 녹화가 시작된다.

❸ 녹화되기를 원하는 장면까지 슬라이드 쇼를 진행한 후 완료되면 화면 위로 포인터를 이동시킨다. [녹화] 도구 상자가 나타나면, [중지](■)를 클릭한다.

❹ 화면 녹화가 끝나고 녹화된 영상이 자동으로 '슬라이드 1'에 추가된다. 재생(▶)을 클릭해서 녹화된 결과를 확인한다.

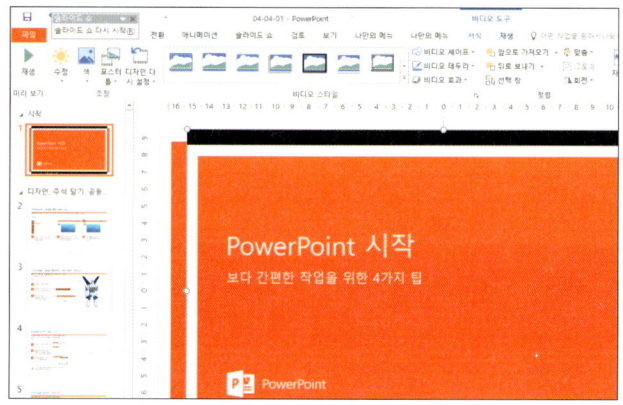

tip ➕

[기록](●)를 클릭해 기록을 시작하면 다음과 같이 카운트 다운이 3-2-1 순으로 보여지고 시작된다. [녹화] 도구 상자를 이용하지 않고 녹화를 중지하려면 다음의 안내 메시지와 같이 [로고 키]+ Shift + Q 를 누르면 된다.

Section 4 . 화면 녹화하기

01 혼자해보기

예제 파일을 열어서 '슬라이드 2 ~ 슬라이드 6' 까지 진행하는 슬라이드 쇼 장면을 녹화해 보자.

[작업 준비물 : Ch04\04-04-02.pptx]

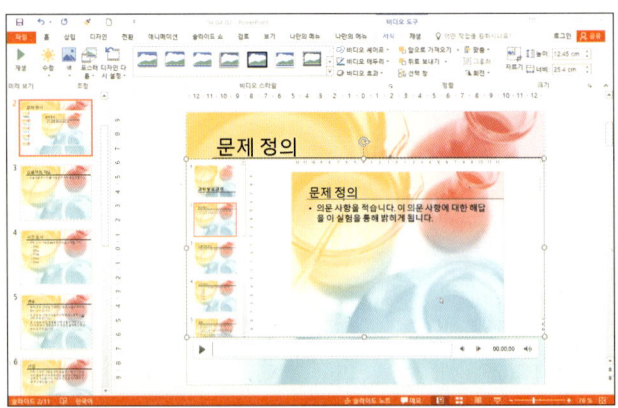

HINT | • [삽입] 탭–[미디어] 그룹–[화면 녹화]( )를 클릭한 후, [녹화] 도구 상자에서 [영역 선택]( ) 을 클릭하고, [기록]( ) 클릭
• '슬라이드 2 ~ 슬라이드 6' 까지 이동한 후 [기록 중지]( ) 클릭

핵심정리 summary

1. 슬라이드에 그림 삽입하기

- [삽입] 탭-[이미지] 그룹-[그림]( )을 클릭한 뒤, 삽입된 사진이나 그림에 다양한 형태의 자르기와 화려한 이미지 효과를 설정한다.
- 그림 삽입 후 파워포인트 2016에 새로 추가된 [디자인 아이디어] 작업 창에서 슬라이드를 더욱 멋지게 만들 수 있는 다양한 아이디어를 자동으로 생성할 수 있다.
- 삽입된 그림을 선택한 후, [그림 도구]-[서식] 탭-[그림 스타일] 그룹-[그림 효과]( ) 및 [그림 스타일] 등을 클릭하여 멋지게 그림을 꾸밀 수 있다.
- [그림 도구]-[서식] 탭-[크기] 그룹-[자르기]( )를 클릭하여 그림의 사용할 부분만 남길 수 있다.

2. 워드아트로 문장 만들기

- [삽입] 탭-[텍스트] 그룹-[WordArt]( )를 클릭해 원하는 스타일의 워드아트를 선택할 수 있다.
- 삽입된 워드아트에 [홈] 탭-[글꼴] 그룹에서 글꼴, 글꼴 크기 등 다양한 글자 속성을 지정할 수 있다.
- 삽입된 워드아트에 [그리기 도구]-[서식] 탭-[WordArt 스타일] 그룹-[텍스트 효과]( )를 클릭하여 여러 가지 효과를 설정할 수 있다.

3. 스크린샷 활용하기

- [삽입] 탭-[이미지] 그룹-[스크린샷]( ) 목록 단추를 클릭해 [화면 캡처]를 선택하면 검색 중인 인터넷 창을 그대로 캡처하여 슬라이드에 삽입할 수 있다.
- 캡처된 이미지에 [그림 도구]-[서식] 탭-[조정], [그림 스타일], [정렬], [크기] 그룹의 다양한 효과를 적용할 수 있다.

4. 화면 녹화하기

- [기본 보기] 및 [슬라이드 쇼 보기] 상태에서 [삽입] 탭-[미디어] 그룹-[화면 녹화]( )를 클릭하여 화면을 녹화할 수 있다.
- [녹화] 도구 상자를 이용하여 녹화되기를 원하는 부분을 [영역 선택]( )을 클릭하여 영역을 지정하고 녹화를 할 수 있다.
- 화면 녹화가 종료되면 녹화된 영상은 미디어로 '슬라이드 1'에 자동으로 삽입된다.

종합실습 pointup

1. 예제 파일을 열고 '슬라이드 2'에 '공룡1.jpg'를 삽입하고, 삽입한 그림에 다음과 같이 크기와 위치를 조정한 후, 그림 스타일을 적용해 보자.

   [작업 준비물 : Ch04\04-04-03.pptx, 공룡1.jpg]

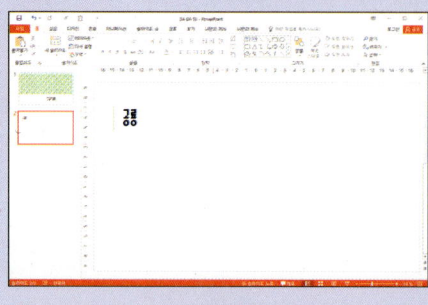
▲ Before

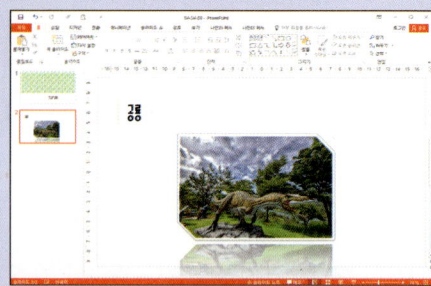
▲ After

HINT | • [삽입] 탭-[이미지] 그룹-[그림]( ) 클릭
- [그림 삽입] 대화상자에서 '공룡1.jpg' 삽입
- [그림 도구]-[서식] 탭-[그림 스타일] 그룹의 자세히 단추( )를 클릭해 [대각선 방향의 모서리 잘림, 흰색] 선택
- [그림 효과]-[반사]-[근접 반사, 4pt, 오프셋] 선택

2. '슬라이드 3'에 '고대 시대의 거대한 전설'이라는 내용으로 워드아트를 삽입해 보고 다음과 같이 워드아트를 꾸며보자.

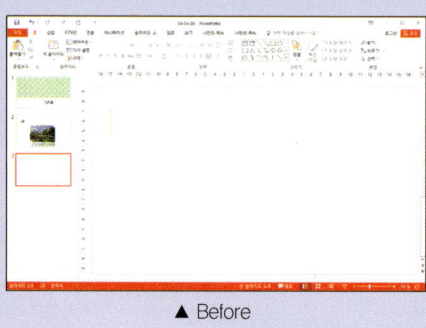
▲ Before

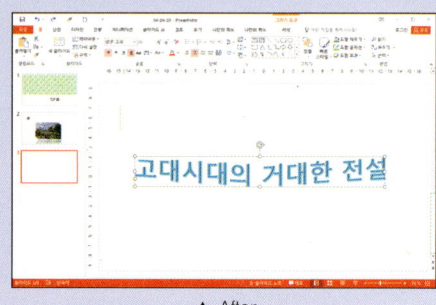
▲ After

HINT | • [삽입] 탭-[텍스트] 그룹-[워드아트]( )를 클릭해 [채우기-바다색, 강조5, 윤곽선-배경1], [진한 그림자-강조5] 선택
- [그리기 도구]-[서식] 탭-[텍스트 효과] 그룹-[입체 효과]를 클릭해 [둥글게] 선택
- [그리기 도구]-[서식] 탭-[텍스트 효과] 그룹-[변환]을 클릭해 [역갈매기형 수장] 선택

종합실습 pointup

3. '슬라이드 4'에서 'http://www.daum.net'으로 인터넷 창을 열어서 검색어 입력란에 '사라지는 공룡들'이라고 검색한 후 검색 화면을 다음과 같이 스크린샷으로 화면 캡처를 해 보자.

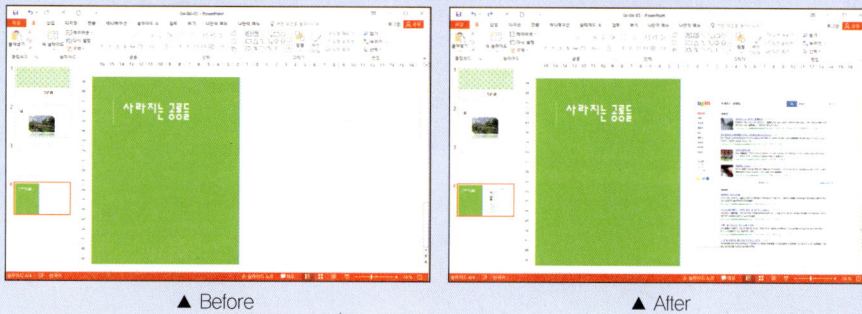

▲ Before   ▲ After

HINT | • 인터넷 주소 입력란에 'http://www.daum.net' 입력하여 접속한 후 '사라지는 공룡들' 검색
• 파워포인트 2016에서 [삽입] 탭–[이미지] 그룹–[스크린샷]( )의 목록 단추를 클릭해 [화면 캡처] 선택 후 드래그하여 화면 캡처

4. '슬라이드 1~슬라이드 4'까지 이동하면서 화면을 녹화해 보고, 녹화된 결과 미디어를 '슬라이드 5'에 삽입해 보자.

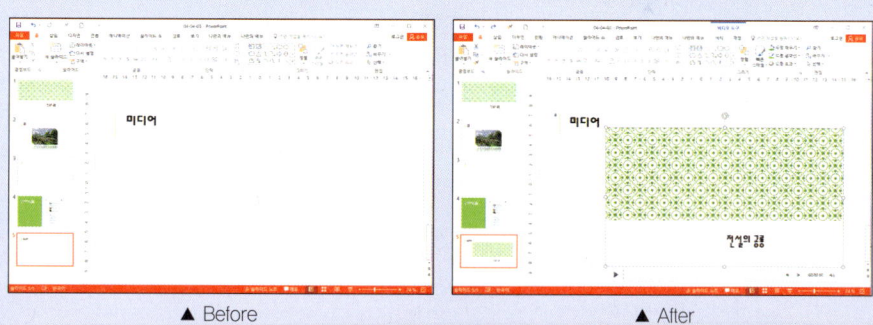

▲ Before   ▲ After

HINT | • [삽입] 탭–[미디어] 그룹–[화면 녹화]( ) 클릭
• [영역 선택]( )을 클릭한 후 [기록]( )을 클릭하여 '슬라이드 1~슬라이드 4'까지 이동
• [기록 중지]( )를 클릭한 후 녹화된 미디어를 잘라내기하여 '슬라이드 5'에 붙여넣기

CHAPTER 05

슬라이드에서 도형 활용하기

문자만 나열한 슬라이드는 청중 입장에서 높은 피로감을 유발한다. 이런 경우 내용을 시각화한 요소들을 슬라이드에 삽입하게 되는데, 이때 자주 활용하는 것이 도형이다. 이번에는 도형을 삽입하고 원하는 느낌의 색과 스타일 설정을 해 본다. 아울러 생성된 도형들 간의 정렬과 도형들의 결합체인 SmartArt의 제작에 대해서도 살펴본다.

Section 1   도형 삽입 및 서식 조정하기
Section 2   도형에 그림 및 텍스트 입력하기
Section 3   도형 정렬 및 그룹화 이해하기
Section 4   도형의 고급 편집 기술 익히기
Section 5   SmartArt 활용하기

도해 슬라이드 다루기

Chapter 5

텍스트만 가득 찬 슬라이드는 시각화한 슬라이드에 비해 직관적이지 못할 뿐만 아니라 내용을 함축적으로 전달하지 못한다. 슬라이드에 도형을 만들고 배경과 어울리는 서식으로 변경해 보자. 이렇게 삽입된 도형들 간의 정렬 방법에 대해 알아보고, SmartArt를 활용해 빠르고 직관적으로 정보를 전달해 보자.

01 도형 삽입 및 서식 조정하기

슬라이드를 제작하면서 도형을 그리는 방법은 다양하다. 원하는 도형을 삽입하고 도형 선택, 이동, 크기 조절, 복사, 복제, 그룹을 지정하는 방법들을 알아보고, 생성된 도형들에 다양한 테두리 설정과 도형 효과 적용이 가능하다. 또한 파워포인트 2016에서 새로 추가된 [투명 도형 스타일]을 적용하여 더욱 세련된 도형 스타일을 적용할 수 있다.

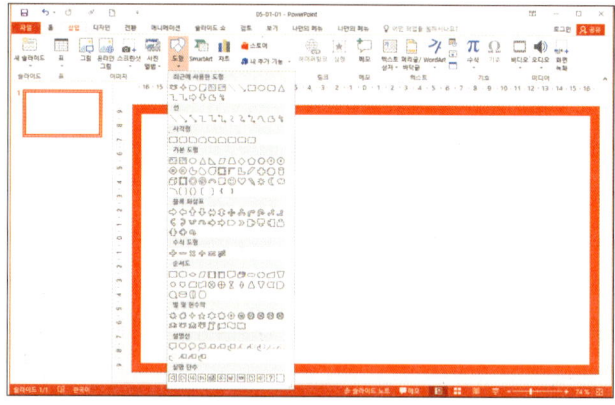

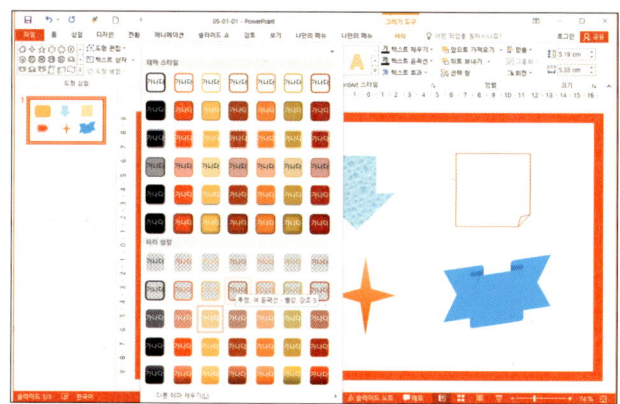

02 도형에 그림 및 텍스트 입력하기

- 슬라이드에 삽입한 도형에 색, 그러데이션, 질감 이외에 사용자가 지정한 그림으로 채울 수 있다. [그리기 도구]-[서식] 탭-[도형 스타일] 그룹-[도형 채우기](도형 채우기)를 클릭하고 [그림]을 선택하면 나타나는 [그림 삽입] 대화상자를 통해 채울 그림 선택이 가능하다.

- 삽입한 도형에 텍스트를 입력하고, 글꼴, 글꼴 크기, 글꼴 색, 정렬 방식 등의 서식 설정이 가능하다. 작성된 문장은 [서식] 탭-[WordArt 스타일] 그룹의 자세히 단추()를 클릭하여 워드아트 속성으로 변환할 수도 있다.

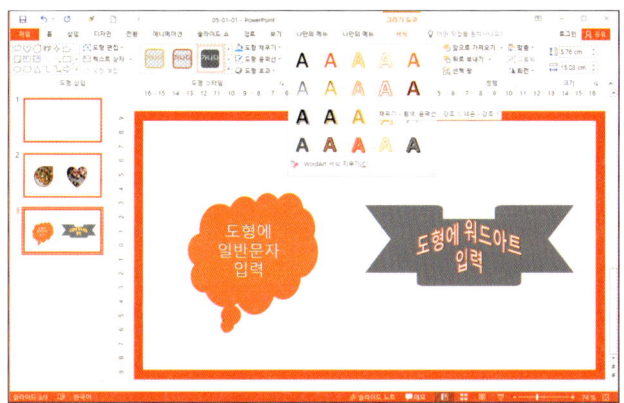

03 도형 정렬 및 그룹화 이해하기

- 한 페이지의 슬라이드에 도형을 여러 개 삽입했을 때 도형이 겹쳐지는 경우가 있다. 이럴 경우 '앞으로 가져오기', '뒤로 보내기' 기능을 이용하여 원하는 도형의 한 단계씩 앞/뒤로 도형을 이동시킬 수 있고, '맨 앞으로 가져오기', '맨 뒤로 보내기' 기능을 통해 한 번에 맨 앞/뒤로 이동이 가능하다.

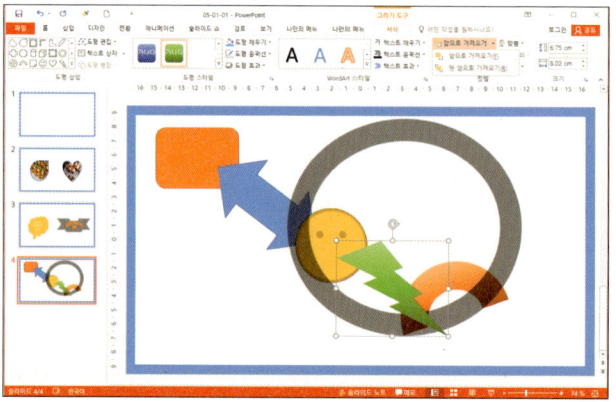

- 비연속적으로 흐트러져 있는 도형들을 가지런하게 정렬할 수 있다. [그리기 도구]-[서식] 탭-[정렬] 그룹-[맞춤(맞춤)]을 클릭하여 상하좌우 끝으로 도형들을 간격도 일정하게 통일하여 정렬할 수 있다.

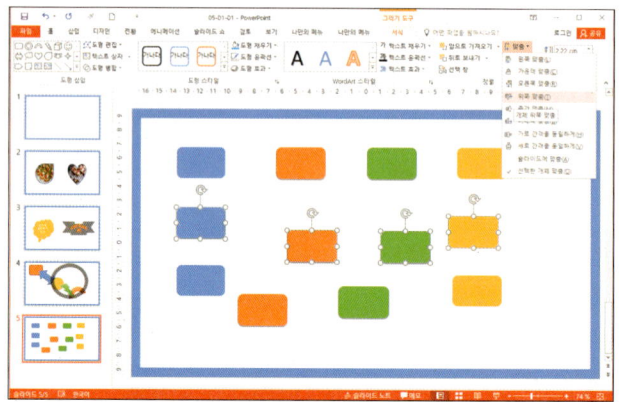

04 도형의 고급 편집 기술 익히기

파워포인트 2016에서 기본적으로 제공하는 도형과 스타일만으로는 슬라이드의 완성도 및 만족도가 떨어질 수 있다. 이때 슬라이드에 삽입된 도형에 '점 편집' 기능을 이용하여 나만의 도형을 만들 수 있고, 이미 삽입한 도형의 모양을 상황에 따라서 서식은 유지하고 도형의 모양을 변경할 수 있다. [그리기 도구]-[서식] 탭-[도형 삽입] 그룹-[도형 편집]( )을 클릭하고 [도형 모양 변경]을 선택해 도형의 모양을 변경한다.

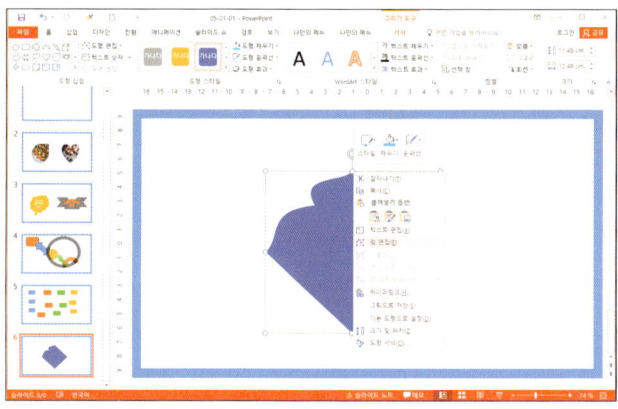

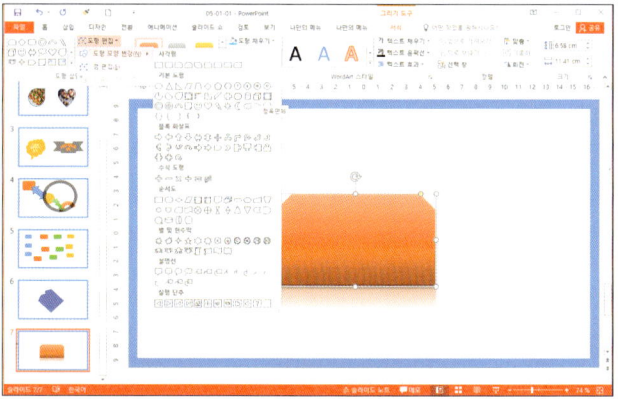

05 SmartArt 활용하기

도해를 만드는 가장 빠르고 간편한 방법은 SmartArt를 이용하는 것이다. 청중에게 설명하기 어려운 콘셉트나 내용, 도형들의 구조도를 활용해 알기 쉽게 전달하기 위해 사용된다. 사용 목적에 따라 목록형, 프로세스형, 주기형, 계층 구조형 등 다양한 형태의 SmartArt 개체가 준비되어 있으며, 슬라이드에 입력된 텍스트만 쉽게 SmartArt로 변경하는 것도 가능하다.

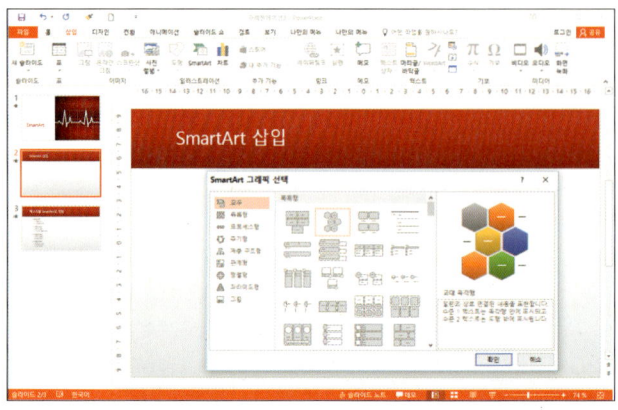

Section 1 도형 삽입 및 서식 조정하기

도형을 슬라이드에 삽입하는 다양한 방법을 알아본다. 또한, 기본 도형부터 여러 가지 형태의 도형들을 삽입하고 도형 스타일을 설정하는 과정들을 알아본다.

○ 알아두기
- 다양한 방법으로 슬라이드에 도형을 삽입할 수 있다.
- 도형을 복사 및 복제할 수 있다.
- 생성된 도형에 원하는 스타일을 설정할 수 있다.

따라하기 01 도형 삽입하고 복사하기

슬라이드에 다양한 형태의 도형을 삽입하고 복사 및 복제를 해 보자.
[작업 준비물 : Ch05\05-01-01.pptx]

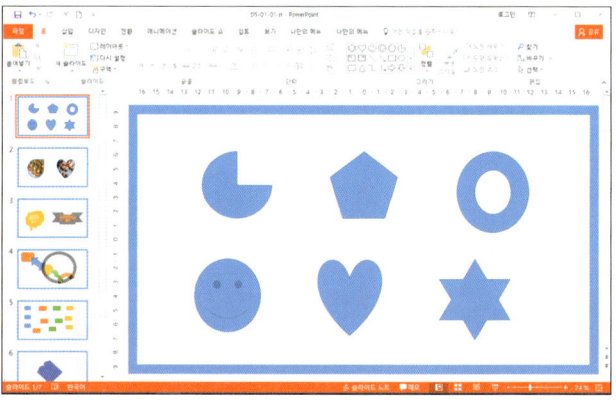

❶ 예제 파일을 열고 '슬라이드 1'을 선택한 뒤, [삽입] 탭-[일러스트레이션] 그룹-[도형] ( )을 클릭해 [원형]을 선택한다.

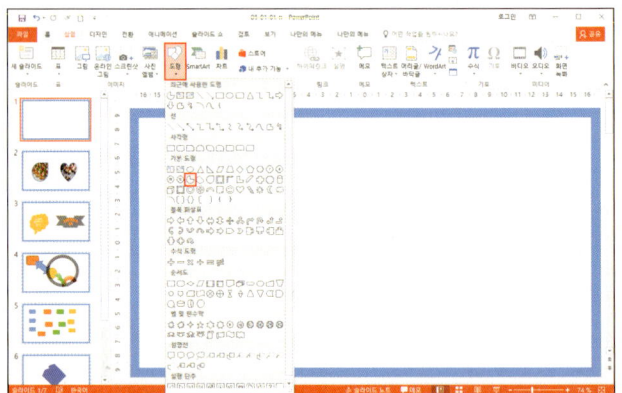

❷ 슬라이드 위를 드래그하는 것에 따라 선택된 도형의 크기가 결정된다. 생성된 '원형' 도형 옆에 이전 과정을 참조해 '정오각형' 도형을 만든다.

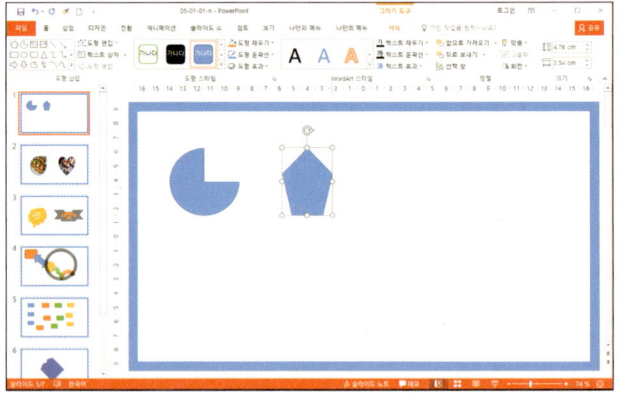

> • 도형을 그리는 다양한 방법　　　　　　　　　　　　　　　　　　tip ➕
>
> ❶ **그리기 잠금 모드** : 도형 목록에서 해당 도형 위에서 마우스 오른쪽 버튼을 눌러 [그리기 잠금 모드]를 선택한 후 도형을 그리면 같은 모양의 도형을 다시 선택하지 않고도 여러 번 그릴 수 있다.
> ❷ `Shift`+드래그 : '정사각형', '정원', '곧은 직선'을 그릴 수 있다.
> ❸ `Ctrl`+드래그 : 도형의 가운데 중심점에서 상하좌우로 커지면서 그려진다.
> ❹ `Alt`+드래그 : 눈금 간격을 무시하고 크기를 세밀하게 조절하면서 그려진다.
>
> • 도형 선택 방법
>
> ❶ 여러 개의 도형을 한꺼번에 선택하려면 도형을 클릭한 후 나머지 도형은 `Shift`를 누른 상태에서 클릭한다.
> ❷ 비연속적으로 도형을 여러 개 선택하려면 `Ctrl`을 누른 상태에서 클릭한다.
>
> • 도형 복사 방법
>
> ❶ `Ctrl`을 누른 상태에서 드래그한다.
> ❷ `Ctrl`+`Shift`를 누른 상태에서 드래그하면 수직, 수평으로 줄 맞춰 복사된다.
> ❸ 도형을 선택한 후 `Ctrl`+`D`를 누르면 도형이 복제된다.
>
> • 도형 그룹 지정 방법
>
> ❶ 도형을 선택한 후 [홈] 탭-[그리기] 그룹-[정렬]()을 클릭해 [그룹]을 선택하거나, `Ctrl`+`G`를 누른다.
> ❷ 그룹을 해제하려면 `Ctrl`+`Shift`+`G`를 누른다.

❸ [삽입] 탭–[일러스트레이션] 그룹–[도형]( )을 클릭해 [도넛], [웃는 얼굴], [하트], [포인트가 6개인 별]을 선택하고 드래그하여 각각 도형을 생성한다.

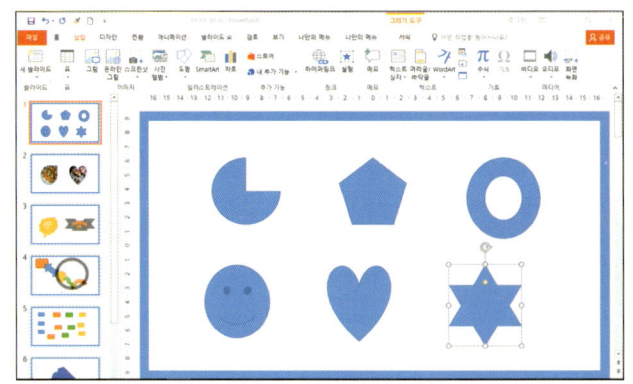

tip ➕
- 도형을 선택한 후 드래그하여 도형을 생성하면 도형의 테두리에 흰색 조절점과 노란 색 변형점이 보인다.
- 흰색 조절점을 마우스로 드래그하여 도형의 너비와 높이를 조절할 수 있고, 노란색 변형점을 드래그하면 도형의 형태가 변형된다. 노란색 변형점은 도형에 따라 나타난다.

❹ 삽입한 도형을 클릭하면 [그리기 도구]–[서식] 탭–[도형 스타일] 그룹이 보이는데, [도형 스타일] 그룹에서 도형의 색, 채우기 색, 윤곽선, 효과 등 다양한 스타일을 적용할 수 있다.

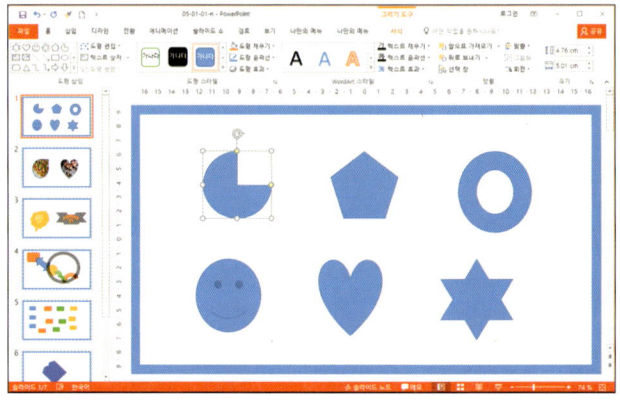

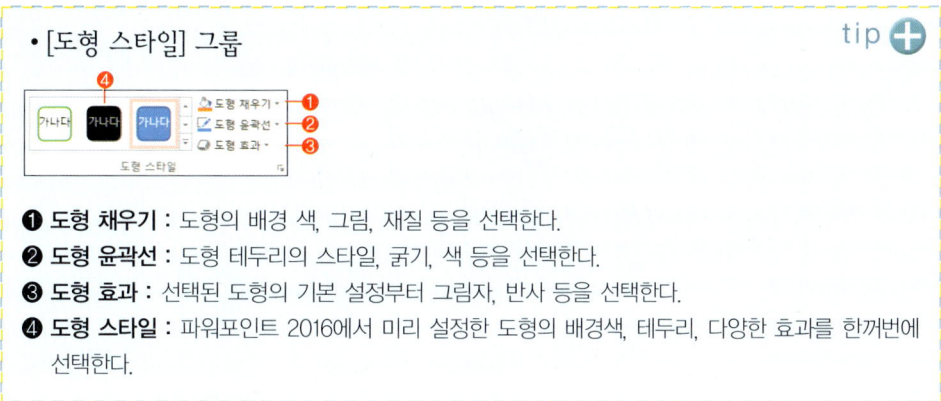

- **[도형 스타일] 그룹**

❶ **도형 채우기** : 도형의 배경 색, 그림, 재질 등을 선택한다.
❷ **도형 윤곽선** : 도형 테두리의 스타일, 굵기, 색 등을 선택한다.
❸ **도형 효과** : 선택된 도형의 기본 설정부터 그림자, 반사 등을 선택한다.
❹ **도형 스타일** : 파워포인트 2016에서 미리 설정한 도형의 배경색, 테두리, 다양한 효과를 한꺼번에 선택한다.

따라하기 **02 다양한 도형 스타일 설정하기**

슬라이드에 삽입한 도형에 색, 그러데이션, 질감, 그림 등을 채워보자. 파워포인트 2016에서 미리 준비해 놓은 도형 스타일도 적용해 보자.

❶ '원형' 도형을 클릭하고, [그리기 도구]-[서식] 탭-[도형 스타일] 그룹의 자세히 단추(▽)를 클릭해서 [보통 효과, 주황 강조 2]를 선택하면, 도형의 배경색, 테두리, 스타일이 한꺼번에 변경이 된다.

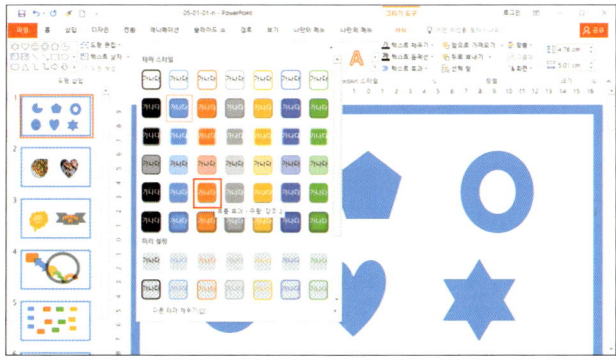

❷ '도넛' 도형을 클릭하고, [그리기 도구]-[서식] 탭-[도형 채우기](도형 채우기)를 클릭해 [녹색, 강조6]을 선택한다.

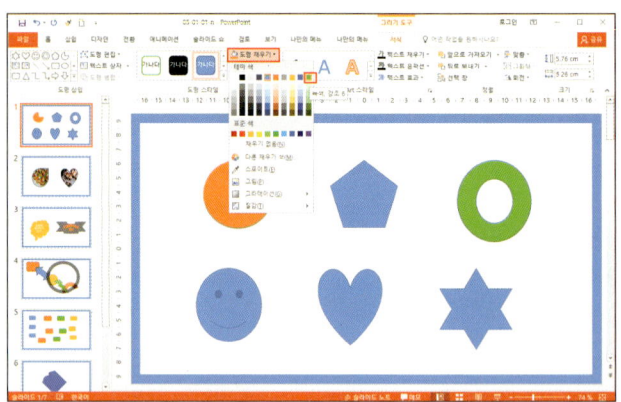

❸ '웃음' 도형을 클릭한 후 [그리기 도구]-[서식] 탭-[도형 윤곽선](도형 윤곽선)을 클릭하여, [윤곽선 없음]을 선택해 적용하고 [도형 채우기](도형 채우기)를 클릭해 [그라데이션]-[선형 아래쪽]을 선택한다.

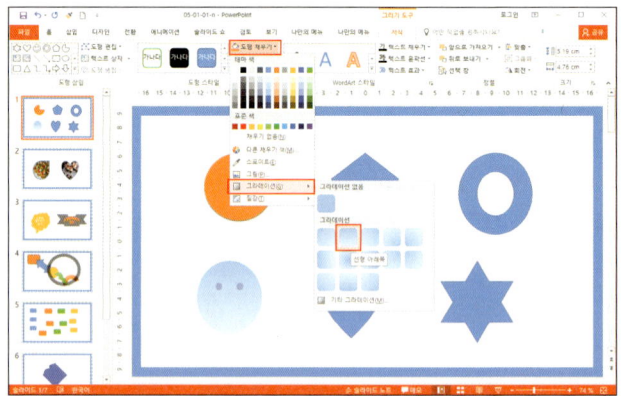

❹ '포인트가 6인 별' 도형을 클릭하고, [그리기 도구]-[서식] 탭-[도형 윤곽선](도형 윤곽선▼)을 클릭하여, [윤곽선 없음]을 선택하고, [도형 효과](도형 효과▼)를 클릭해 [부드러운 가장자리]-[10 포인트]를 선택한다.

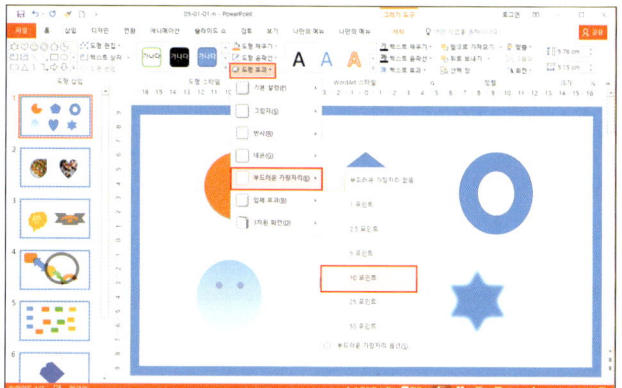

❺ '하트' 도형을 클릭하고, [그리기 도구]-[서식] 탭-[도형 채우기](도형 채우기▼)를 클릭해 [질감]-[녹색 대리석]을 선택하여 질감 채우기를 한다.

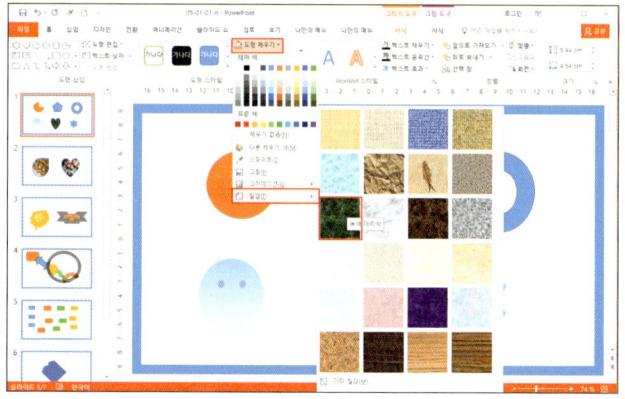

01 혼자해보기
예제 파일을 열고 다음과 같은 도형들을 슬라이드에 삽입해 보자.

[작업 준비물 : Ch05\05-01-02.pptx]

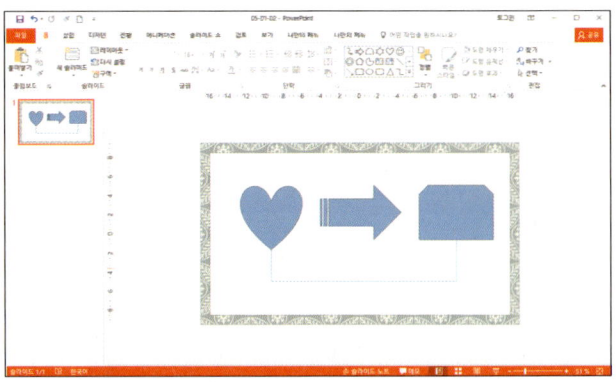

HINT | [삽입] 탭-[일러스트레이션] 그룹-[도형]( ) 클릭한 뒤, 예시의 도형을 클릭한 후 슬라이드에 드래그하여 삽입

02 혼자해보기
도형에 다음과 같은 도형 스타일과 효과를 설정해 보자.

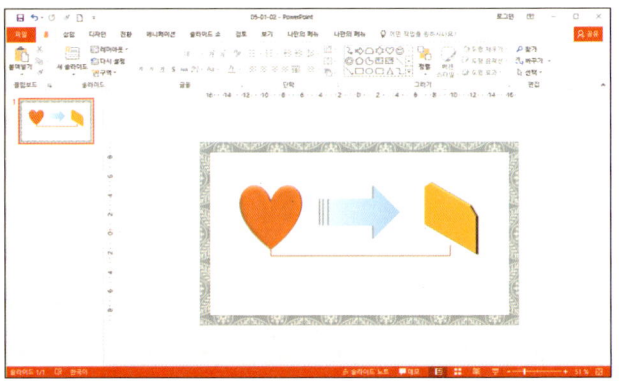

HINT | [서식] 탭-[도형 스타일] 그룹-[도형 채우기](도형 채우기), [도형 윤곽선](도형 윤곽선), [도형 효과](도형 효과) 등을 클릭하여 적용

도형에 그림 및 텍스트 입력하기

도형에 스타일을 적용하여 보기 좋게 꾸밀 수 있지만, 특정 이미지를 도형 배경으로 설정하면 청중에게 전달하고자 하는 내용을 시각적으로 강조할 수 있다. 또한 도형 안에 텍스트를 입력하여 청중들에게 직관적으로 의사를 전달할 수도 있다. 선택한 도형에 이미지를 배경으로 넣고 텍스트 및 워드아트를 도형에 삽입해 보자.

◐ 알아두기
- 선택한 도형 안에 원하는 이미지를 배경으로 삽입할 수 있다.
- 도형에 일반 텍스트를 입력하여 서식을 설정하고, 워드아트로 변환하여 꾸밀 수 있다.

따라하기 01 그림 배경으로 도형 채우기

슬라이드에 삽입된 도형에 사용자가 원하는 그림으로 배경을 채워 보자.

[작업 준비물 : Ch05\05-01-01.pptx, 디저트1.png]

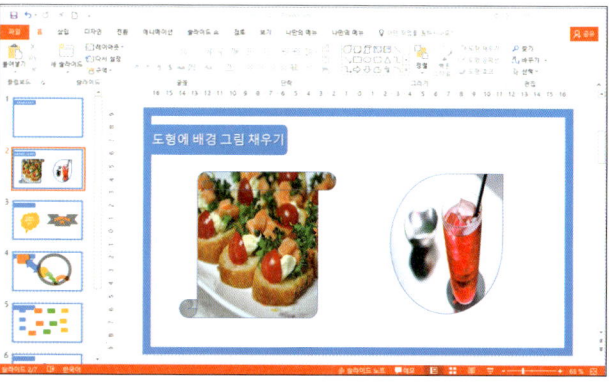

① 예제 파일을 열고 '슬라이드 2'를 선택한 뒤, [삽입] 탭-[일러스트레이션] 그룹-[도형]()을 클릭해 [세로로 말린 두루마리 모양]을 선택한 뒤, 슬라이드 위를 드래그하여 도형을 삽입한다.

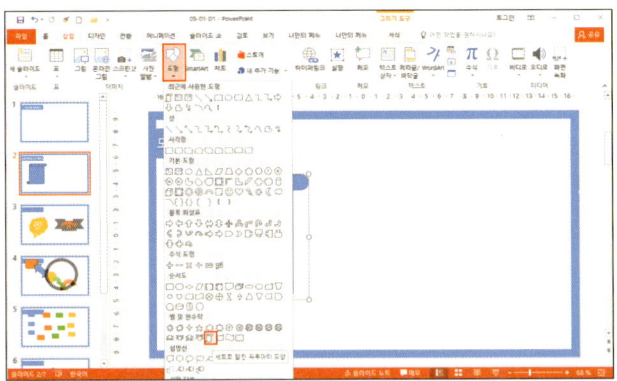

② [그리기 도구]-[서식] 탭-[도형 스타일] 그룹-[도형 채우기]()를 클릭해 [그림]을 선택한다.

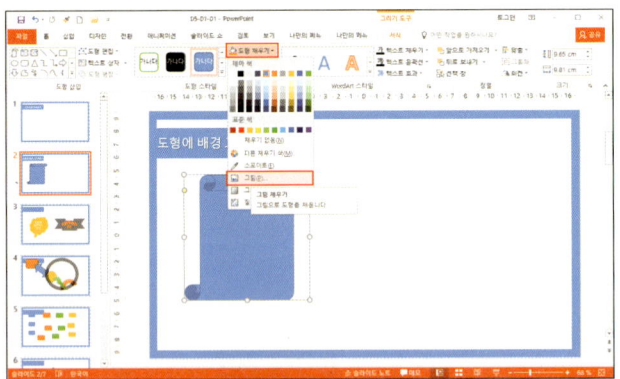

③ [그림 삽입] 대화상자에서 [파일에서]-[찾아보기]를 클릭한다.

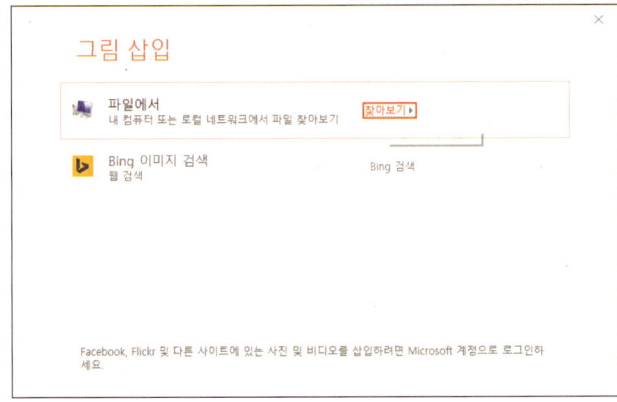

❹ [그림 삽입] 대화상자가 나타나면 '디저트1.png'를 선택하고 [삽입]을 클릭한다.

❺ 도형에 선택한 그림이 배경으로 채워지면, 사진의 해상도가 원본에 비해 감소되지 않도록 가로/세로 비율을 조절한다.

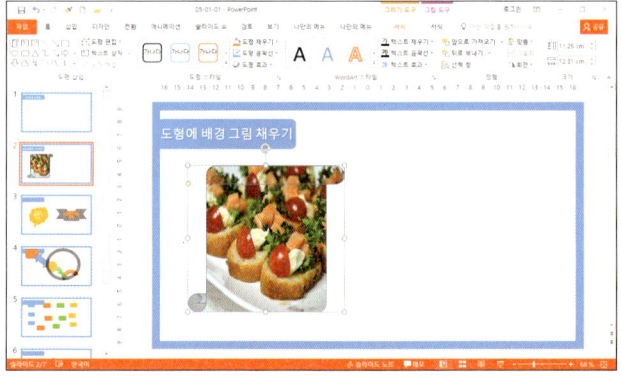

❻ 이번에는 '눈물 방울' 도형을 삽입한 뒤, 클릭하고 [그리기도구]-[서식] 탭-[도형 스타일] 그룹-[도형 채우기](도형 채우기 ▼)를 클릭해 [그림]을 선택한다. 'Bing 이미지 검색'에서 검색란에 '쥬스'를 입력한 후 Enter 를 누른다. 검색된 결과물에서 쥬스 그림 하나를 임의로 선택한 후 [삽입]을 클릭한다.

내 컴퓨터에 저장되어 있는 이미지 외에 인터넷 검색을 통해서 바로 그림 삽입이 가능하다. tip ➕

따라하기 02 **도형에 텍스트 및 워드아트 입력하기**

슬라이드에 삽입된 도형에 그림뿐만 아니라, 텍스트와 워드아트를 입력하고 글꼴 서식 및 다양한 효과를 적용해 보자.

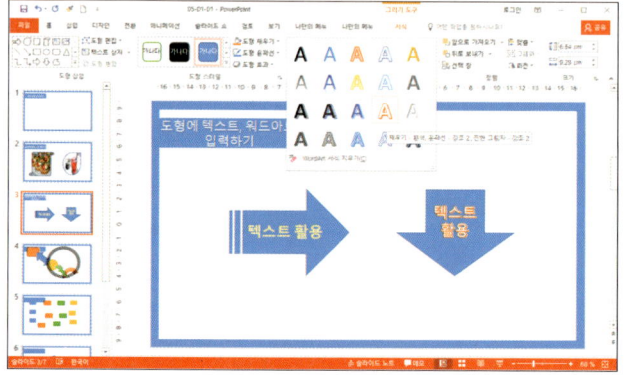

❶ '슬라이드 3'을 선택한 뒤, [삽입] 탭-[일러스트레이션] 그룹-[도형]( )을 클릭해 [줄무늬가 있는 오른쪽 화살표]를 선택한 후 드래그하여 삽입한다.
❷ '줄무늬가 있는 오른쪽 화살표' 도형에 바로 '텍스트 편집'이라는 내용을 입력한다.

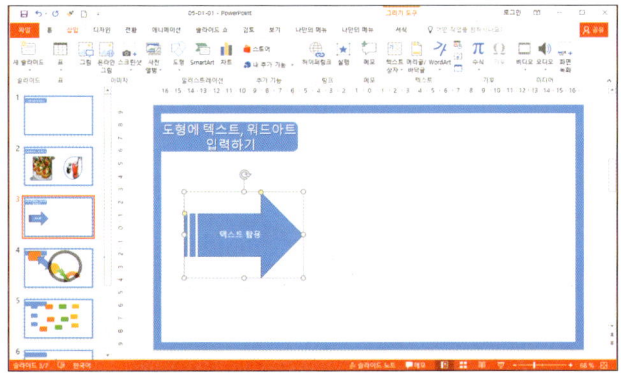

❸ 도형을 클릭한 후 [글꼴]은 '맑은 고딕', [글꼴 크기]는 '36'으로, [굵게](가)를 클릭하고, [글꼴 색](가▼) 목록 단추를 클릭해 [황금색, 강조 4, 60% 더 밝게]를 선택한다.

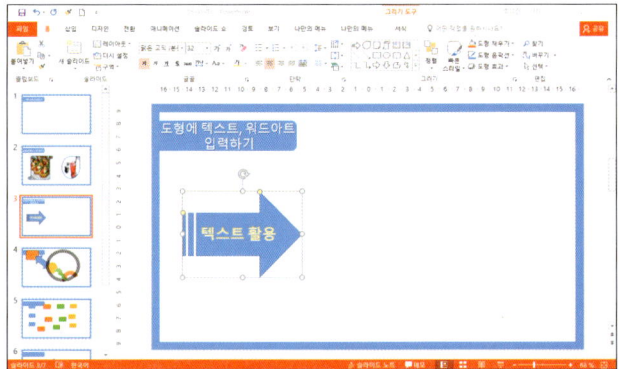

❹ 도형이 선택된 상태에서 Ctrl + D 를 눌러서 동일한 도형을 하나 복제한다.

❺ 복제된 도형을 오른쪽으로 적절히 이동시킨 후 [그리기 도구]-[서식] 탭-[도형 삽입] 그룹-[도형 편집](도형 편집▼)을 클릭하여 [도형 모양 변경]-[아래쪽 화살표]를 선택한다. 서식이 모두 유지된 채 도형의 모양만 변경된다.

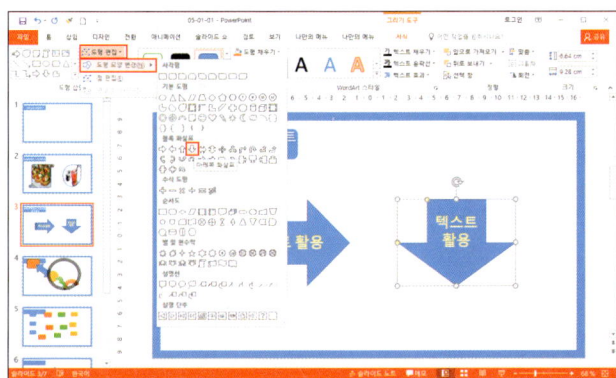

❻ 오른쪽 도형을 클릭한 후 [서식] 탭-[WordArt 스타일] 그룹에서 자세히 단추( )를 클릭해 [채우기-흰색, 윤곽선-강조 2, 진한그림자 - 강조 2]를 선택한다.

01 혼자해보기   예제 파일을 열고 '정원' 도형을 삽입한 뒤, 정원 안에 배경을 '미어캣.png'로 채워 보자.

[작업 준비물 : Ch05\05-02-01.pptx, 미어캣.png]

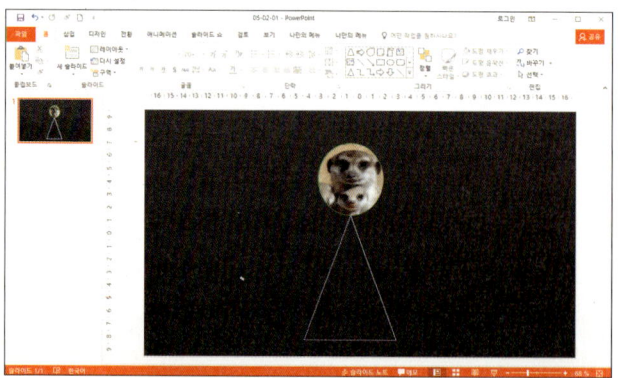

HINT
- [삽입] 탭-[일러스트레이션] 그룹-[도형]( )을 클릭해 [타원]을 선택하고 드래그하여 삽입
- [그리기 도구]-[서식] 탭-[도형 스타일] 그룹-[도형 채우기](도형 채우기)를 클릭해 [그림]을 선택
- [그림 삽입] 대화상자에서 '미어캣.png'를 선택해 삽입

02 혼자해보기   슬라이드를 추가한 뒤, '오각형', '갈매기형 수장', '톱니 모양의 오른쪽 화살표' 도형을 삽입하고 다음과 같이 배치한다. 각각의 도형에 채우기 색을 채우고, 텍스트를 입력한다. 도형 효과의 '기본 설정'을 적용해 보자.

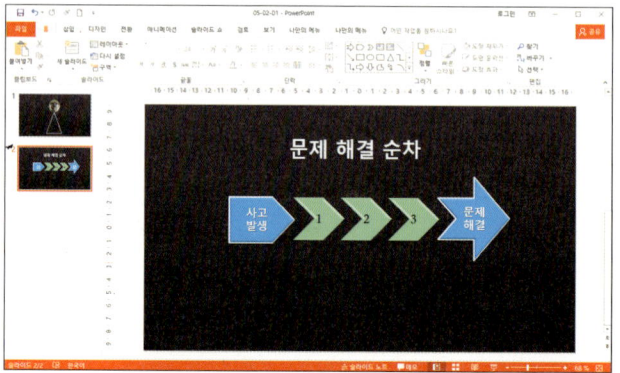

HINT
- [삽입] 탭-[일러스트레이션] 그룹-[도형]( )을 클릭해 각각의 도형 선택하여 삽입
- [그리기 도구]-[서식] 탭-[도형 스타일] 그룹-[도형 효과](도형 효과)을 클릭해 [기본 설정] 선택

Section 3. 도형 정렬 및 그룹화 이해하기

한 페이지의 슬라이드에 다수의 도형이 나열되어 있을 때 사용자 의도에 따라 도형들의 위치를 정렬할 수 있다. 또한 도형들이 겹쳐진 경우 도형 간의 앞과 뒤의 순서를 바꾸고, 다수 개의 도형을 그룹화하거나 그룹을 해제할 수 있으며, 다수 개 도형들의 이동, 복사, 도형 효과 등을 설정할 수 있다.

◎ 알아두기

- 다수의 도형을 나열하여 원하는 위치로 이동시켜 그룹화하여 하나의 개체로 다룰 수 있다.
- 겹쳐져 있는 도형이 있다면 특정 도형을 선택한 후 앞으로, 뒤로 등으로 보낼 수 있다.

따라하기 01 도형의 앞과 뒤 조정하기

사용자가 선택한 도형을 앞으로 또는 뒤로 보내기하여 순서를 조정해 보자.

[작업 준비물 : Ch05\05-01-01.pptx]

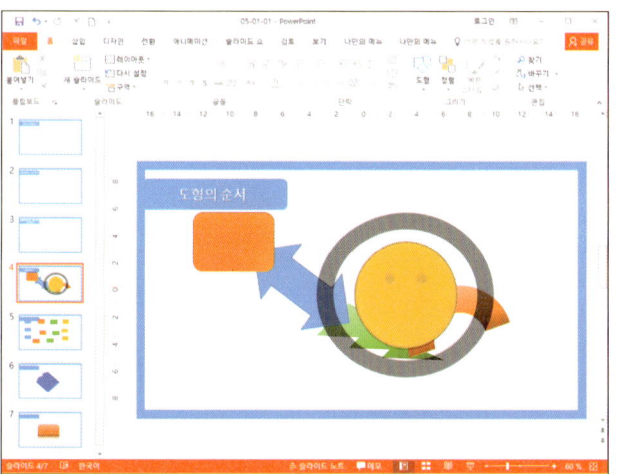

❶ 예제 파일을 열고 '슬라이드 4'를 선택한 뒤, '웃음' 도형을 클릭한다. [그리기 도구]-[서식] 탭-[정렬] 그룹-앞으로 가져오기 목록 단추를 클릭하여 [맨앞으로 가져오기]를 선택한다.

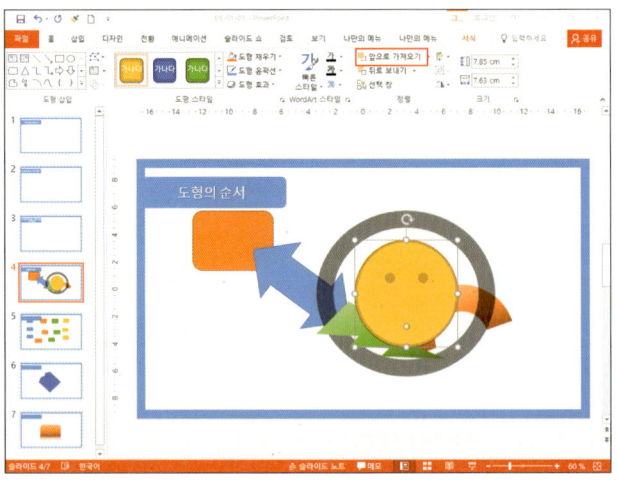

❷ 이번에는 '번개' 도형을 클릭한 후 [그리기 도구]-[서식] 탭-[정렬] 그룹-[뒤로 보내기](뒤로 보내기) 목록 단추를 클릭해 [맨 뒤로 보내기]를 선택한다.

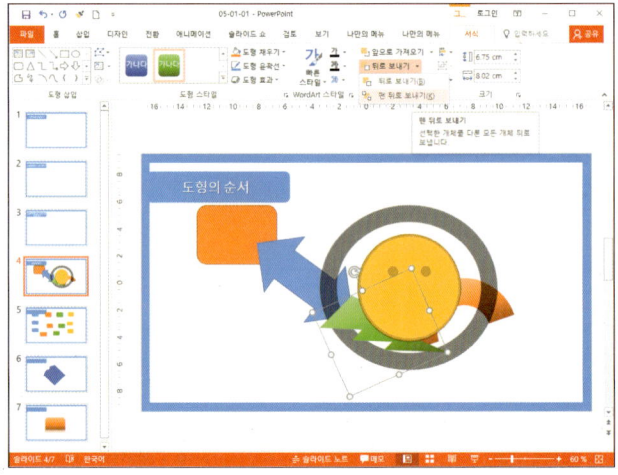

❸ [그리기 도구]-[서식] 탭-[정렬] 그룹-[앞으로 가져오기]( )를 클릭하면 한 단계씩 앞으로 보낼 수 있고, [뒤로 보내기]( )는 한 단계씩 뒤로 보낼 수 있다. '모서리가 둥근 직사각형' 도형을 클릭하고 [그리기 도구]-[서식] 탭-[정렬] 그룹-[앞으로 가져오기]( )를 클릭한다.

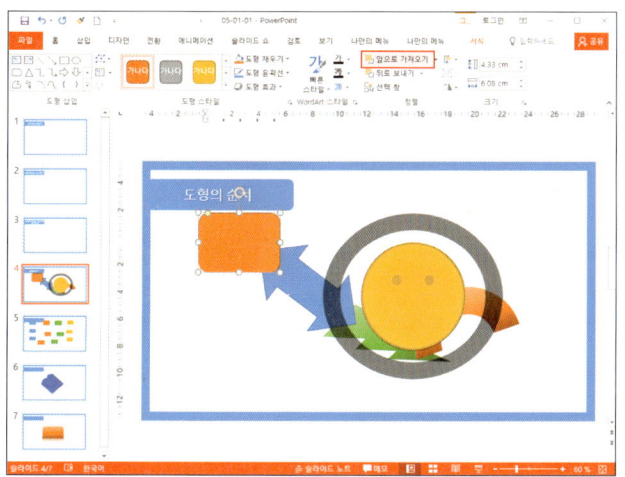

따라하기 02 다수의 도형 정렬하기

슬라이드에 삽입된 도형을 왼쪽, 오른쪽, 위쪽, 아래쪽을 기준으로 정렬하고 도형 간격을 일정하게 정렬시켜 보자.

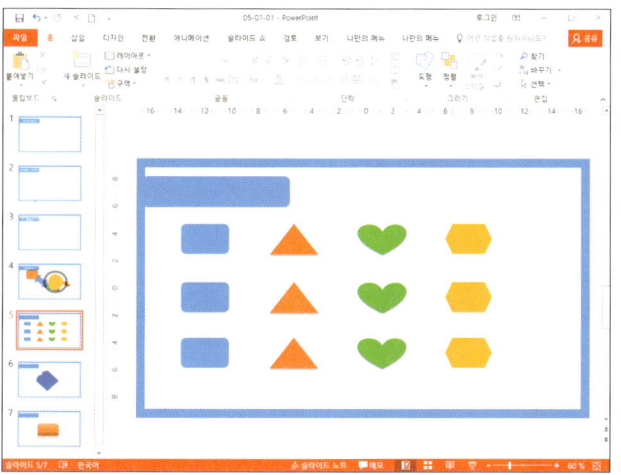

❶ '슬라이드 5'를 선택한 뒤, '모서리가 둥근 사각형' 도형을 Ctrl 을 누른 채 모두 다 중 선택한다. [그리기 도구]-[서식] 탭-[정렬] 그룹-[맞춤](맞춤▼)을 선택해 [왼쪽 맞춤]을 클릭하여 선택한 도형들 중 가장 왼쪽에 위치한 도형에 맞추어 정렬시킨다.

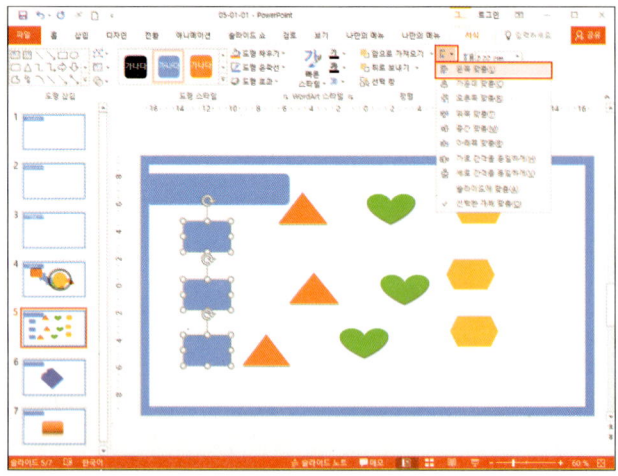

❷ 위와 같은 방법으로 '이등변 삼각형' 도형을 클릭하고 [그리기 도구]-[서식] 탭-[정렬] 그룹-[맞춤](맞춤▼)을 클릭해 [왼쪽 맞춤]을 선택하고 이어서 '하트' 도형을 클릭한 후 왼쪽 맞춤을 하고 '육각형'을 클릭하고 왼쪽 맞춤을 한다.

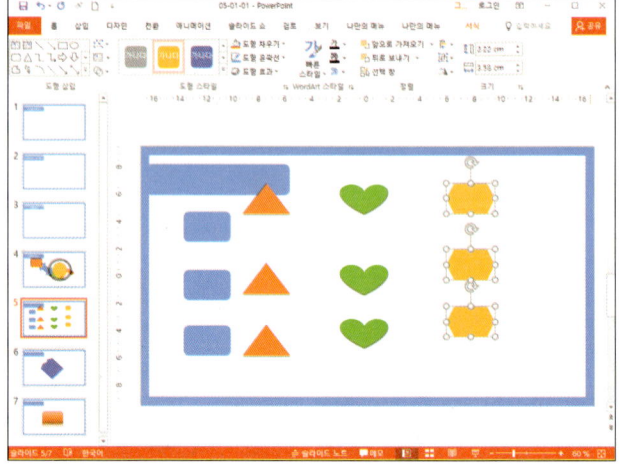

❸ 맨 윗줄의 '모서리가 둥근 직사각형', '이등변 삼각형', '하트', '육각형' 도형을 다중 선택하고, [그리기 도구]-[서식] 탭-[정렬] 그룹-[맞춤](맞춤)을 클릭해 [아래쪽 맞춤]을 선택한다.

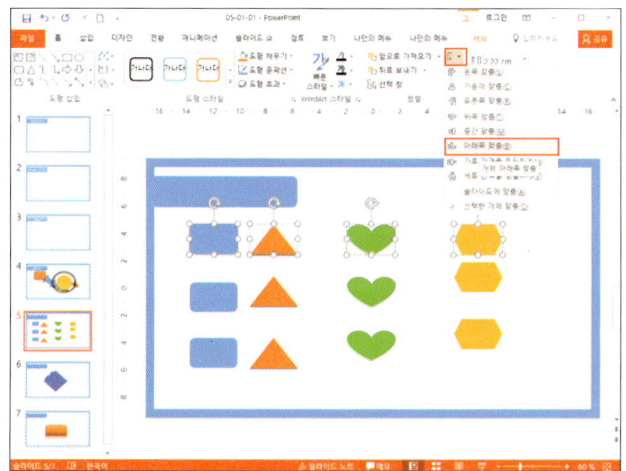

❹ 맨 아랫줄의 '모서리가 둥근 직사각형', '이등변 삼각형', '하트', '육각형'을 다중 선택하고, [그리기 도구]-[서식] 탭-[정렬] 그룹-[맞춤](맞춤)을 클릭해 [아래쪽 맞춤]을 선택한다.

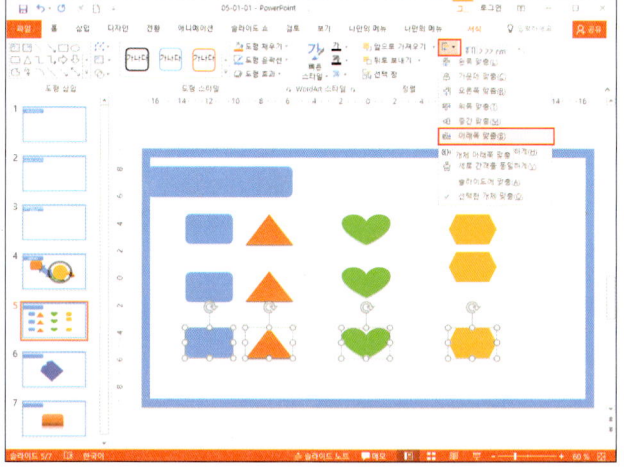

Section 3. 도형 정렬 및 그룹화 이해하기

❺ 맨 위줄의 '모서리가 둥근 직사각형', '이등변 삼각형', '하트', '육각형'을 다중 선택하고, [그리기 도구]-[서식] 탭-[정렬] 그룹-[맞춤](맞춤)을 클릭해 [가로 간격을 동일하게]를 선택한다.

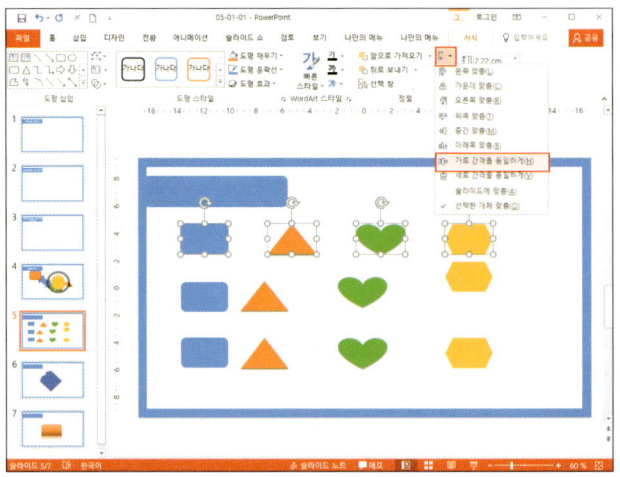

❻ '이등변 삼각형' 도형만 클릭한 후 [그리기 도구]-[서식] 탭-[정렬] 그룹-[맞춤](맞춤)을 클릭해 [오른쪽 맞춤]을 선택한다.

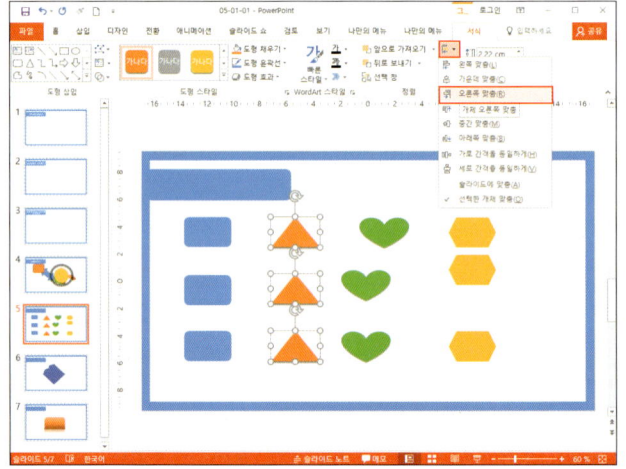

❼ 위와 동일하게 '하트' 도형만 클릭한 후 [그리기 도구]-[서식] 탭-[정렬] 그룹-[맞춤]([맞춤▼])을 클릭해 [오른쪽 맞춤]을 선택 하고, '육각형' 도형만 선택한 후 [그리기 도구]-[서식] 탭-[정렬] 그룹-[맞춤]([맞춤▼])을 클릭해 [오른쪽 맞춤]을 선택하면 '슬라이드 5'의 모든 도형의 왼쪽, 오른쪽, 가로 간격, 세로 간격을 동일하게 정렬할 수 있다.

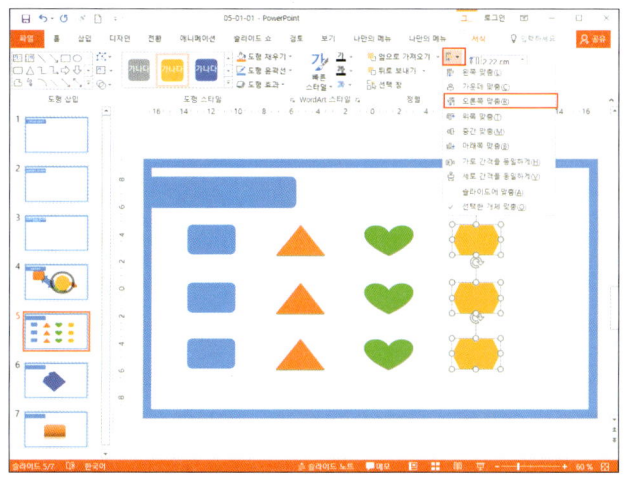

따라하기 03 도형 그룹화하기

다수의 도형을 하나의 개체처럼 묶어서 한꺼번에 복사, 이동, 삭제 및 스타일 적용해 보자. 또한 필요에 따라서 하나의 개체로 묶은 도형을 각각의 도형으로 해체시켜 보자.

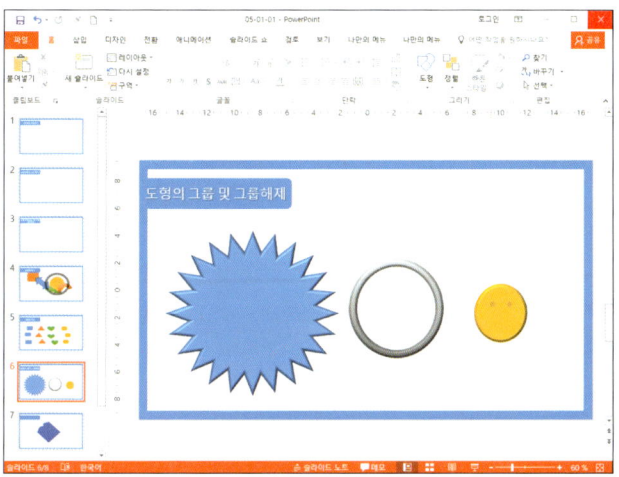

❶ '슬라이드 6'을 선택한 뒤, '포인트가 24개인 별', '웃는 얼굴', '도넛' 3개의 도형을 이동시켜 서로 겹치게 배치한다.

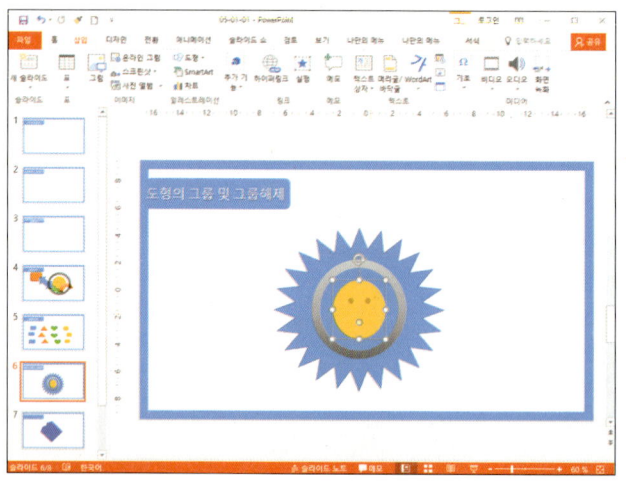

tip ➕

파워포인트 2016에서는 도형을 선택하고 드래그하여 생성할 때, 생성된 도형을 드래그하여 위치를 이동시킬 때, 수직/수평에 맞추어서 이동 및 생성되도록 스마트 그리드 선이 나타나 배치에 정확성을 둘 수 있다.

❷ 겹치게 배치된 도형들을 모두 선택한 뒤, [그리기 도구]-[서식] 탭-[정렬] 그룹-[그룹]( )을 클릭하여 [그룹]을 선택하면 선택된 도형들의 하나의 개체처럼 묶여진다.

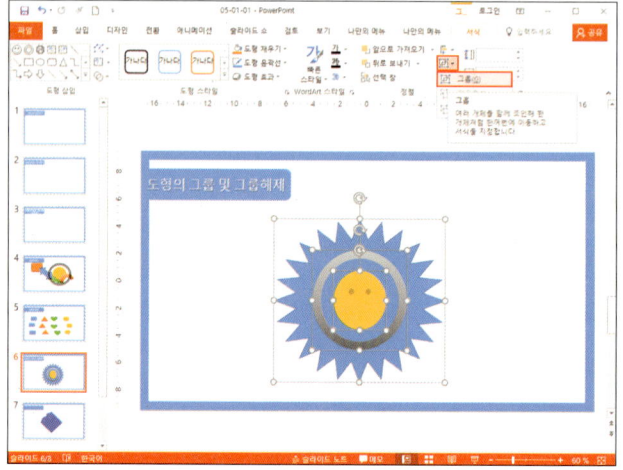

❸ 그룹으로 하나의 개체가 된 도형을 클릭하고 [그리기 도구]-[서식] 탭-[도형 스타일] 그룹-[도형 효과](도형 효과 ▼)를 클릭해 [입체 효과]-[비스듬하게]를 선택한다.

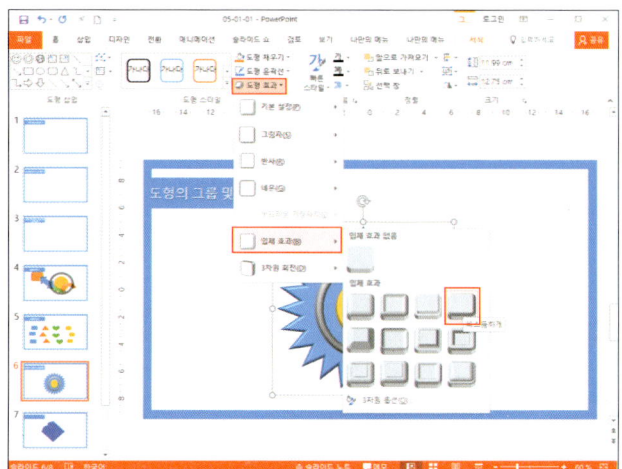

❹ [그리기 도구]-[서식] 탭-[도형 스타일] 그룹-[도형 효과](도형 효과 ▼)를 클릭해 [3차원 회전]-[원근감 대조적으로(왼쪽)]를 선택한다.

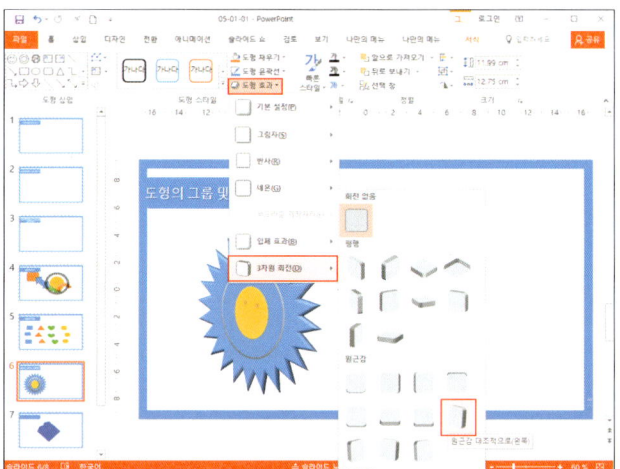

❺ 묶인 개체를 해제하기 위해 도형을 클릭하고 [그리기 도구]-[서식] 탭-[정렬] 그룹-[그룹]( )을 클릭하여 [그룹 해제]를 선택한다.

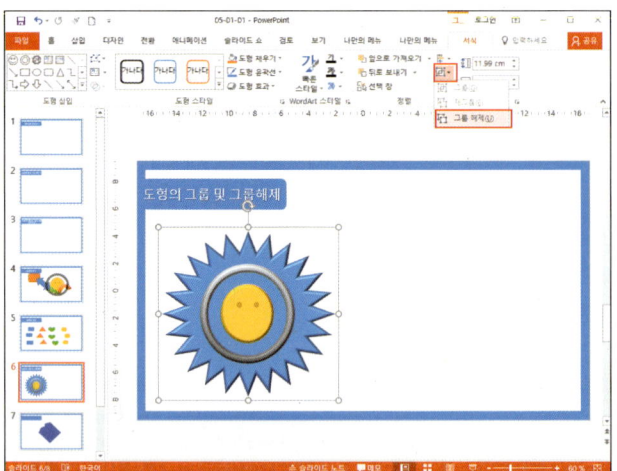

❻ 하나의 개체였던 도형들이 그룹이 해제되면서 개별적 도형으로 변경된다. 그룹이 되었을 때 적용되었던 여러 가지 효과들이 그대로 적용되어 있음을 확인할 수 있다.

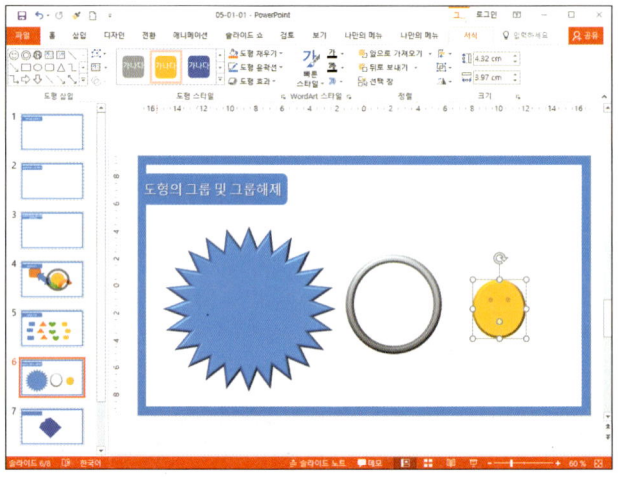

01 혼자해보기

예제 파일을 열고 '슬라이드 1'의 '1/2액자' 도형을 복제한 뒤, 다음과 같이 배치해 보자.

[작업 준비물 : Ch05\05-03-01.pptx]

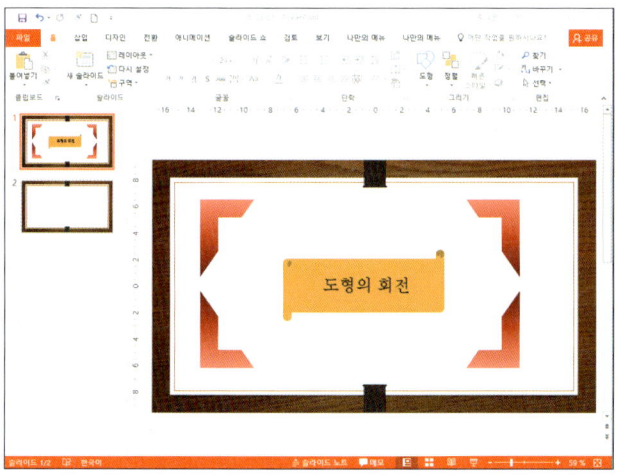

HINT | • 도형을 선택한 후 Shift + Ctrl 을 누른 채 오른쪽으로 드래그
• 위와 같은 방법으로 아래로 드래그하여 3개를 수평/수직 복사
• [그리기 도구]-[서식] 탭-[정렬] 그룹-[회전](회전)을 클릭하여 상하대칭, 좌우대칭 적용

02 혼자해보기

'슬라이드 2'의 도형들을 다음과 같이 배치하여 하나의 개체로 그룹화하고 다음과 같은 효과를 적용해 보자.

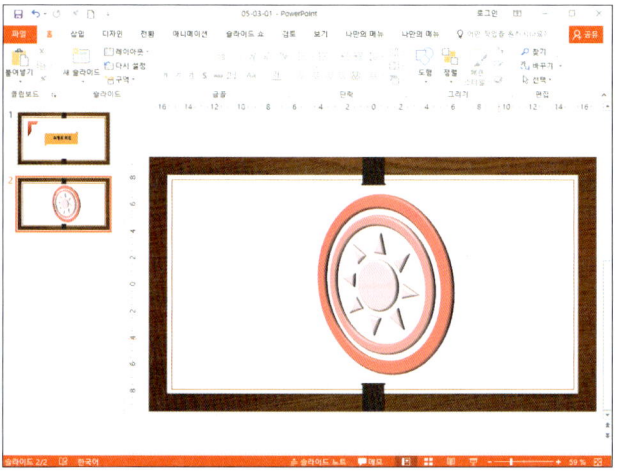

HINT | • 3개의 도형을 모두 선택하고 [그리기 도구]-[서식] 탭-[정렬] 그룹-[그룹](그룹)을 클릭해 [그룹]을 선택하여 그룹화
• [서식] 탭-[도형 스타일] 그룹-[도형 효과](도형 효과)를 클릭해 [입체 효과]-[둥글게] 선택
• [서식] 탭-[도형 스타일] 그룹-[도형 효과](도형 효과)를 클릭해 [3차원 회전]-[원근감 대조적으로(왼쪽)] 선택

Section 3 . 도형 정렬 및 그룹화 이해하기

Section 4. 도형의 고급 편집 기술 익히기

파워포인트에서 기본적으로 생성하는 도형은 사용자의 목적에 따라서 만족도가 떨어질 수 있다. 파워포인트에서 제공하는 기본 도형 형태 외에 '점 편집' 기능을 이용하여 도형의 모양을 유연하게 변경할 수 있다. 점 편집은 점과 선의 위치, 모양 등을 변경할 수 있는 기능이다. 이러한 도형의 고급 편집 기술을 알아본다.

◑ 알아두기
- '점 편집' 기능을 활용해 도형의 모양을 변경할 수 있다.
- 점이 자동 추가되며 선 위에서 마우스 오른쪽 버튼을 눌러 해당 위치에 점을 추가할 수도 있다.
- 점 위에서 마우스 오른쪽 버튼을 눌러 삭제하거나, Ctrl 을 누르면서 점을 클릭하여 삭제할 수 있다.

따라하기 01 안내선 표시하여 점 편집하기

'점 편집' 기능을 이용하여 파워포인트 2016에서 제공하는 도형 외의 사용자가 원하는 형태의 도형으로 변형해 보자.

[작업 준비물 : Ch05\05-01-01.pptx]

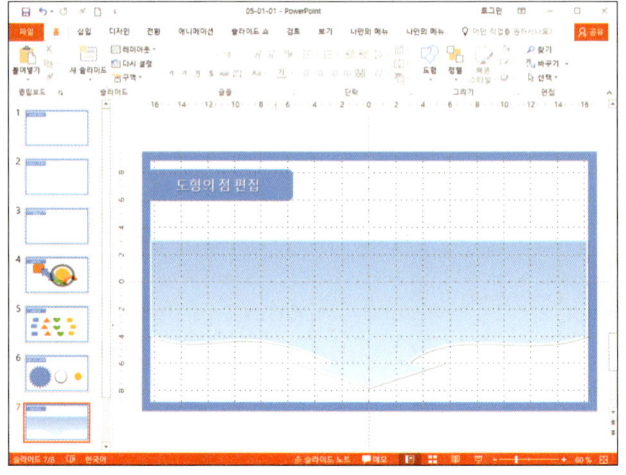

① 예제 파일을 열고 '슬라이드 7'을 선택한 뒤, 세부적인 점 편집을 위해서 슬라이드가 빈, 위에서 마우스 오른쪽 버튼을 눌러 [눈금 및 안내선]-[안내선], [눈금선]을 선택한다.

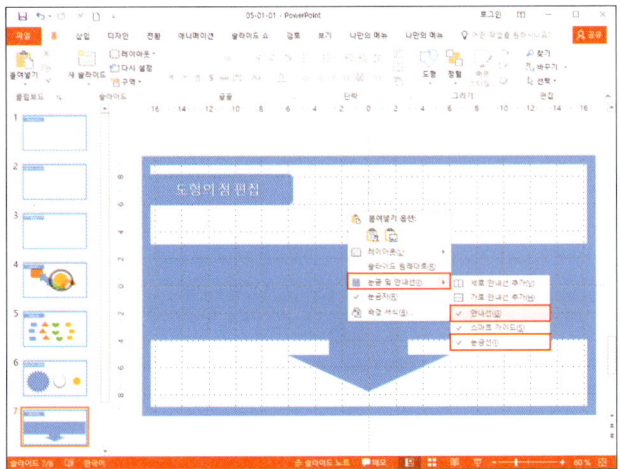

눈금선, 안내선을 슬라이드에 보이게 하여 도형을 생성하고, 편집하고 변형할 때 균형에 맞는 세부적인 작업을 할 수 있다.

② 도형의 모양을 정교하게 변형시키기 위해 도형 위에서 마우스 오른쪽 버튼을 눌러 [점 편집]을 선택한다.

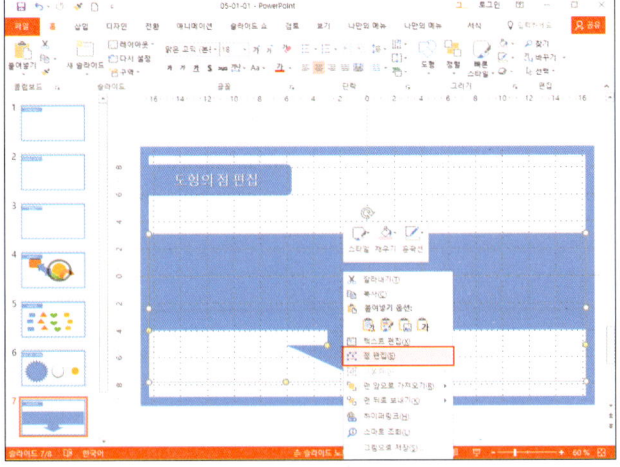

Section 4 . 도형의 고급 편집 기술 익히기

❸ 각 모서리와 꼭지점에 점이 표시되면 양쪽 화살촉 끝 부분의 점에 마우스 포인터를 잘 맞추고 아래쪽으로 드래그하여 화살촉 모양을 변형시킨다.

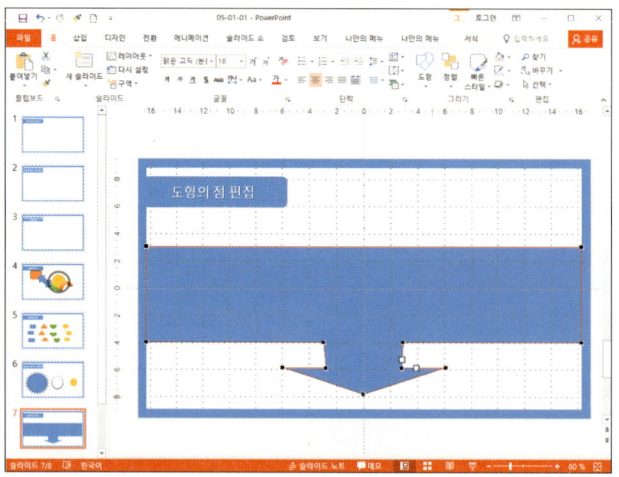

❹ 화살촉 아래쪽의 점을 제거하기 위해 점에 마우스 포인터를 정확하게 잘 맞추고 마우스 오른쪽 버튼을 눌러서 [점 삭제]를 선택한다. 반대편 점도 같은 방법으로 삭제한다.

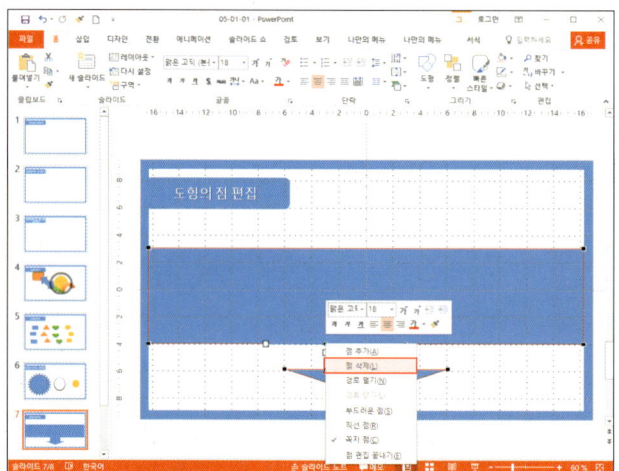

❺ 화살촉과 이어지는 사선을 곡선으로 처리하기 위해 화살촉 부분의 점을 클릭한 후 방향점에 마우스 포인터를 맞추고 화살촉 끝 위에 있는 안내선까지 드래그한다. 방향점의 위치에 따라 곡선으로 변형되는 것을 볼 수 있다.

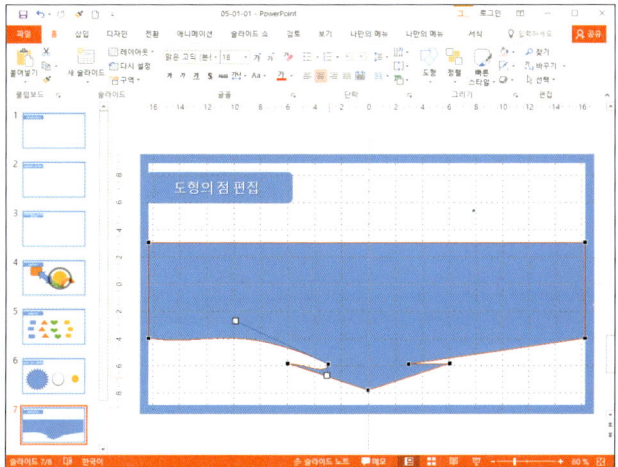

❻ 왼쪽 사선 끝의 점을 클릭하여 방향점이 표시되면 아래쪽 안내선의 중간 지점까지 드래그하여 S자형 곡선으로 만든다.

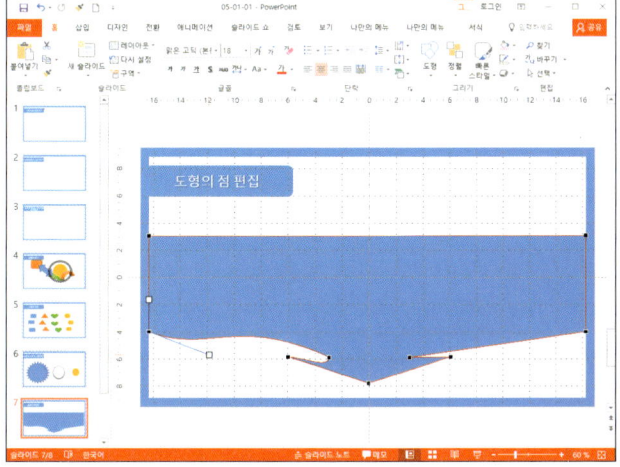

❼ 오른쪽 사선도 같은 방법으로 방향점을 이용하여 사선을 곡선이 되도록 편집한다.

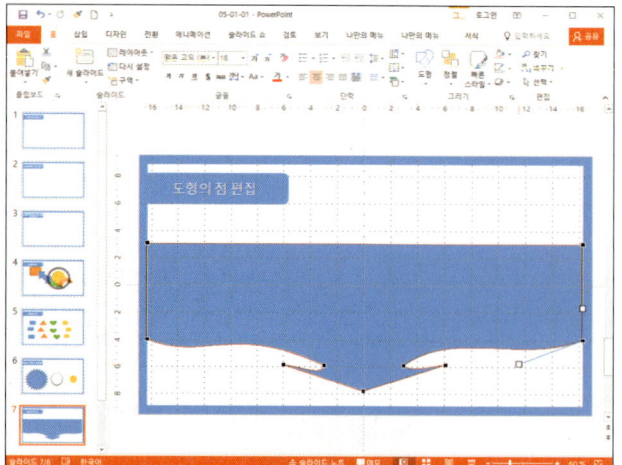

❽ 점 편집을 이용하여 다음과 같이 화살표 설명선 기본 도형을 곡선 형태의 도형으로 변형하였다. 도형의 배경도 그러데이션으로 표현한다.

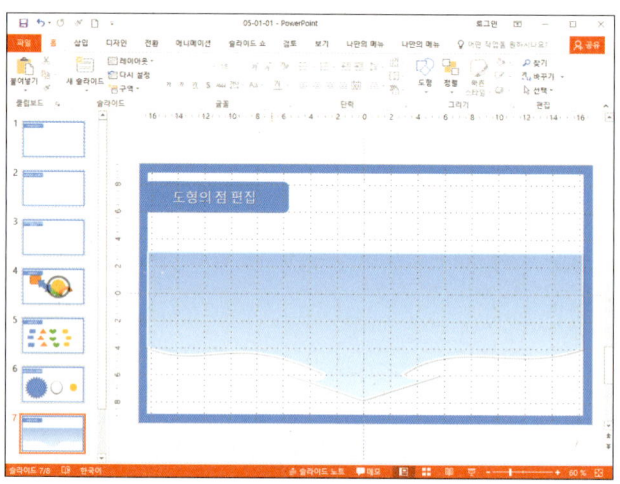

> tip
>
> • [그리기 도구]–[서식] 탭–[도형 스타일] 그룹–[도형 채우기](도형 채우기)를 클릭해 [그러데이션] 선택
> • [그리기 도구]–[서식] 탭–[도형 스타일] 그룹–[도형 효과](도형 효과)를 클릭해 [기본 설정]–[기본 설정 6] 선택

01 혼자해보기

예제 파일을 열고 '직사각형' 도형을 '점 편집', '점 추가' 기능을 이용하여 다음과 같이 변형해 보자.

[작업 준비물 : Ch05\05-04-01.pptx]

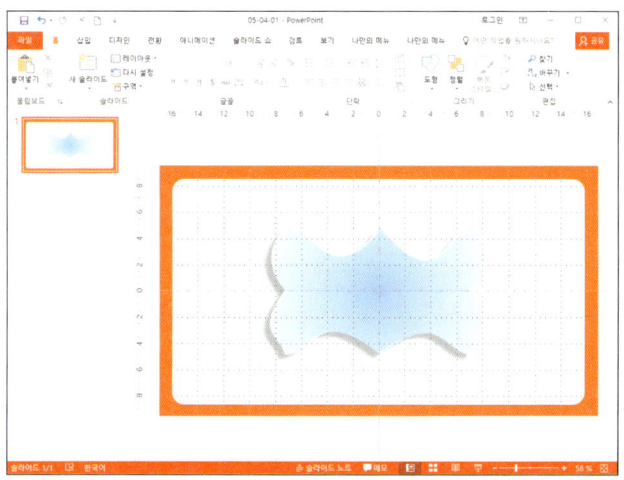

HINT |
- '직사각형' 도형 위에서 마우스 오른쪽 버튼을 눌러 [점 편집]을 선택
- 도형의 윗부분 사선의 중간에서 마우스 오른쪽 버튼을 눌러 [점 추가] 선택
- 도형의 위와 아래의 중간점, 좌와 우의 중간점을 클릭하고 곡선 형태로 변형
- [그리기 도구]-[서식] 탭-[도형 스타일] 그룹-[도형 채우기](도형 채우기)를 클릭해 [그라데이션] 선택
- [그리기 도구]-[서식] 탭-[도형 스타일] 그룹-[도형 효과](도형 효과)-[기본 설정]을 클릭해 [기본 설정 5]를 선택

SmartArt 활용하기

Section 5

파워포인트에서 내용 전달이 어려운 부분은 SmartArt를 이용하여 쉽게 전달할 수 있다. SmartArt는 도형들로 구성된 콘셉트 구조로 도해 스타일을 다양하게 제공한다. 삽입된 SmartArt는 [SmartArt 도구]-[디자인] 탭을 통해서 색, 스타일 작업 등을 수행할 수 있다.

⊙ 알아두기

- 슬라이드에 SmartArt 도형을 추가하고 내용을 입력할 수 있다.
- 생성된 SmartArt 도형에 다양한 스타일 및 색을 적용할 수 있다.
- 슬라이드의 텍스트 내용을 바로 SmartArt 도형으로 변환할 수 있다.

따라하기 01 SmartArt로 멋진 도해 삽입하기

SmartArt 도형을 이용하여 슬라이드의 내용에 맞게 개념 파악이 잘 되도록 도해를 삽입해 보자.

[작업 준비물 : Ch05\05-05-01.pptx]

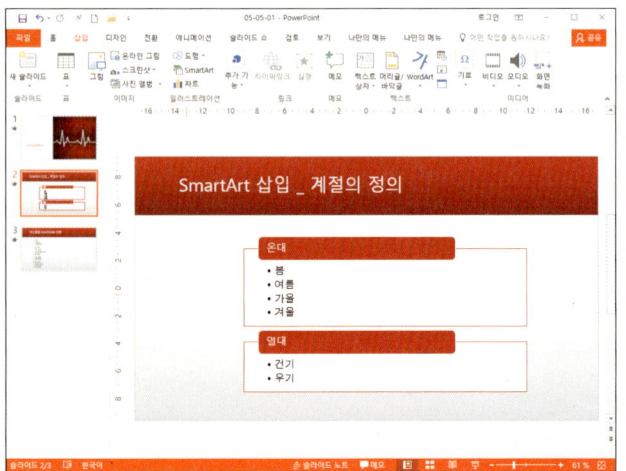

❶ 예제 파일을 열고 '슬라이드 2'를 선택한 뒤, [삽입] 탭-[일러스트레이션] 그룹-SmartArt를 클릭한다.

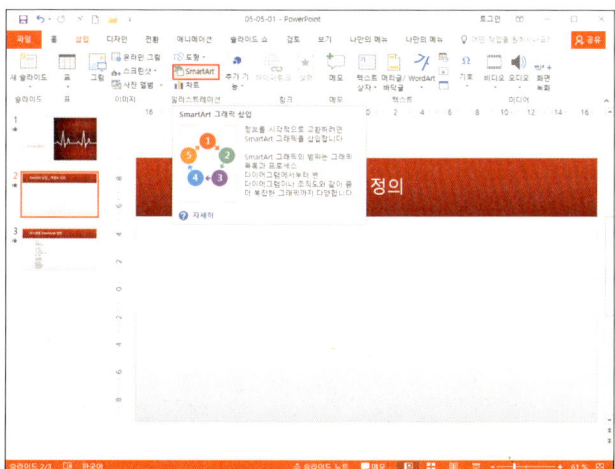

❷ [SmartArt 그래픽 선택] 대화상자에서 [목록형]-[세로 상자 목록형]을 클릭하고 [확인]을 클릭한다.

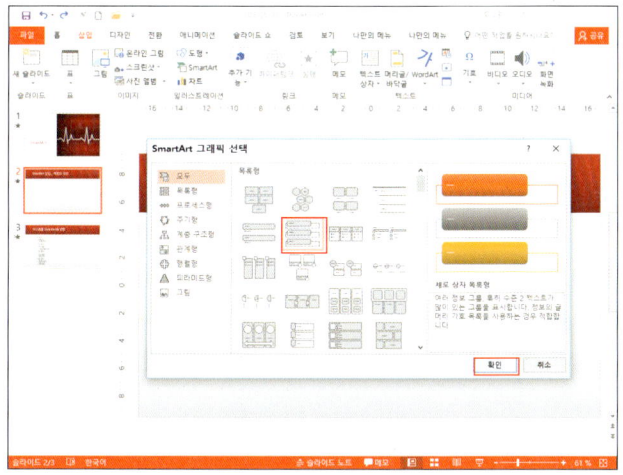

❸ SmartArt가 삽입되면 왼쪽 문자 입력 창 단추(◁)를 클릭하고 다음과 같이 입력한다. '온대'를 입력한 후 Enter 를 누르고 Tab 을 눌러서 한 수준 목록을 늘린 다음 '봄'이라고 입력한다. '여름', '가을', '겨울'을 각각 Enter 를 눌러 입력한다. '열대'를 입력하기 전에 Shift + Tab 을 눌러서 한 수준 목록을 줄인 다음 '열대'를 입력한다. Enter 를 누르고 Tab 을 눌러서 한 수준 목록을 늘린 다음 '건기', Enter 를 누르고 '우기'라고 입력한다. 내용을 모두 입력 후 마지막 [텍스트] 칸이 남는다면 글자 삭제 키인 Delete 또는 Back Space 를 눌러서 삭제한다.

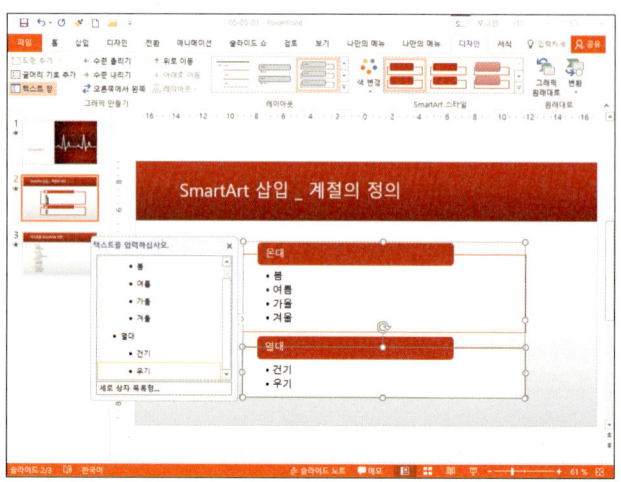

❹ 다시 왼쪽 문자 입력 창 단추(◁)를 클릭하면 [문자 입력] 창이 닫힌다.

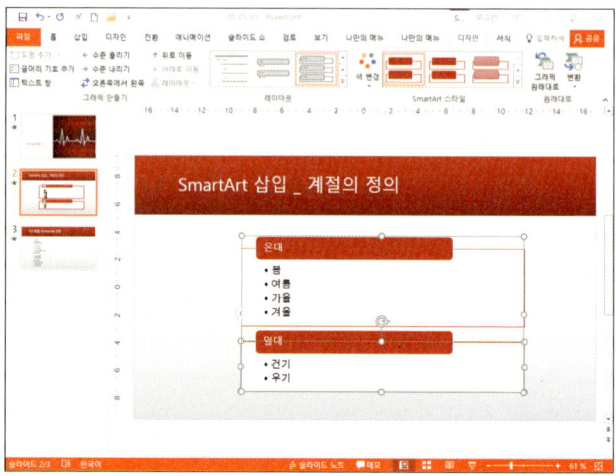

따라하기 02 삽입한 SmartArt 스타일 설정하기

보기 좋게 SmartArt 도형에 색과 스타일을 적용해 보자.

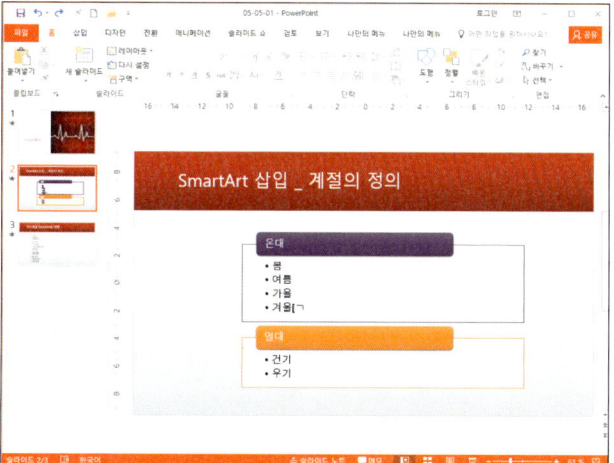

① SmartArt 개체를 클릭한 후 [SmartArt 도구]-[디자인] 탭-[SmartArt 스타일] 그룹-[색 변경]( )을 클릭하여 [색상형 범위:강조색 5 또는 6]을 선택한다.

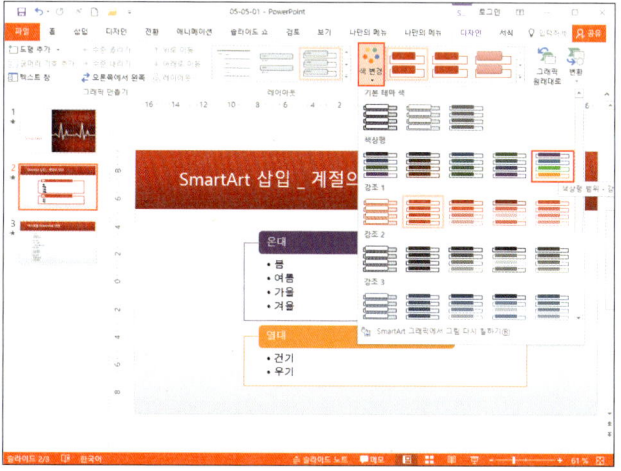

❷ [SmartArt 도구]-[디자인] 탭-[SmartArt 스타일] 그룹의 자세히 단추( )를 클릭해서 [강한 효과]를 클릭한다.

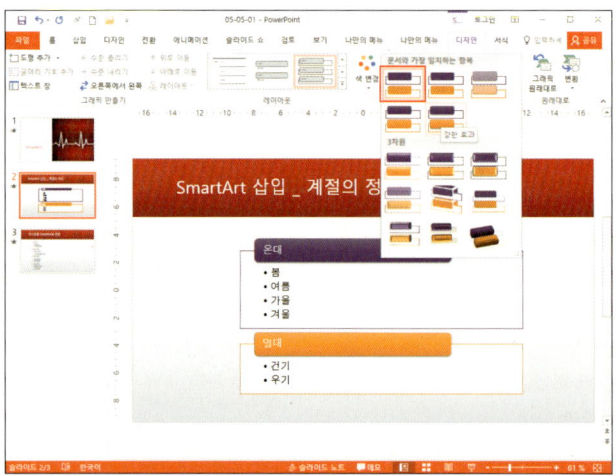

❸ [SmartArt 도구]-[디자인] 탭-[그래픽 원래대로]( )를 클릭하면 이전 작업의 결과들이 모두 처음 상태로 되돌려 진다.

❹ [SmartArt 도구]-[디자인] 탭-[변환]( )을 클릭해 [도형으로 변환]을 선택하면 선택된 SmartArt를 구성하는 요소들이 개별 도형으로 분리된다.

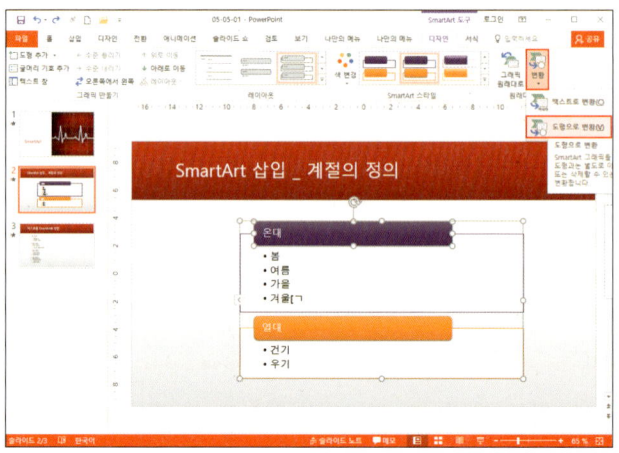

따라하기 03 텍스트를 SmartArt로 변환하기

슬라이드에 입력된 텍스트를 SmartArt 도형으로 변환하고 스타일을 적용해 보자.

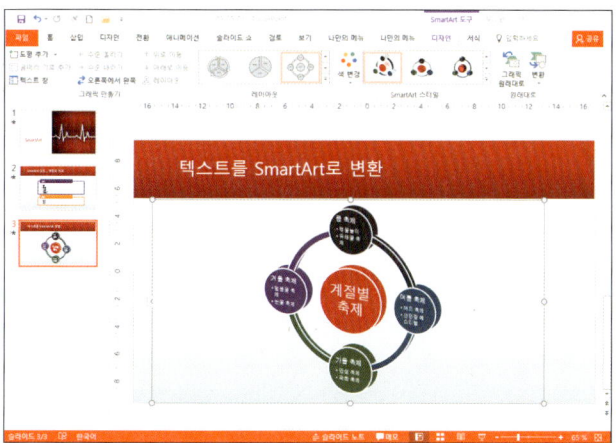

① '슬라이드 3'을 선택한 뒤, 내용이 삽입된 텍스트 상자를 클릭한 후 [홈] 탭-[단락] 그룹-[SmartArt 그래픽으로 변환](   )을 클릭한다.

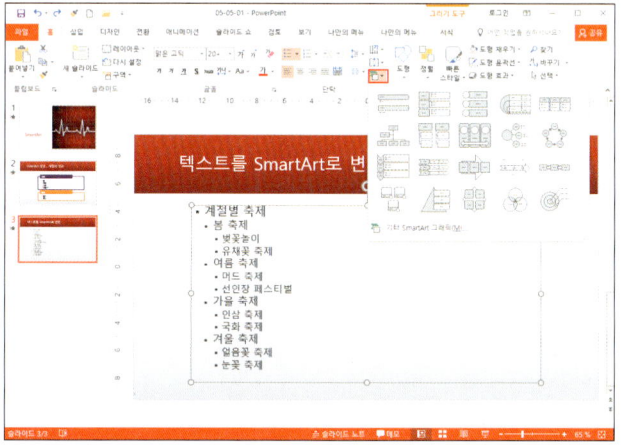

> tip ➕
> 텍스트를 SmartArt로 변환하기 전에 텍스트 내용의 의미가 [목록 수준 늘림](   )과 [목록 수준 줄임](   )을 이용하여 정리가 잘되어져 있어야 한다.

❷ SmartArt 스마트 아트 목록이 표시되면 내용에 맞는 도형에 마우스 포인터를 놓으면 실시간으로 변경되어진 결과가 보이는데, 여기에서는 [기타 SmartArt 그래픽]을 클릭하여 [주기형]-[방사 주기형]을 클릭하고 [확인]을 클릭한다.

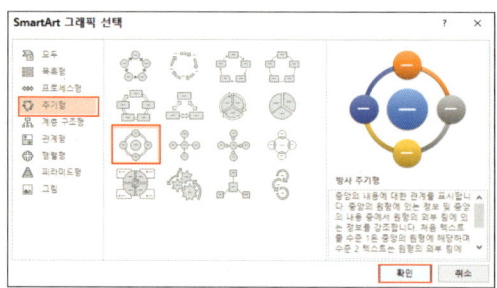

❸ 텍스트 내용이 방사 주기형 SmartArt로 바로 변환된 것을 확인할 수 있다.

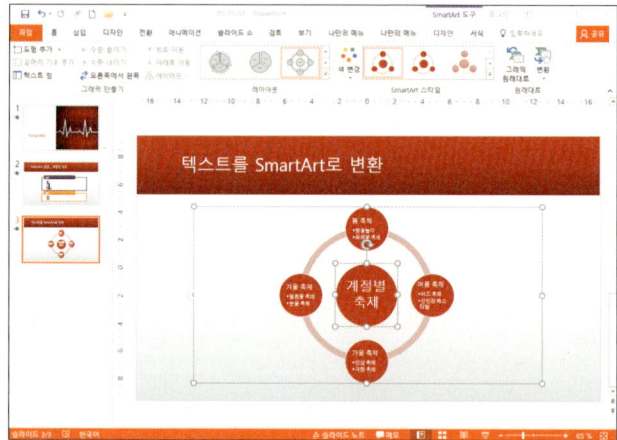

❹ [SmartArt 도구]-[디자인] 탭에서 사용자가 원하는 [색상형]과 [SmartArt 스타일]을 적용해 보자.

❺ [SmartArt 도구]-[디자인] 탭-[원래대로] 그룹-[변환]( )을 클릭해 [텍스트로 변환]을 선택하면 SmartArt 도형에서 원본 텍스트로 돌아온다.

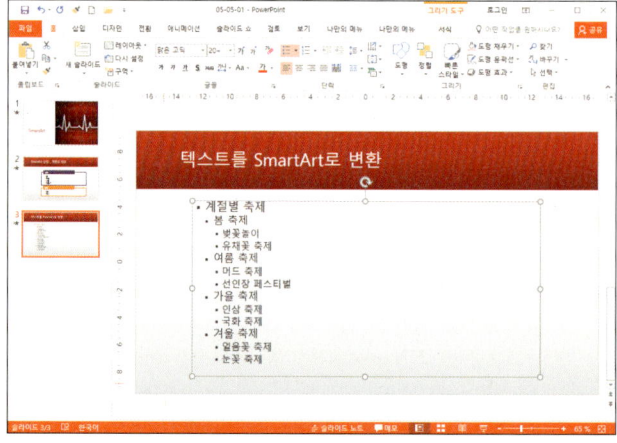

01 혼자해보기

예제 파일을 열고 '슬라이드 1'에서 [목록형]-[가로 글머리 기호 목록형]의 SmartArt 도형을 삽입하고, 다음과 같이 내용을 입력한 뒤 색 변경과 스타일을 적용해 보자.

[작업 준비물 : Ch05\05-05-02.pptx]

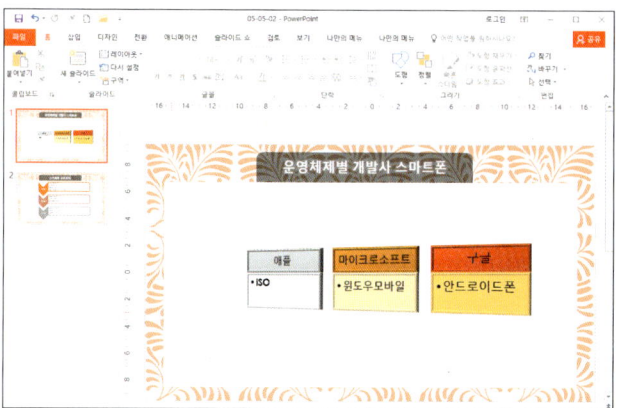

HINT | • [삽입] 탭-[일러스트레이션] 그룹-SmartArt 클릭
- [SmartArt 그래픽 선택] 대화상자에서 [목록형]-[가로 글머리 기호 목록형] 클릭
- [SmartArt 도구]-[디자인] 탭-[색 변경]( )을 클릭해 [색상형-색상형 범위-강조색3 또는 4] 선택
- [SmartArt 도구]-[디자인] 탭-[SmartArt 스타일] 그룹의 자세히 단추( )를 클릭해 [3차원]-[금속] 선택

02 혼자해보기

'슬라이드 2'의 텍스트 상자를 클릭한 후 SmartArt 그래픽으로 변환하고 다음과 같이 색상형과 스타일을 적용해 보자.

HINT | • [홈] 탭-[단락] 그룹-[SmartArt 그래픽으로 변환](SmartArt로 변환 ▼)을 클릭한다.
- [SmartArt 도구]-[디자인] 탭-[색 변경]( )을 클릭해 [색상형-색상형 범위-강조색2 또는 3] 선택
- [SmartArt 도구]-[디자인] 탭-[SmartArt 스타일] 그룹에서 자세히 단추( )를 클릭해 [강한 효과] 선택

Section 5 . SmartArt 활용하기

 **핵심정리** summary

1. 도형 삽입 및 서식 조정하기

- [삽입] 탭-[일러스트레이션] 그룹-[도형]( )을 클릭하여 사용자가 필요한 도형을 선택하고 슬라이드 위를 드래그하여 원하는 크기로 도형을 삽입한다.
- 도형을 그리는 다양한 방법을 참조하여 삽입할 수 있으며 정사각형, 중심점 크기 조절, 세밀하게 크기 조절 등을 하며 삽입할 수 있다.
- 도형을 그릴 때 나타나는 흰색 조절점을 마우스로 드래그하여 도형의 너비와 높이를 조절하고, 노란 색 변형점을 드래그하여 도형의 형태를 변형시킬 수 있다.
- [그리기 도구]-[서식] 탭-[도형 스타일] 그룹-[도형 채우기](도형 채우기)를 클릭하여 도형의 배경의 채우기 색, 질감, 그러데이션, 그림을 설정할 수 있다.
- [그리기 도구]-[서식] 탭-[도형 스타일] 그룹-[도형 효과](도형 효과)를 클릭하여 그림자, 반사, 네온, 부드러운 가장자리, 입체 효과, 3차원 회전 등의 효과를 적용할 수 있다.

2. 도형에 그림 및 텍스트 입력하기

- [그리기 도구]-[서식] 탭-[도형 스타일] 그룹-[도형 채우기](도형 채우기)에서 도형의 배경을 그림으로 설정할 수 있다.
- 도형에 텍스트를 삽입할 수 있다. 도형을 생성하고 바로 텍스트를 입력한 후 [서식] 탭의 모든 효과를 적용할 수 있다.
- 도형에 삽입한 텍스트를 [서식] 탭-[WordArt 스타일] 그룹에서 워드아트 속성으로 변경이 가능하다.

3. 도형 정렬 및 그룹화 이해하기

- 겹쳐진 도형의 순서를 조정할 수 있다.
- 도형이 선택된 상태에서 [그리기 도구]-[서식] 탭-[정렬] 그룹의 [뒤로 보내기], [앞으로 가져오기], [맨 뒤로 보내기], [맨앞으로 가져오기]를 클릭해 적용할 수 있다.
- 정렬하고자 하는 도형을 클릭한 후 [그리기 도구]-[서식] 탭-[정렬] 그룹-[맞춤](맞춤)을 클릭하고 [왼쪽 맞춤], [오른쪽 맞춤], [위로 맞춤], [아래쪽 맞춤]을 선택해 다양하게 적용할 수 있다.
- [그리기 도구]-[서식] 탭-[정렬] 그룹-[그룹]( )을 클릭하면 선택된 도형들의 하나의 개체처럼 묶여진다.

핵심정리 summary

- 도형을 선택하고 [그리기 도구]-[서식] 탭-[정렬] 그룹-[그룹]()을 클릭하여 [그룹 해제]를 선택한다.

4. 도형의 고급 편집 기술 익히기

- 그려진 도형 위에서 마우스 오른쪽 버튼을 눌러 [점 편집]을 선택하여 도형의 모양을 변경할 수 있다.
- 각 모서리와 꼭지점에 점이 표시되면 점에 마우스 포인터를 잘 맞추고 위쪽, 아래쪽으로 드래그하여 이동시킬 수 있다.
- '점 편집' 기능을 실행한 후 보이는 어느 한 점을 클릭하면 방향점이 생기는 데 방향점을 드래그하여 곡선 형태로 변경이 가능하다.
- '점 추가', '점 삭제' 등의 기능도 가능하다.

5. SmartArt 활용하기

- 내용 전달이 어려운 부분을 SmartArt를 이용하여 만들면 쉽게 전달할 수 있다.
- [삽입] 탭-[일러스트레이션] 그룹-[SmartArt]()를 클릭하여 콘셉트 구조로 되어져 있는 도형들을 내용에 맞게 선택한다.
- 슬라이드에 삽입된 SmartArt 개체는 [SmartArt 도구]-[디자인] 탭에서 [SmartArt 스타일], [도형 추가], [원래대로 변환 작업] 그룹 등의 기능을 클릭해 적용할 수 있다.

종합실습 pointup

1. 예제 파일을 열고 '슬라이드 2'에 준비된 도형에 '건물.png' 그림을 배경으로 삽입하고 '신기한 건물'이라고 입력한 후 WordArt 스타일을 적용해 보자.

   [작업 준비물 : Ch05\05-05-03.pptx]

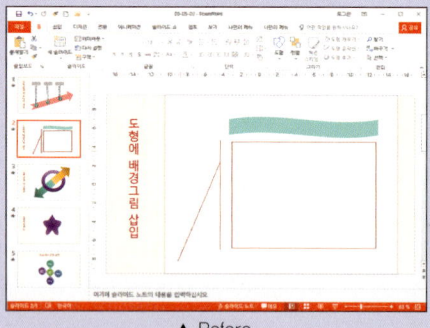

▲ Before   ▲ After

> **HINT** | • 도형을 클릭한 후 [그리기 도구]–[서식] 탭–[도형 채우기](도형 채우기 ▼)을 클릭해 [그림] 클릭
> • [그림 삽입] 대화상자에서 '건물.png' 선택해 삽입
> • '물결' 도형을 클릭한 후 '신기한 건물' 입력
> • [그리기 도구]–[서식] 탭–[WordArt 스타일] 그룹의 자세히 단추( )를 클릭해 [채우기–흰색, 윤곽선–강조1, 네온–강조1] 선택
> • [그래픽 도구]–[서식] 탭–[WordArt 스타일] 그룹–[텍스트 효과](텍스트 효과 ▼)를 클릭해 [변환]–[물결1] 선택

2. '슬라이드 3'에 미리 배치되어 있는 도형을 다음과 같이 정렬 및 배치해 보자.

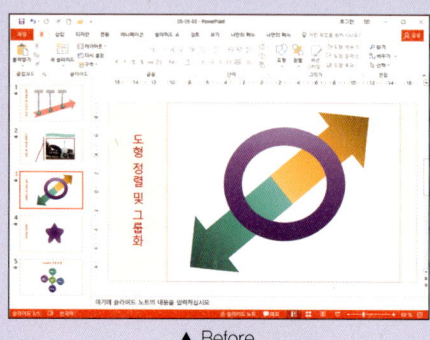 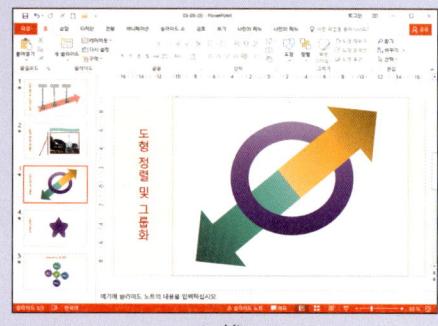

▲ Before   ▲ After

> **HINT** | • '도넛' 도형을 클릭한 후 [그리기 도구]–[서식] 탭–[정렬] 그룹–[뒤로 보내기](뒤로 보내기 ▼)를 클릭해 [맨 뒤로 보내기] 선택
> • 왼쪽 '화살표' 도형을 클릭한 후 [그리기 도구]–[서식] 탭–[정렬] 그룹–[뒤로 보내기](뒤로 보내기 ▼)를 클릭해 [맨 뒤로 보내기] 클릭
> • 3개의 도형을 모두 클릭한 후 [그리기 도구]–[서식] 탭–[정렬] 그룹–[그룹](그룹 ▼) 클릭

204 Chapter 5 . 슬라이드에서 도형 활용하기

종합실습 pointup

3. '슬라이드 4'의 도형을 '점 편집' 기능으로 다음과 같이 변형해 보자.

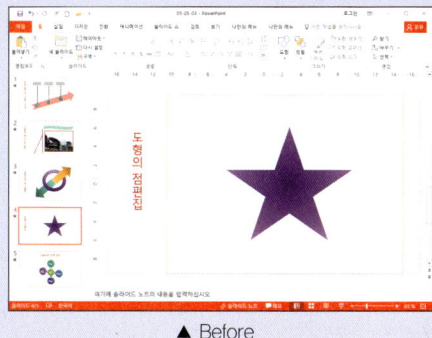
▲ Before

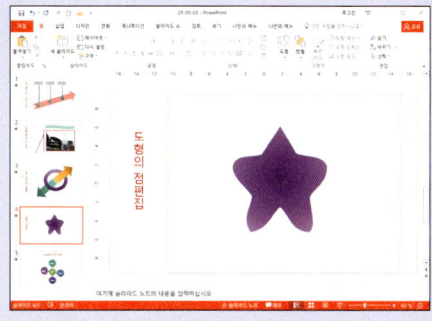
▲ After

HINT | • '별' 도형 위에서 마우스 오른쪽 버튼을 눌러 [점 편집]을 선택
• 각각의 꼭지점에 생긴 점을 클릭한 후 방향선을 드래그하여 곡선으로 변경

4. '슬라이드 5'의 텍스트를 SmartArt 도형으로 변환해 보자.

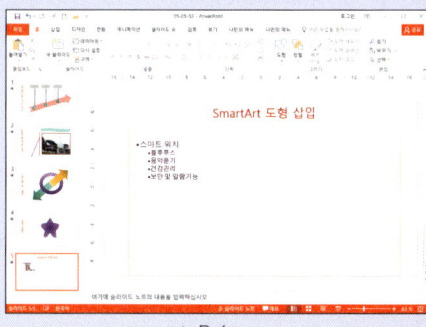
▲ Before

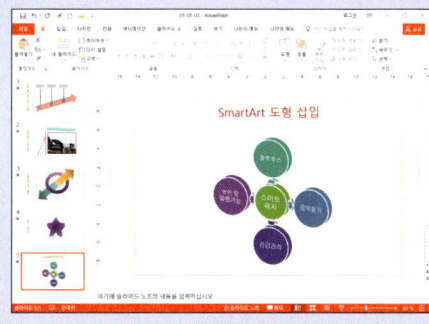
▲ After

HINT | • 내용이 입력된 텍스트 상자를 클릭한 후 [홈] 탭-[단락] 그룹-[SmartArt 그래픽으로 변환](SmartArt로 변환 ▼)을 클릭해 [기타 SmartArt 그래픽]을 선택한 후 [주기형]-[분기 방사형] 클릭
• [SmartArt 도구]-[디자인] 탭-[SmartArt 스타일] 그룹-[색 변경]( )을 클릭해 [색상형 범위-강조색 5 또는 6 선택] 선택
• [SmartArt 도구]-[디자인] 탭-[SmartArt 스타일] 그룹의 자세히 단추( )를 클릭해 [3차원]-[벽돌] 선택

06 CHAPTER

표와 차트 활용하기

청중의 이해도를 높이기 위해 어려운 개념이나 복잡한 숫자 데이터들을 표나 차트로 만들어 슬라이드에 삽입할 수 있다. 이를 위해 표와 차트를 생성하는 기본 과정을 알아보고 각각의 서식을 조정해 보자. 한 번 만들어진 표와 차트는 지원되는 리본 메뉴의 옵션을 통해 새로운 스타일과 레이아웃으로 언제든지 변경이 가능하다.

Section 1   표 삽입하고 크기 조정하기
Section 2   표의 레이아웃 변경 및 스타일 설정하기
Section 3   차트 삽입 및 서식 조정하기
Section 4   새롭게 추가된 6가지 차트 형태 살펴보기

도표와 차트 슬라이드 다루기

Chapter 6

프레젠테이션에서 표와 차트를 이용하여 내용을 짜임새 있고 전달력 있게 만들 수 있다. 표를 슬라이드에 삽입하는 기본 방식과 생성된 표와 차트의 레이아웃, 스타일 등을 빠르게 변경하는 과정들에 대해 알아본다.

01 표 삽입하고 크기 조정하기

[삽입] 탭-[표] 그룹-[표]()를 클릭하고, 마우스로 드래그하여 원하는 열의 수와 행의 수를 설정하는 것으로 표를 만들 수 있다. 이렇게 생성된 표는 테두리 조절점을 드래그하여 너비와 높이를 조정할 수 있다. 표 안쪽에 텍스트를 입력하고 입력된 문장에는 텍스트의 서식을 다양하게 적용할 수 있다.

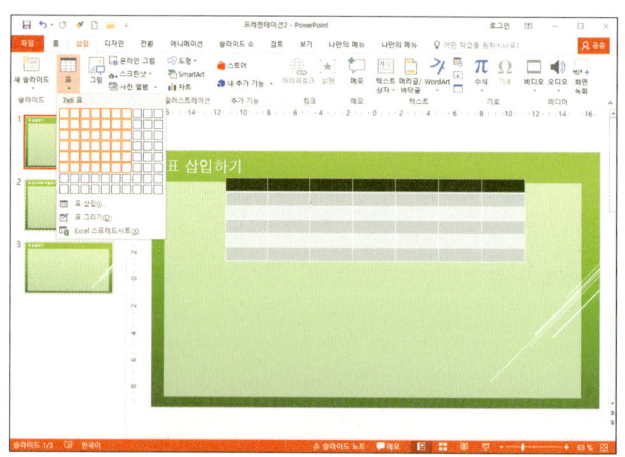

02 표의 레이아웃 변경 및 스타일 설정하기

슬라이드에 삽입한 표에 [표 도구]-[디자인] 탭에서 제공하는 다양한 표 스타일들을 선택해 적용할 수 있으며, [표 도구]-[레이아웃] 탭을 활용하여 행/열의 삽입과 삭제, 셀들의 병합과 분할을 실행할 수 있다. 이렇게 완성된 표는 다양한 테두리나 채우기, 효과 설정 등을 할 수 있다.

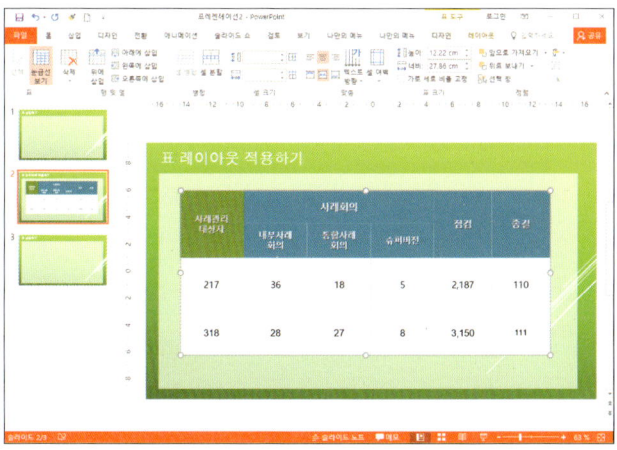

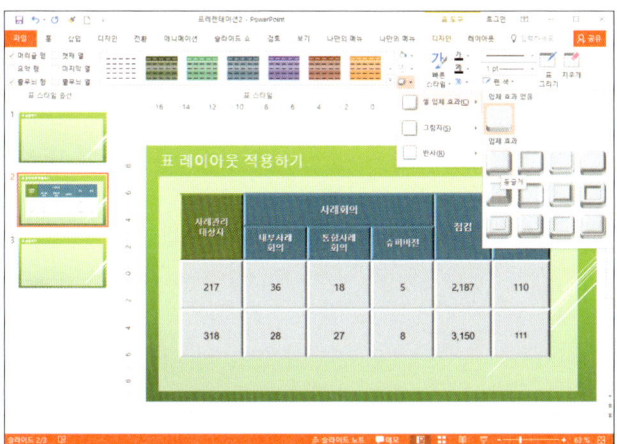

03 차트 삽입 및 서식 조정하기

숫자 데이터를 도식화하여 사용자의 의도를 빠르게 전달하는데 효과적인 것이 바로 차트이다. 슬라이드에 삽입할 수 있는 차트의 종류는 다양한 분류로 준비되어 있다. 슬라이드에 삽입한 차트에는 다양한 스타일과 레이아웃으로 수정할 수 있다.

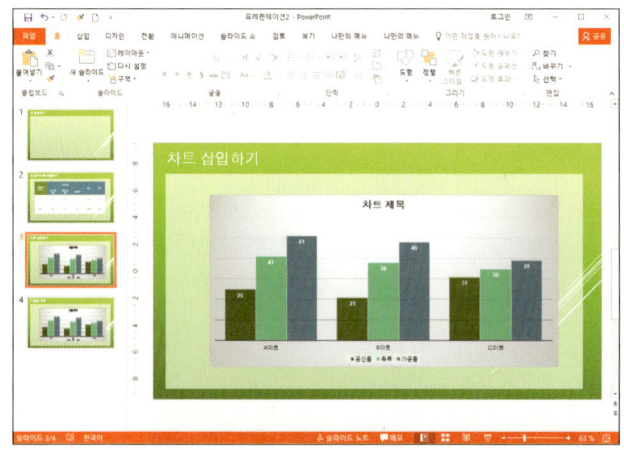

04 새롭게 추가된 6가지 차트 형태 살펴보기

시각화는 효과적인 데이터 분석뿐만 아니라 설득력 있는 설명에도 중요하다. 파워포인트 2016에는 재무 또는 계층 구조 정보에서 가장 일반적으로 사용하는 몇 가지 데이터 시각화를 만들거나 데이터에서 통계 속성을 찾아낼 수 있도록 기존에 사용하던 다양한 서식 옵션이 포함된 6가지 새 차트가 추가되었다. 5가지 새로운 옵션, 즉 상자 수염 그림, 트리맵, 선버스트, 히스토그램(및 히스토그램 옵션 내 파레토), 폭포를 찾을 수 있다.

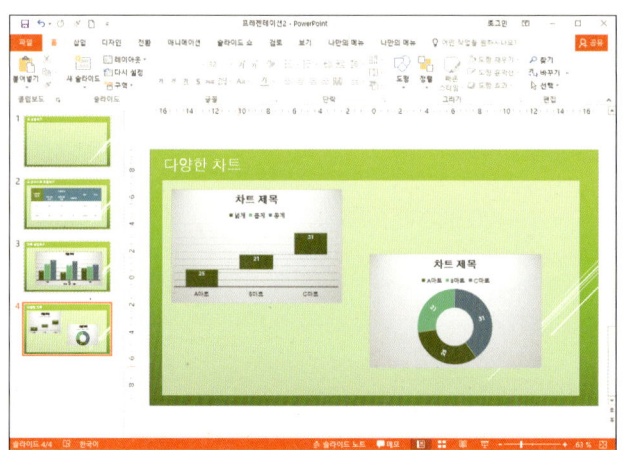

Section 1. 표 삽입하고 크기 조정하기

표 삽입은 메뉴를 이용하여 행/열의 수를 입력하는 방법과 행/열 수를 드래그하는 방법이 있다. 표를 생성하고 표의 크기 조절 및 위치 이동이 가능하며, 표 안에 데이터를 입력하고 서식을 조정하는 과정들을 알아보자.

◎ 알아두기
- 슬라이드에 표를 삽입하고 텍스트를 입력할 수 있다.
- 표의 크기를 조절하고 표의 여백과 셀의 여백을 조절할 수 있다.

따라하기 01 표 삽입하고 크기 조정하기

5 * 4의 표를 삽입하고 적절한 크기로 조정해 보자. 표 안에 텍스트를 입력한 후, 표에 어울리는 형태로 조정해 보자.

[작업 준비물 : Ch06\06-01-01.pptx]

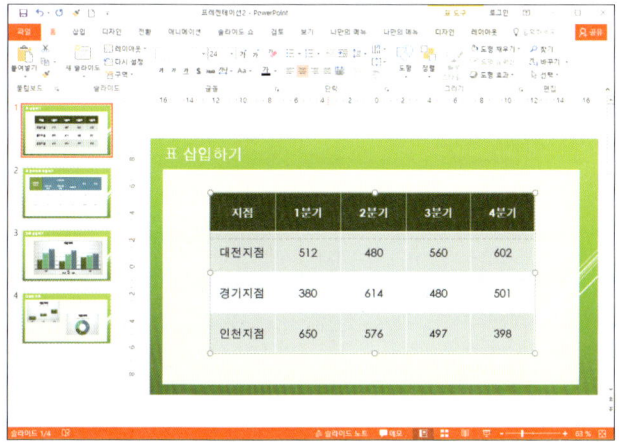

❶ 예제 파일을 열고 '슬라이드 1'을 선택한 뒤, [삽입] 탭-[표] 그룹-[표](🔲)를 클릭해 목록에서 열과 행의 수가 '5*4'가 되도록 드래그한 뒤 클릭한다.

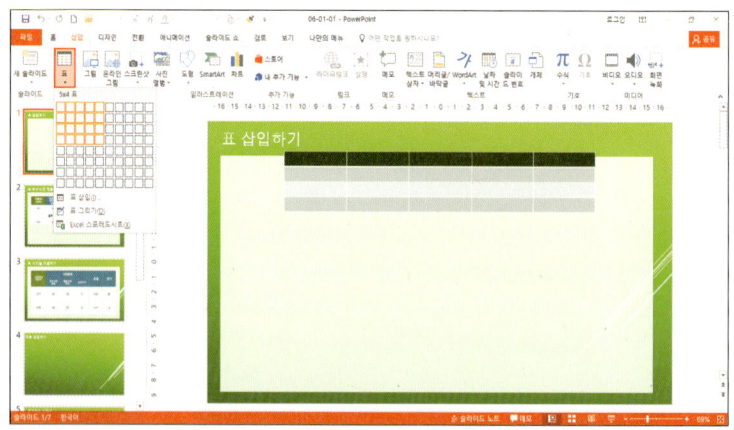

> tip ➕
> [삽입] 탭-[표] 그룹-[표](🔲)를 클릭해 [표 삽입]을 선택하여 [표 삽입] 대화상자에서 [열 개수], [행 개수]를 직접 입력하여 표 삽입을 할 수도 있다.

❷ 표를 삽입한 후 표 테두리의 조절점을 드래그하여 다음과 같이 높이 및 너비 조정을 한다.

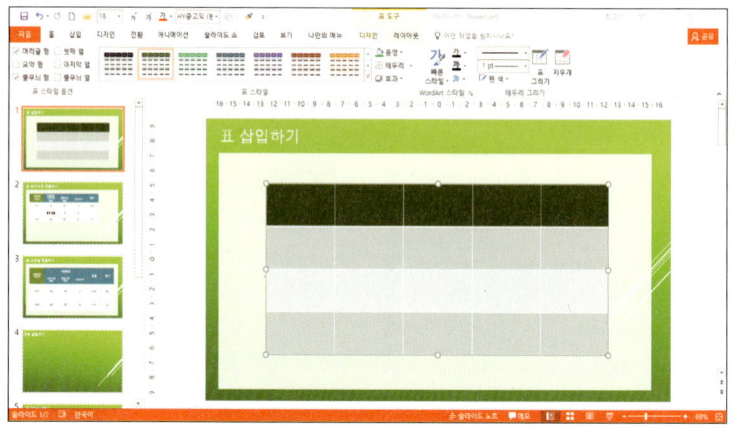

> tip ➕
> 표를 선택하고 [표 도구]-[레이아웃] 탭-[표 크기] 그룹에서 숫자를 입력하여 표의 너비를 조절할 수도 있다.

❸ 표 내부에 다음과 같이 텍스트를 입력한다.

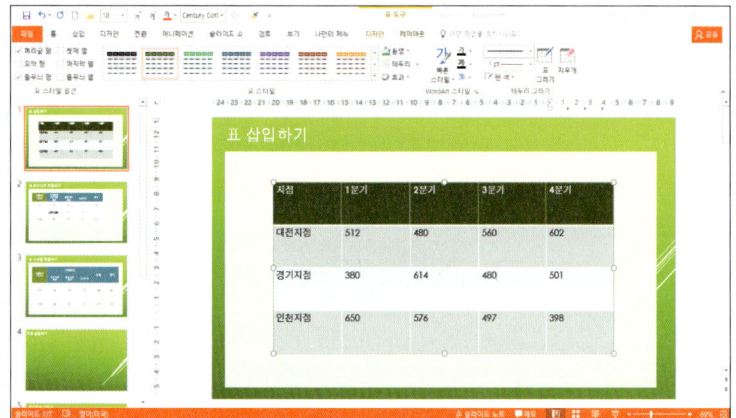

❹ 표의 테두리를 클릭하여 표 전체를 선택한 다음, [홈] 탭-[단락] 그룹-[가운데 맞춤] (≡)을 클릭하여 텍스트를 가운데 정렬한다.

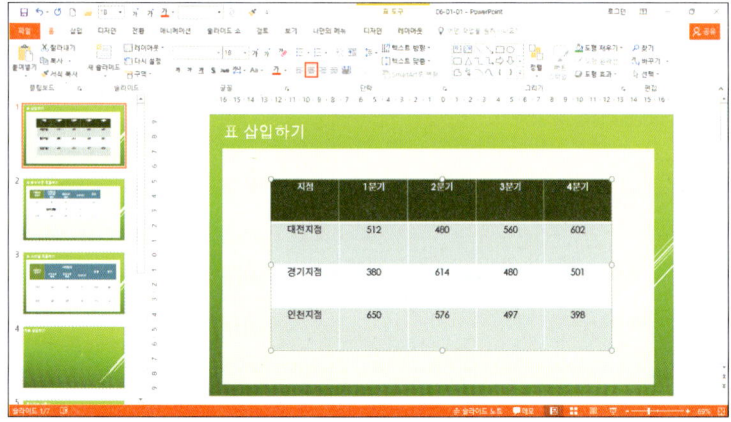

❺ [홈] 탭-[단락] 그룹-[텍스트 맞춤](　)을 클릭하여 [중간]을 선택한다. 표 내부의 텍스트들이 셀 높이를 기준으로 중간에 위치하게 된다.

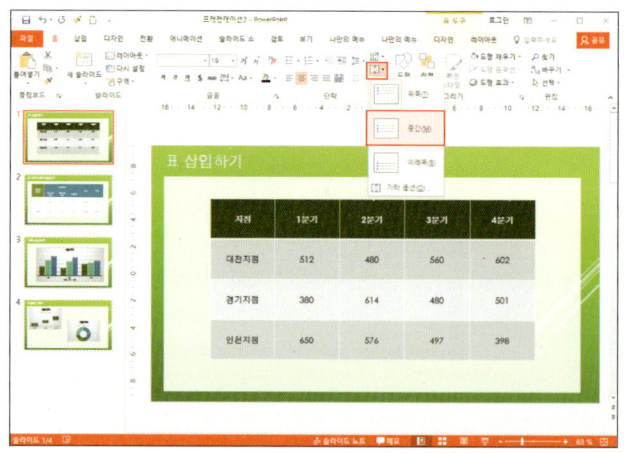

> tip ➕
> 표에 입력된 문장들은 일반 텍스트와 동일하게 [홈] 탭-[글꼴] 그룹에서 글꼴, 글꼴 크기, 색, 속성 등을 변경할 수 있다.

❻ 표 위쪽의 머리글 행의 높이만 조정하기 위해 머리글 행의 아래쪽 변을 드래그해 높이를 조정한다.

> tip ➕
> 표 내부의 높이와 너비를 구분하는 수직, 수평선들을 드래그하여 열의 높이와 행의 너비를 조정할 수 있다.

01 혼자해보기

예제 파일을 열고 '6 * 5'의 표를 삽입한 후 다음과 같이 입력하고 표 크기를 조정해보자.

[작업 준비물 : Ch06\06-01-02.pptx]

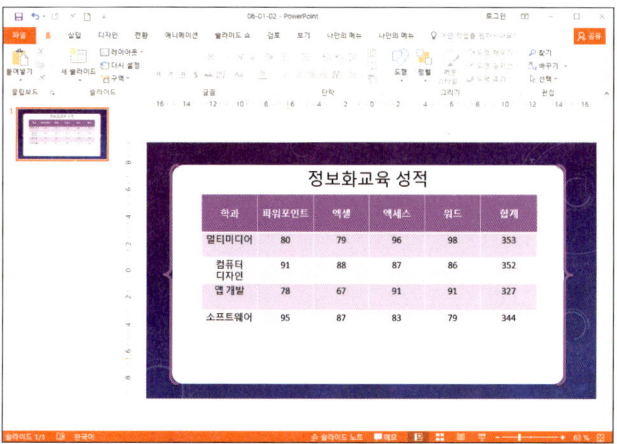

HINT |
- 표의 크기를 설정한 뒤, 각 경계선을 드래그하여 너비 조정
- 텍스트 입력 후 표를 클릭한 뒤, [글자 크기] '20'
- [홈] 탭-[단락] 그룹-[가운데 맞춤](≡) 클릭, 머리글 행만 범위 지정 후 [가운데 맞춤](≡) 클릭

Section 2. 표의 레이아웃 변경 및 스타일 설정하기

슬라이드에 표를 삽입하고, 원하는 형태로 표를 수정하기 위해 사용하는 [디자인] 탭과 [레이아웃] 탭의 관련 기능을 살펴본다. 표에 설정할 수 있는 다양한 테두리나 채우기, 효과 설정 등에 대해서도 알아보자.

> **알아두기**
> - 표의 원하는 셀만 범위 지정하여 하나의 셀로 합칠 수 있다.
> - 커서가 위치한 행이나 열을 삭제 또는 추가할 수 있다.
> - 표 스타일 목록에서 원하는 디자인을 선택 적용할 수 있다.

따라하기 01 표의 레이아웃 설정하기

표 내부의 여러 셀을 합치거나 특정 행 또는 열을 추가하고 삭제해 보며 표의 레이아웃을 설정하는 방법에 대해서 알아보자.

[작업 준비물 : Ch06\06-01-01.pptx]

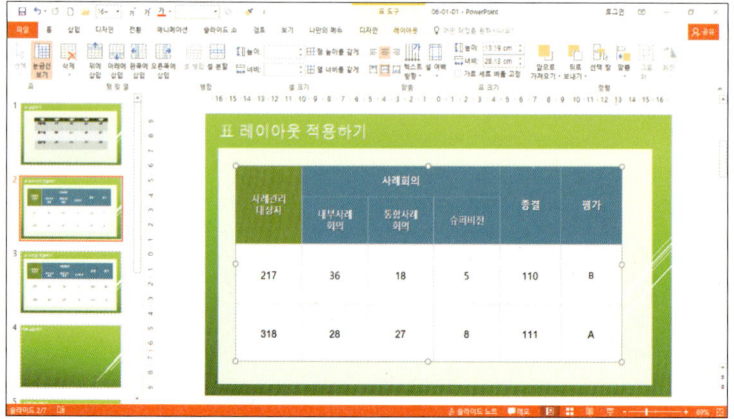

216 Chapter 6 . 표와 차트 활용하기

❶ 예제 파일을 열고 '슬라이드 2'를 선택한 뒤, '집계 안됨'이 입력된 셀을 선택한다.

❷ [표 도구]-[레이아웃] 탭-[행 및 열] 그룹-[삭제]()를 클릭하고 [행 삭제]를 선택한다.

❸ 이번에는 머리글 행의 '사례회의'가 입력된 셀과 오른쪽으로 2개의 셀을 드래그하여 범위 지정한 후 [표 도구]-[레이아웃] 탭-[병합] 그룹-[셀 병합]()을 클릭한다.

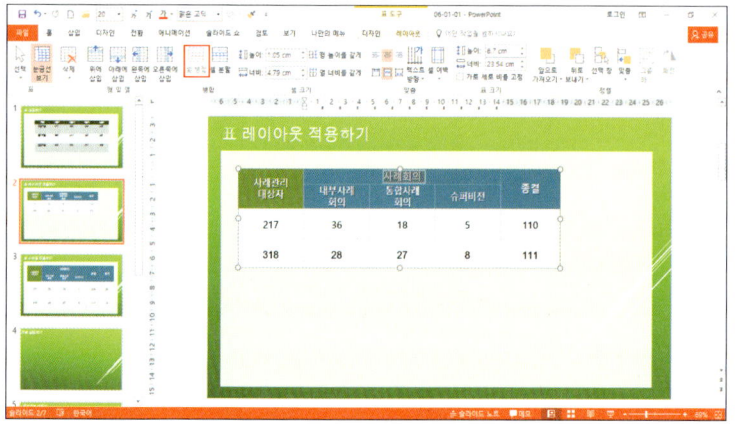

> **tip** ➕
> [표 도구]-[레이아웃] 탭-[병합] 그룹-[셀 분할]()을 클릭하면 [셀 분할] 대화상자가 나타나고 이곳에 분할될 셀의 열과 행의 개수를 입력해 셀을 나눌 수 있다.

❹ '점검'이 입력된 셀을 선택하고, [표 도구]-[레이아웃] 탭-[행 및 열] 그룹-[삭제]()를 클릭해 [열 삭제]를 선택한다.

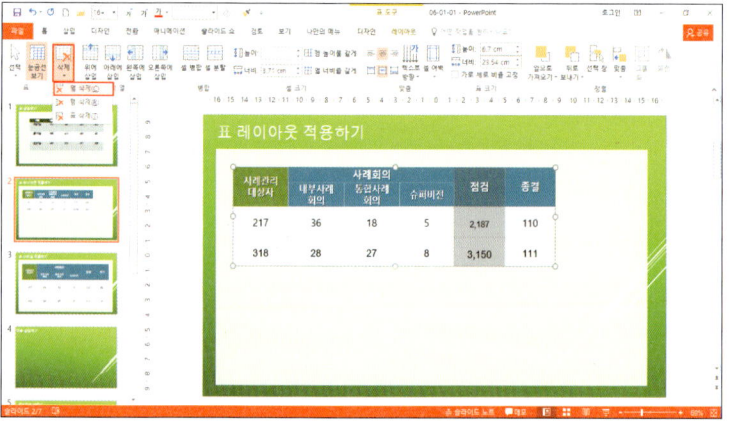

Section 2. 표의 레이아웃 변경 및 스타일 설정하기

❺ '종결'이 입력된 셀을 선택하고 [표 도구]–[레이아웃] 탭–[행 및 열] 그룹–오른쪽에 삽입을 클릭하여 열을 하나 추가하고 다음과 같이 텍스트를 입력한다.

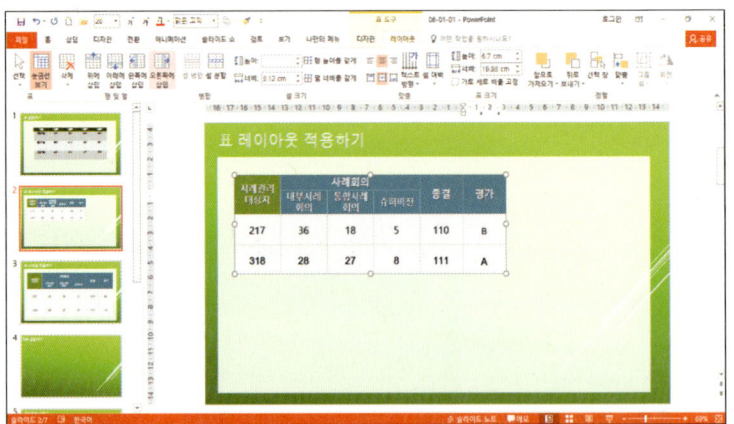

❻ 표의 전체적인 너비 조절을 위하여 테두리 조절점을 드래그해 다음과 비슷한 크기로 늘려준다.

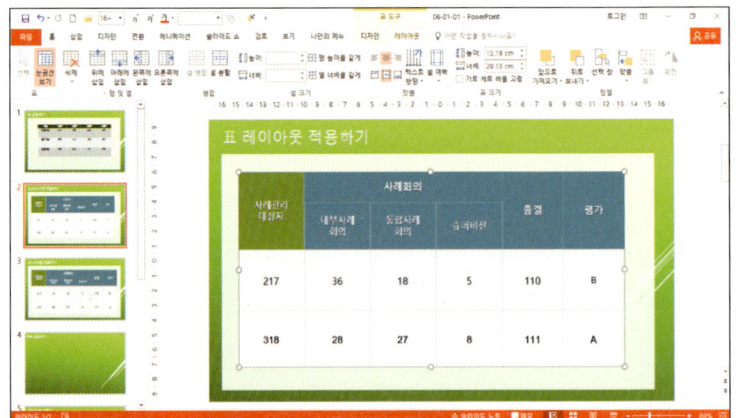

따라하기 02 표 스타일 설정하기

[표 도구]-[디자인] 탭-[표 스타일] 그룹을 이용하여 표 스타일을 설정해 보자.

① '슬라이드 3'을 선택한 뒤, 표를 클릭하고 [표 도구]-[디자인] 탭-[표 스타일] 그룹의 자세히 단추(⬇)를 클릭해 [보통 스타일 2-강조5]를 선택한다.

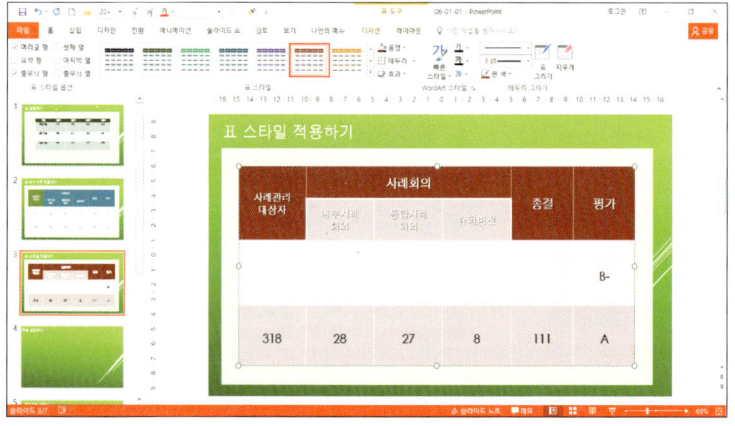

❷ 표 위쪽의 머리글 행을 선택한 뒤 [표 도구]-[디자인] 탭-[표 스타일] 그룹-[음영](음영 ▾)을 클릭해 [진한 빨강,강조5,25% 더 어둡게]를 선택한다.

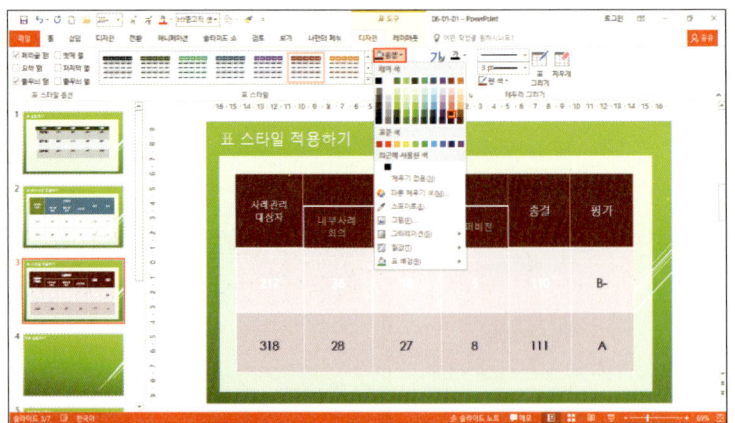

❸ 표를 클릭하여 선택한 뒤, [표 도구]-[디자인] 탭-[테두리 그리기] 그룹-[펜 두께](▾) 목록 단추를 클릭해 [3pt]를 선택한다.

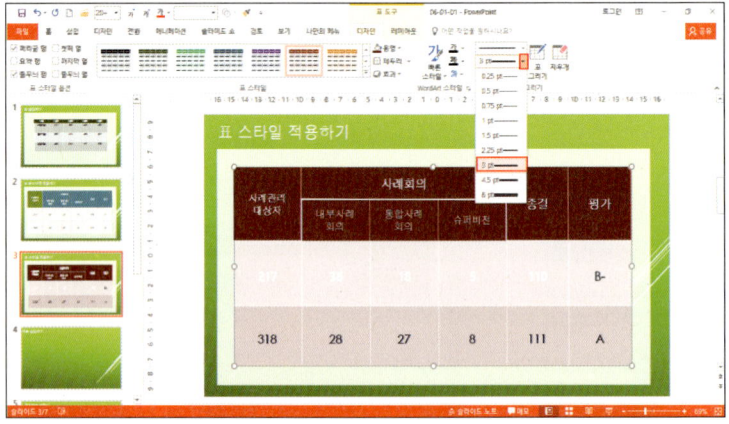

❹ [표 도구]-[디자인] 탭-[테두리 그리기] 그룹-[펜 색](펜 색)을 클릭해 [진한 빨강, 강조5]를 선택한다.

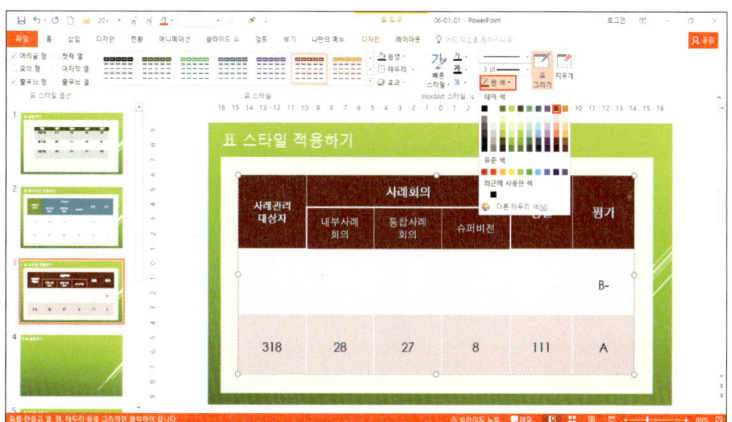

❺ [표 도구]-[디자인] 탭-[테두리 그리기] 그룹-[테두리](테두리)를 클릭해 [바깥쪽 테두리]를 선택한다.

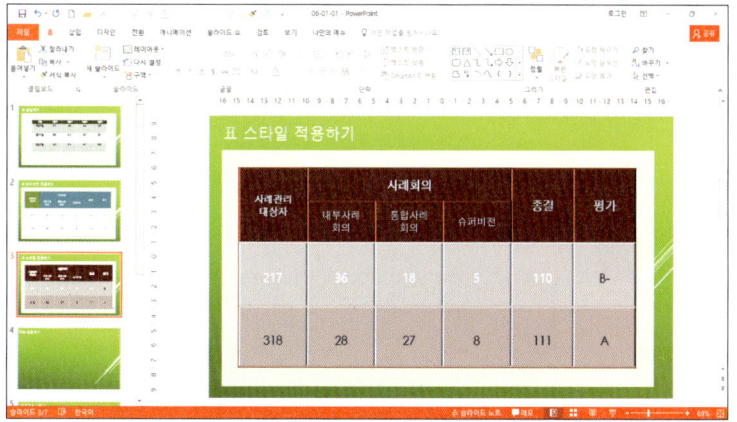

❻ [표 도구]-[디자인] 탭-[표 스타일] 그룹-[효과](효과)를 클릭해 [셀 입체 효과]-[비스듬하게] 선택한다.

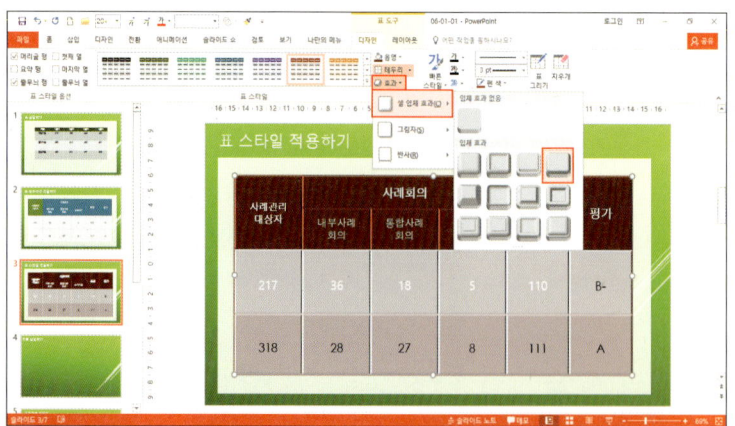

01 혼자해보기

예제 파일을 열고 '6*6' 표를 삽입한 뒤 다음과 같이 입력하고 표의 크기와 스타일, 레이아웃을 지정해 보자.

[작업 준비물 : Ch06\06-02-01.pptx]

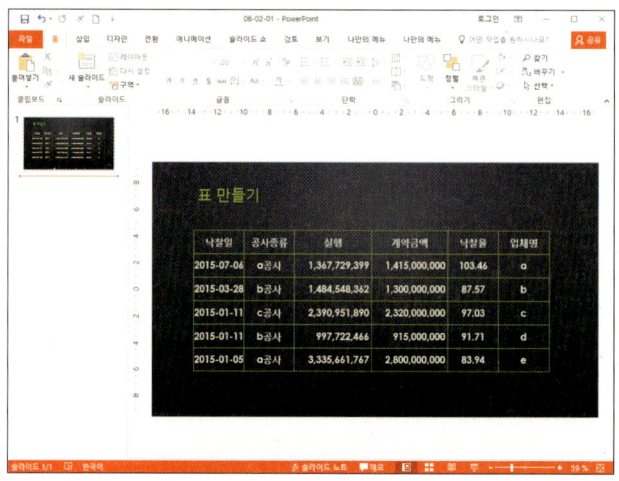

HINT | • [표 도구]-[디자인] 탭-[표 스타일] 그룹의 자세히 단추( )를 클릭해 [밝은 스타일 3, 강조1] 선택
• [글꼴 색] '황금색, 강조6, 80% 더 밝게', [글꼴 크기] '20'

02 혼자해보기 슬라이드를 추가하고 '4 * 9'의 표를 삽입한 뒤, 다음과 같이 입력하고 표의 크기와 스타일, 레이아웃을 설정해 보자.

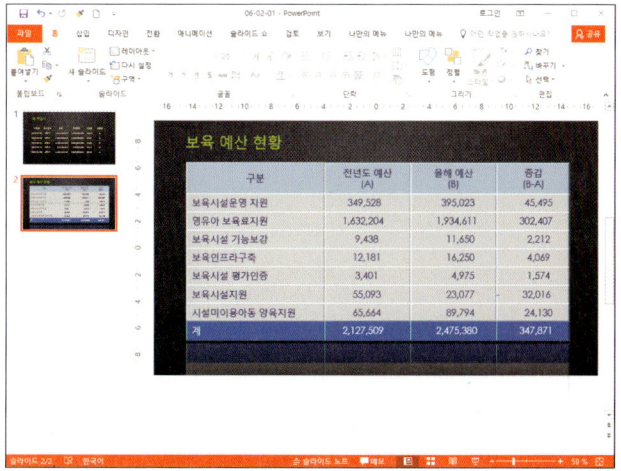

HINT
- [홈] 탭-[슬라이드] 그룹-[새 슬라이드]( ) 클릭
- [표 도구]-[디자인] 탭-[표 스타일] 그룹의 자세히 단추( )를 클릭해 [보통 스타일 4, 강조2] 선택
- [글꼴 색] '진한 파랑', [글꼴] '맑은 고딕', [글꼴 크기] '20'
- [표 도구]-[디자인] 탭-[표 스타일] 그룹-[효과](효과)를 클릭해 [셀 입체 효과]-[각지게], [반사]-[근접반사 터치] 선택

Section 3. 차트 삽입 및 서식 조정하기

차트는 텍스트로 전하기 어려운 숫자로 된 데이터를 도식화하여 전달하는 수단으로써 활용되고 있다. 다양한 차트의 종류가 있지만, 가장 기본적으로 많이 사용되는 세로 막대형 차트를 만들고 간단하게 서식 조정해 보자.

◐ 알아두기

- 세로 막대형 차트를 삽입하고 크기와 위치를 조정할 수 있다.
- 차트의 스타일과 레이아웃을 설정할 수 있다.

따라하기 01 | 차트 삽입 및 서식 조정하기

슬라이드에 차트를 삽입하고 크기 조정 및 스타일을 적용해 보자.

[작업 준비물 : Ch06\06-01-01.pptx]

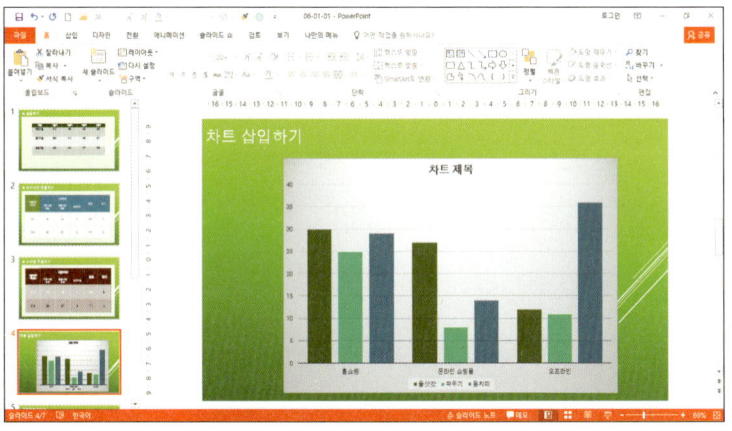

❶ 예제 파일을 열고 '슬라이드 4'를 선택한 뒤, [삽입] 탭-[일러스트레이션] 그룹-[차트]를 클릭한다.

❷ [차트 삽입] 대화상자에서 [세로 막대형]-[묶은 세로 막대형]을 선택한 뒤, [확인]을 클릭한다.

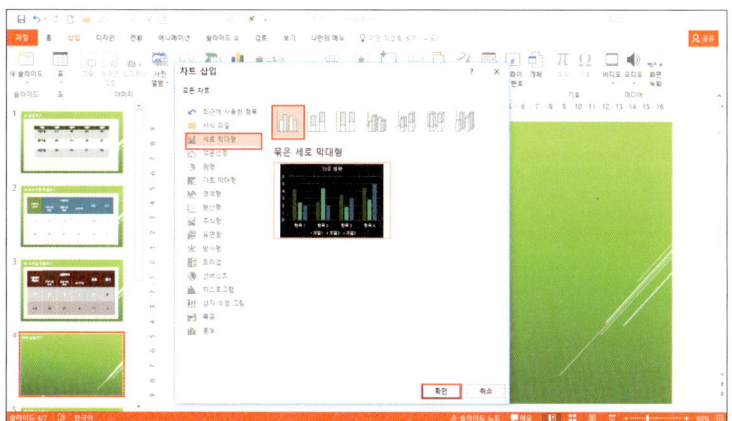

❸ 차트를 구성하는 데이터 입력 창이 나타난다. 이곳에 다음과 같이 입력한다. 입력된 항목 개수가 기본 설정보다 작으므로 파란색 테두리의 사각점을 드래그해 다음과 같이 영역 조정을 한다.

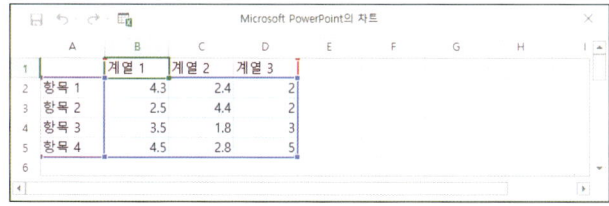

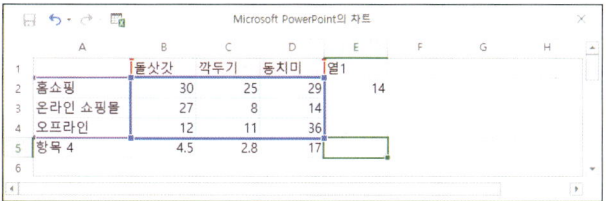

❹ 작성이 완료되면 오른쪽 위의 [닫기](×)를 클릭한다.

❺ 생성된 차트의 테두리 조절점을 드래그해 적당한 크기가 되도록 조정한다.

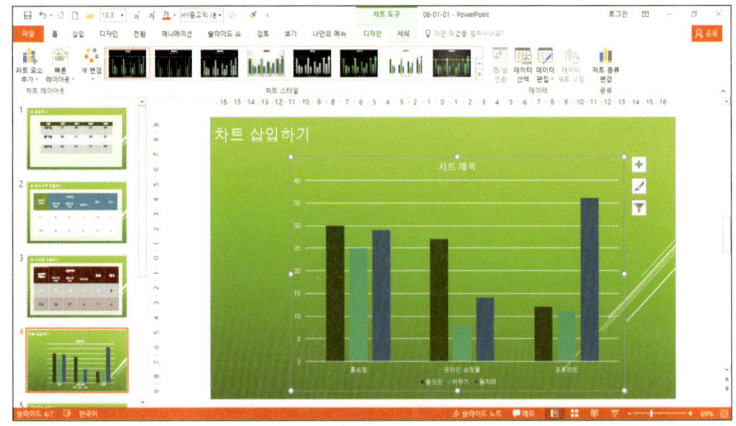

> tip
> • 파워포인트 2016에서 새로 추가된 기능으로 차트를 삽입하면 차트 오른쪽 위 모서리 옆에 작은 단추( )가 표시된다.
> • [차트 요소] 단추( )를 사용하여 축 제목 또는 데이터 레이블 같은 요소를 표시하거나 숨기거나 해당 요소에 서식을 지정할 수 있다.
> • [차트 모양 사용자 지정] 단추( )를 사용하여 차트 색이나 스타일을 빠르게 변경할 수 있다.
> • [차트 필터] 단추( )는 차트에 데이터를 표시하거나 숨기는 고급 옵션이다.

❻ [차트 도구]-[디자인 탭]-[차트 스타일] 그룹에서 자세히 단추( )를 클릭하고 [스타일 4]를 선택해 적용한다.

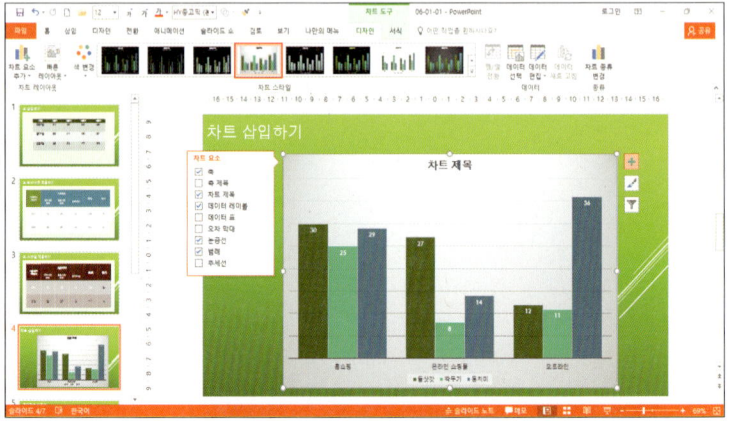

❼ [차트 도구]-[디자인 탭]-[차트 레이아웃] 그룹-[빠른 레이아웃]()을 클릭해 [레이아웃3]을 선택한다.

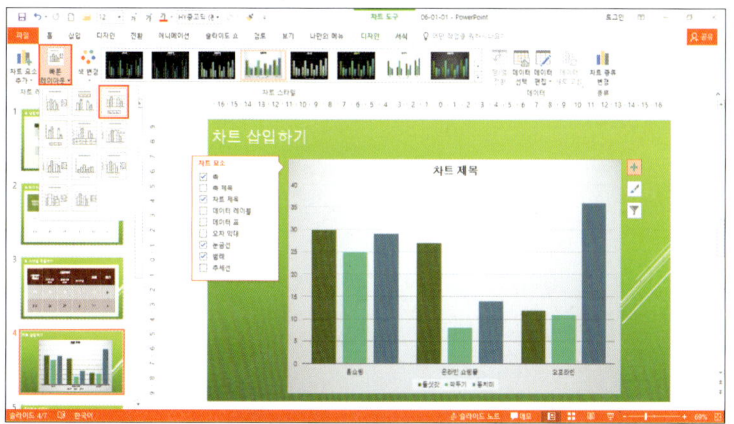

• [차트 삽입] 대화상자의 차트 종류   tip ➕

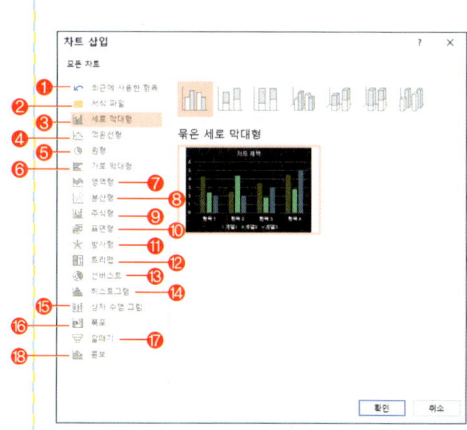

❶ 최근에 사용한 항목 : 최근 사용한 차트 서식이 대화상자 위쪽에 표기된다.
❷ 서식 파일 : 이전에 저장해둔 차트 서식 파일을 불러올 수 있다.
❸ 세로 막대형 : 항목별 비교나 시간 경과에 따른 데이터 값의 변화를 표기한다.
❹ 꺾은선형 : 주로 일정 시간에 따라 데이터 값의 변동 추이를 나타낸다.
❺ 원형 : 하나의 계열 값으로 데이터들의 비율을 비교한다.
❻ 가로 막대형 : 세로 막대형 차트와 동일한 의미로 사용된다.
❼ 영역형 : 시간에 따른 데이터 값의 변동과 데이터 값에 따른 항목 간의 크기 비교에 유용하다.
❽ 분산형 : 통계나 과학이나 공학 분야에 활용된다.
❾ 주식형 : 주가 변동이나 과학 데이터 등을 표기하는데 사용된다.
❿ 표면형 : 데이터 집합 간의 최적 조합을 찾을 때 유용하다.
⓫ 방사형 : 다양한 계열을 비교할 때 많이 활용된다.
⓬ 트리맵 : 데이터를 계층 구조 보기로 제공하므로 다른 범주 수준을 비교할 수 있다.
⓭ 선버스트 : 계층 구조 데이터를 표시하는 데 적합하며 계층 구조 안에 공백 셀이 있는 경우에만 가능하다.

⑭ **히스토그램** : 분포 내의 빈도를 보여 줄때 사용된다.
⑮ **상자 수염 그림** : 데이터 분포를 사분위수로 나타내며 평균 및 이상값을 강조하여 표시한다.
⑯ **폭포** : 값을 더하거나 빼는 경우의 재무 데이터 누계를 나타내며 초기 값이 일련의 양의 값 및 음의 값에서 어떤 영향을 받는지 이해하는 데 유용하다.
⑰ **깔때기** : 여러 스테이지 간의 값을 표시한다.
⑱ **콤보** : 데이터 범위가 광범위한 경우 데이터를 쉽게 이해할 수 있도록 만들기 위해 2개 이상의 차트 종류를 결합한다(이중축혼합형 차트).

01 혼자해보기

예제 파일을 열고 '묶은 가로 막대형' 차트를 삽입한 후 차트 디자인과 레이아웃을 다음과 같이 적용해 보자.

[작업 준비물 : Ch06\06-03-01.pptx]

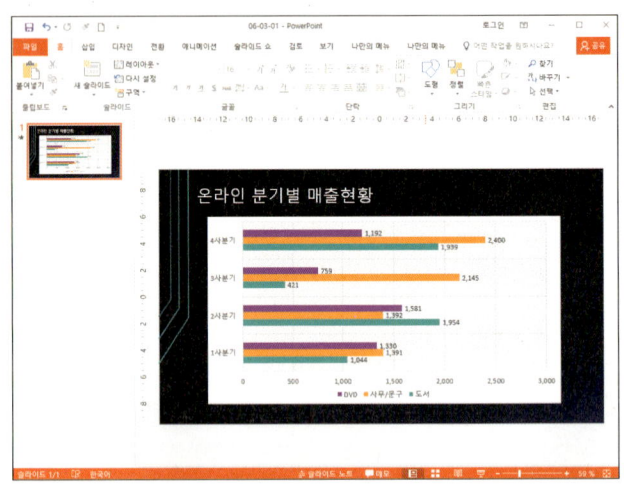

HINT | • [차트 도구]-[디자인] 탭-[차트 레이아웃] 그룹-[빠른 레이아웃]( )을 클릭해 [레이아웃4] 선택
• [차트 도구]-[디자인] 탭-[차트 스타일] 그룹의 자세히 단추( )를 클릭해 [스타일6] 선택

02 혼자해보기

'묶은 가로 막대형' 차트를 '누적 영역형 차트'로 변경한 뒤 [기본 주 세로] 눈금과 [기본 주 가로] 눈금을 보이지 않게 변경해 보자.

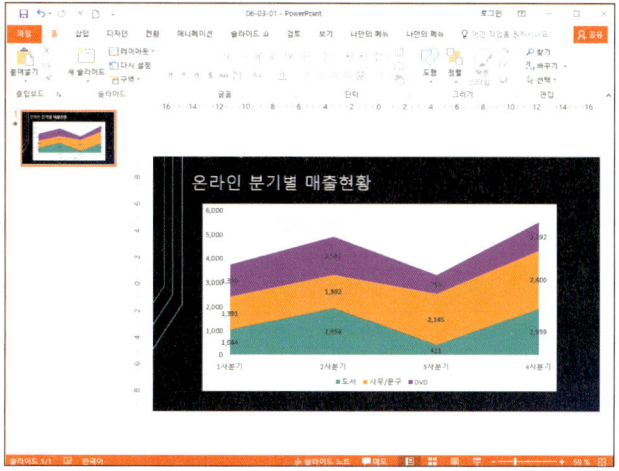

HINT
- [차트 도구]-[디자인] 탭-[종류] 그룹-[차트 종류 변경](⊞)을 클릭해 [영역형]-[누적 영역형] 선택
- [차트 도구]-[디자인] 탭-[차트 레이아웃] 그룹-[차트 요소 추가](⊞)를 클릭해 [눈금선]-[기본 주 가로], [기본 주 세로] 선택

Section 4

새롭게 추가된 6가지 차트 형태 살펴보기

파워포인트 2016에는 재무 또는 계층 구조 정보에서 가장 일반적으로 사용하는 몇 가지 데이터를 시각화하여 만들거나 데이터에서 통계 속성을 찾아낼 수 있도록 기존에 사용하던 다양한 서식 옵션이 포함된 6가지 새 차트가 추가되었다. [삽입] 탭-[차트]에서 새로운 옵션, 즉 상자 수염 그림, 트리맵, 선버스트, 히스토그램(및 히스토그램 옵션 내 파레토), 폭포를 찾을 수 있다. 이 새로운 차트 형태를 알아본다.

> **◐ 알아두기**
> • 2가지 이상의 다른 종류를 하나의 차트에 중복 적용할 수 있다.
> • 폭포 타입 차트와 깔때기형 차트를 만들 수 있다.

따라하기 01 콤보 차트 만들기

데이터의 단위가 다르거나, 데이터 수치 값의 차이가 많이 나는 경우 특정 계열 하나만 다른 차트 형식으로 만들 수 있다. 콤보 차트를 삽입해 보자.

[작업 준비물 : Ch06\06-01-01.pptx]

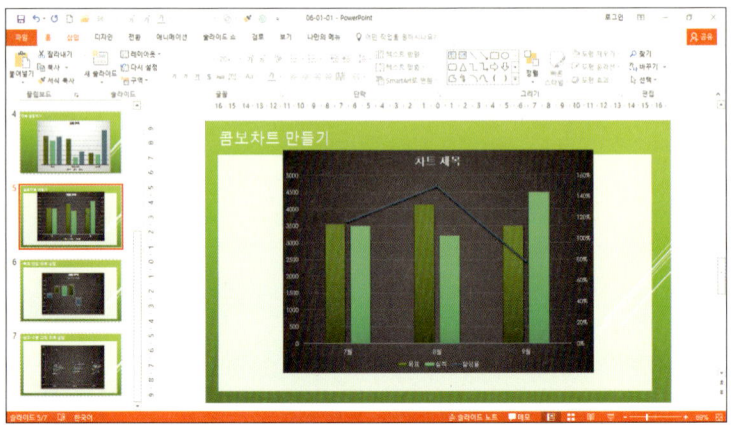

❶ 예제 파일을 열고 '슬라이드 5'를 선택한 뒤, [삽입] 탭-[일러스트레이션] 그룹-[차트](차트)를 클릭한다.

❷ [차트 삽입] 대화상자에서 [콤보]-[묶은 세로 막대형-꺾은선형]을 선택한 뒤, [확인]을 클릭한다.

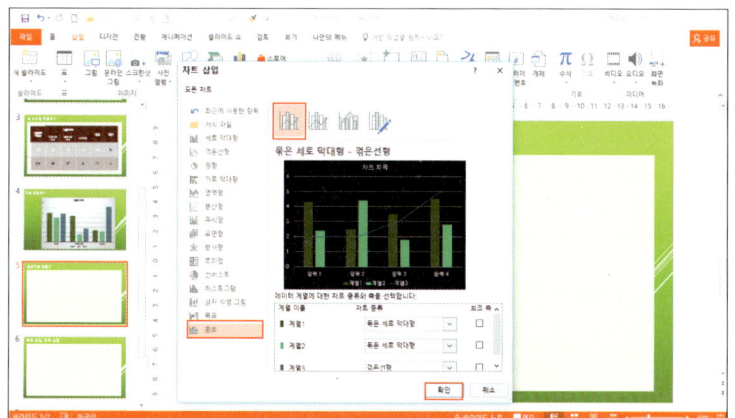

❸ 엑셀 데이터 편집 창이 나타나면 다음과 같이 입력하고 닫기(☐)를 클릭해 엑셀 창을 닫는다.

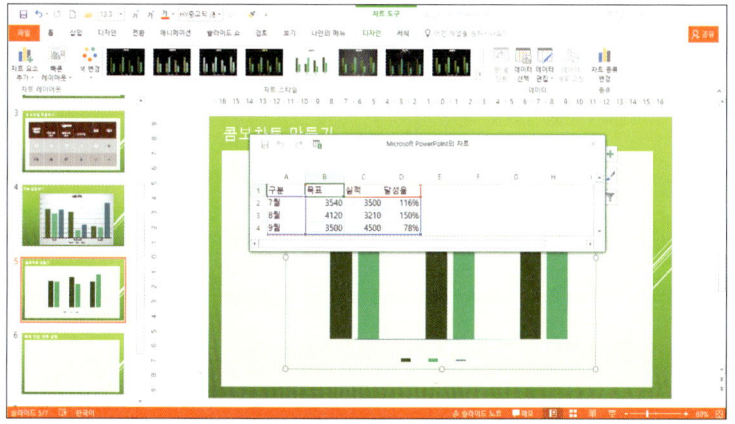

Section 4 . 새롭게 추가된 6가지 차트 형태 살펴보기

❹ 삽입한 차트를 선택한 후 [차트 도구]-[디자인] 탭-[차트 스타일] 그룹-[스타일 6]을 선택한다.

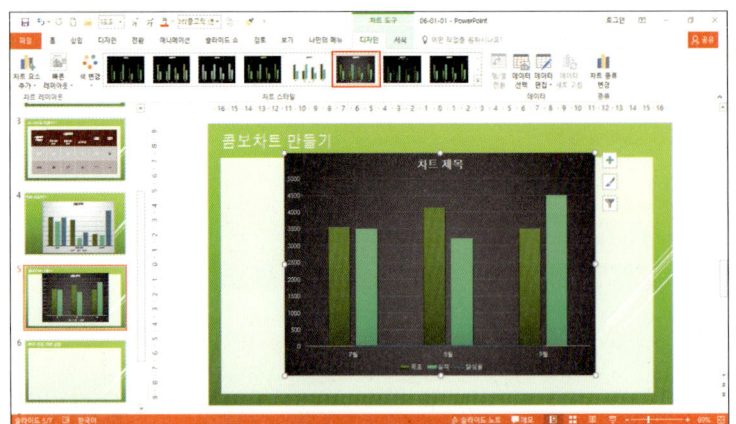

❺ [차트 도구]-[디자인] 탭-[종류] 그룹-[차트 종류 변경]( )을 클릭한다.

❻ 이전과 다른 콤보 차트를 위해 [차트 종류 변경] 대화상자에서 [콤보]-[사용자 지정 조합]의 '달성률'을 '표식이 있는 누적 꺾은선형'으로 변경하고 '보조축'을 선택한다.

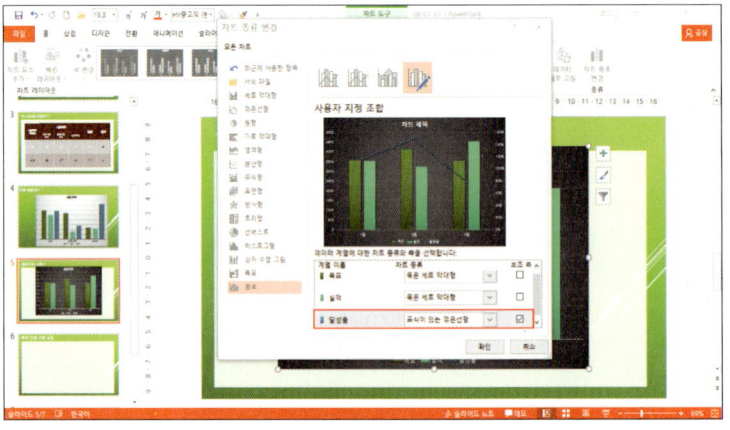

따라하기 02 폭포 타입 차트 만들기

폭포 타입 차트는 시간의 흐름에 따른 값의 증감과 이를 반영한 합계가 표현된다. 폭포 타입 차트를 삽입해 보자.

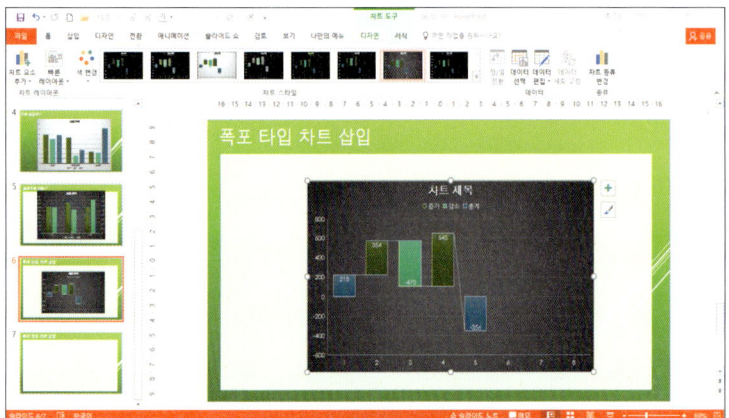

❶ '슬라이드 6'을 선택한 뒤, [삽입] 탭-[일러스트레이션] 그룹-[차트](차트)를 클릭한다.

❷ [차트 삽입] 대화상자에서 [폭포]를 선택한 후 [확인]을 클릭한다.

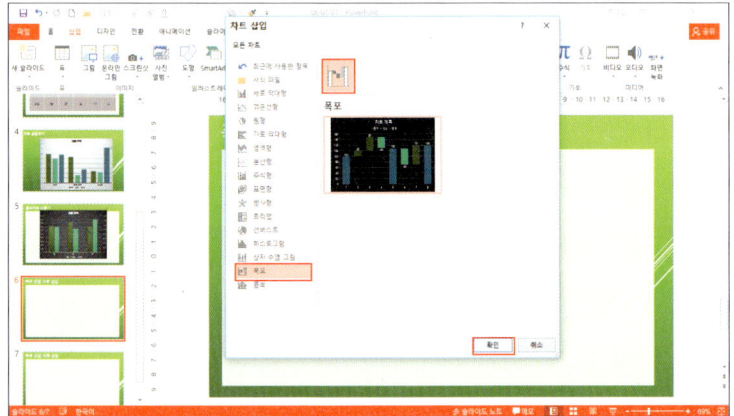

❸ 엑셀 데이터 창이 나타나면 다음과 같이 입력한 후 [닫기](×)를 클릭해 엑셀 창을 닫는다.

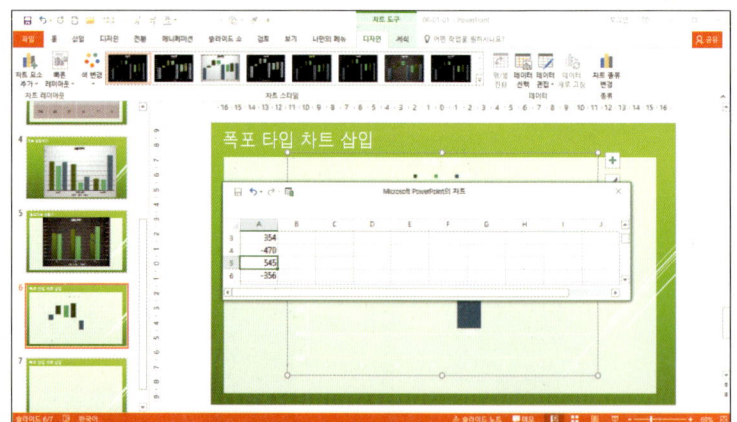

❹ 삽입한 차트를 선택한 후 [차트 도구]-[디자인] 탭-[차트 스타일] 그룹의 자세히 단추(▽)를 클릭해 [스타일 7]을 선택한다.

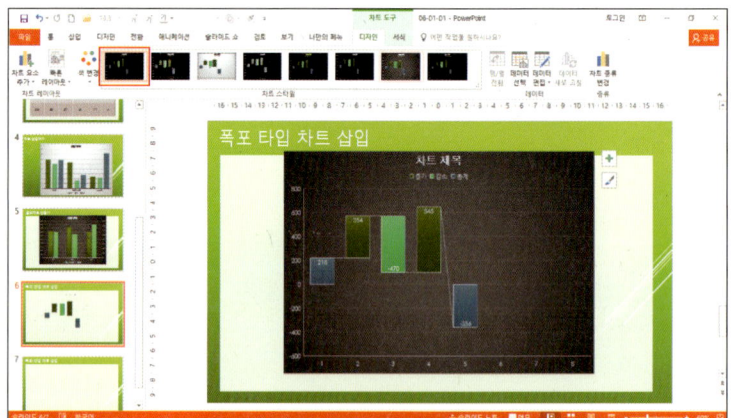

❺ 차트의 테두리 조절점을 드래그하여 적절한 크기와 위치를 조정한다.

따라하기

03 상자 수염 그림 차트 삽입하기

상자 수염 그림 차트는 데이터 분포를 사분위수로 나타내며 평균 및 이상값을 강조하여 표시한다. 상자 수염 그림 차트를 삽입해 보자.

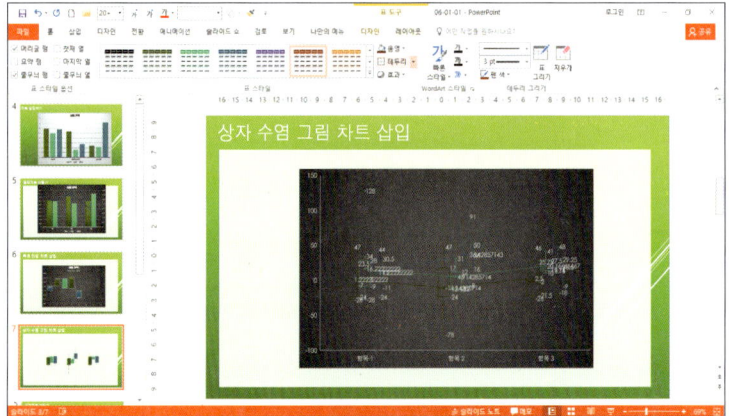

❶ '슬라이드 7'을 선택한 뒤, [삽입] 탭–[일러스트레이션] 그룹–[차트]를 클릭한다.

❷ [차트 삽입] 대화상자에서 [상자 수염 그림]을 선택한 후 [확인]을 클릭한다.

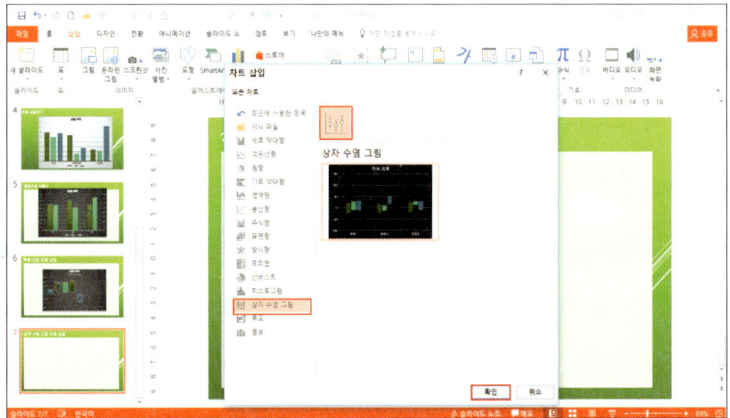

❸ 엑셀 데이터 입력 창이 나타나면 기본 값을 그대로 유지하고 [닫기]([×])를 클릭해 엑셀 창을 닫는다.

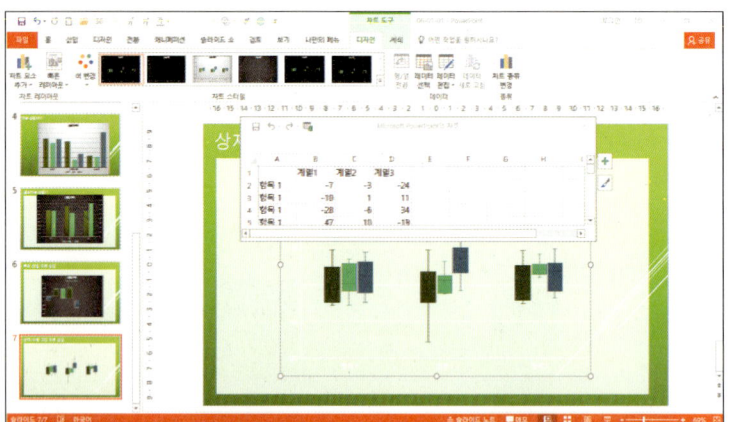

❹ 삽입한 차트를 클릭한 후 [차트 도구]-[디자인] 탭-[차트 스타일] 그룹의 자세히 단추 ()를 클릭해 [스타일 4]를 선택한다.

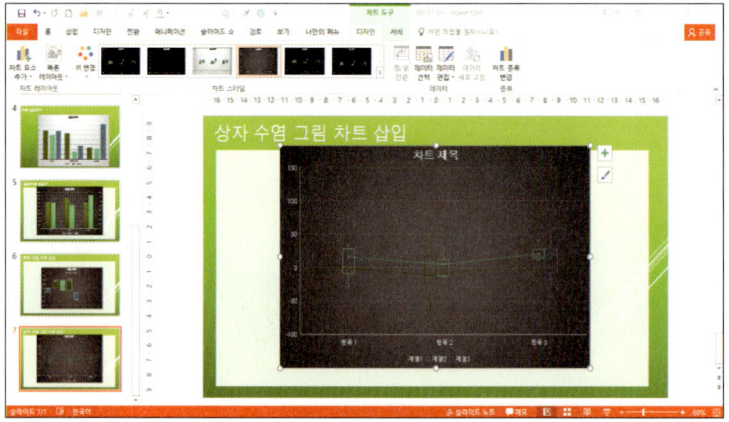

❺ 삽입한 차트를 클릭한 후 [차트 도구]-[디자인] 탭-[차트 레이아웃] 그룹의 자세히 단추 ()를 클릭해 [레이아웃 2]를 선택한다.

01 혼자해보기

예제 파일을 열고 '3차원 묶은 세로 막대형' 차트를 삽입해 보자. 다음과 같이 입력한 뒤, 차트 스타일을 지정해 보자.

[작업 준비물 : Ch06\06-04-01.pptx]

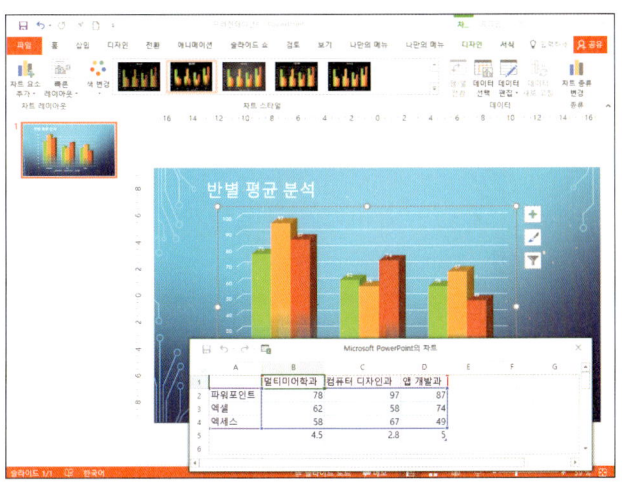

HINT | • [삽입] 탭-[일러스트레이션] 그룹-[차트]( )를 클릭해 [3차원 묶은 세로 막대형] 선택
- [차트 도구]-[디자인] 탭-[차트 레이아웃] 그룹-[빠른 레이아웃]( )을 클릭해 [레이아웃 4] 선택
- [차트 도구]-[디자인] 탭-[차트 스타일] 그룹의 자세히 단추( )를 클릭해 [스타일 8] 선택

핵심정리 summary

1. 표 삽입하고 크기 조정하기

- [삽입] 탭-[표] 그룹-[표]( )를 클릭하고 목록에서 원하는 열과 행의 수가 되도록 드래그한 뒤, 클릭하면 표가 삽입된다.
- [삽입] 탭-[표] 그룹-[표]( )를 클릭하여 [표 삽입]을 선택하고 [표 삽입] 대화상자에서 [열 개수], [행 개수]를 직접 입력하여 표 삽입을 할 수 있다.
- 표를 삽입한 후 표 테두리의 조절점을 드래그하여 표의 높이 및 너비 조정을 할 수 있다.
- 표에 입력된 문장들은 일반 텍스트와 동일하게 [홈] 탭-[글꼴] 그룹에서 글꼴, 글꼴 크기, 색, 속성 등을 변경할 수 있다.

2. 표의 레이아웃 변경 및 스타일 설정하기

- [표 도구]-[레이아웃] 탭-[행 및 열] 그룹-[삭제]( )를 클릭하고 [행 삭제] 또는 [열 삭제]를 선택하여 원하는 행과 열을 삭제할 수 있다.
- 2개 이상의 셀을 드래그하여 범위 지정한 후 [표 도구]-[레이아웃] 탭-[병합] 그룹-[셀 병합]( )을 클릭하여 하나의 셀로 변경할 수 있다.
- [표 도구]-[레이아웃] 탭-[병합] 그룹-[셀 분할]( )을 클릭하면 [셀 분할] 대화상자가 나타나고 이곳에 분할될 셀의 열과 행의 개수를 입력해 셀을 나눌 수 있다.
- [표 도구]-[레이아웃] 탭-[행 및 열] 그룹에서 [오른쪽에 삽입], [왼쪽에 삽입], [위에 삽입], [아래에 삽입]을 클릭하여 열과 행을 추가할 수 있다.
- [표 도구]-[디자인] 탭-[표 스타일] 그룹의 자세히 단추( )를 클릭하여 다양한 스타일을 적용할 수 있다.
- [표 도구]-[디자인] 탭-[표 스타일] 그룹에서 음영, 효과 등을 적용할 수 있다.
- 표 테두리 부분을 클릭한 뒤, [표 도구]-[디자인] 탭-[테두리 그리기] 그룹에서 펜 두께, 펜 색을 설정할 수 있다.
- [표 도구]-[디자인] 탭-[테두리 그리기] 그룹-[테두리]( )를 클릭해 [모든 테두리]를 선택하면 표의 테두리를 설정할 수 있다.

핵심정리 summary

3. 차트 삽입 및 서식 조정하기

- [삽입] 탭-[일러스트레이션] 그룹-[차트]( )를 클릭하여 데이터에 맞는 다양한 차트를 선택할 수 있다.
- 생성된 차트의 테두리 조절점을 드래그해 적당한 크기가 되도록 조정할 수 있다.
- [차트 도구]-[디자인 탭]-[차트 스타일] 그룹의 자세히 단추( )를 클릭하고 다양한 스타일을 선택하여 적용할 수 있다.
- [차트 도구]-[디자인 탭]-[차트 레이아웃] 그룹-[빠른 레이아웃]( )을 클릭해 사용자가 원하는 형태의 스타일을 선택할 수 있다.
- 3차원 차트의 경우 차트 위에서 마우스 오른쪽 버튼을 눌러 [3차원 회전]을 선택하여 X, Y, Z 축으로 회전할 수 있다.

4. 새롭게 추가된 6가지 차트 형태 살펴보기

- 데이터 범위가 광범위한 경우 데이터를 쉽게 이해할 수 있도록 만들기 위해 2개 이상의 차트 종류를 결합하는 콤보 차트가 있다.
- [차트 삽입] 대화상자에서 선택해 삽입할 수 있다.
- 파워포인트 2016에는 그 외 트리맵, 선버스트, 히스토그램, 상자 수염 그림, 폭포, 깔때기 차트가 새로 추가되었다.

종합실습 pointup

1. 예제 파일을 열고 '슬라이드 1'에 '5 * 6'의 표를 삽입한 뒤, 표의 크기와 스타일을 설정해 다음과 같이 만들어 보자.

   [작업 준비물 : Ch06\06-04-02.pptx]

   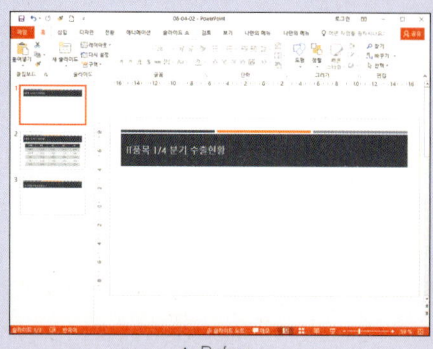
   ▲ Before

   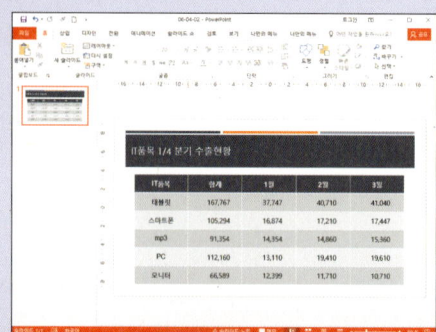
   ▲ After

   > **HINT** | • 표를 클릭하고 각각의 조절점을 드래그하여 크기 조절
   > • [글꼴] '맑은 고딕', [글꼴 크기] '20'
   > • [홈] 탭-[단락] 그룹-[가운데 맞춤](≡) 클릭

2. '슬라이드 2'에 준비된 표를 클릭한 뒤, 표의 스타일, 레이아웃을 적용해 보자.

   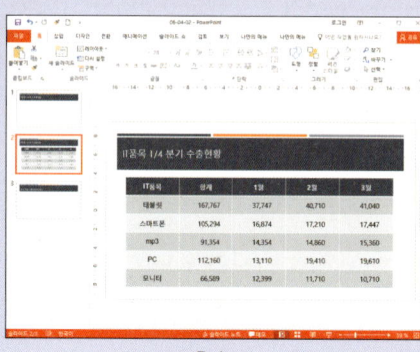
   ▲ Before

   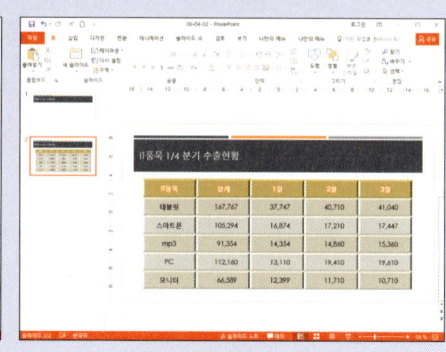
   ▲ After

   > **HINT** | • [표 도구]-[디자인] 탭-[표 스타일] 그룹의 자세히 단추(┊)를 클릭해 [보통 스타일 2, 강조 3], [입체 효과]-[볼록하게] 선택
   > • [표 도구]-[디자인] 탭-[WordArt 스타일] 그룹-[텍스트 효과](⬚)를 클릭해 [네온]-[주황, 11pt, 네온, 강조색2] 선택

종합실습

3. '슬라이드 3'에 '3차원 영역형' 차트를 삽입한 뒤, 다음과 같이 입력하고 스타일을 설정해 보자.

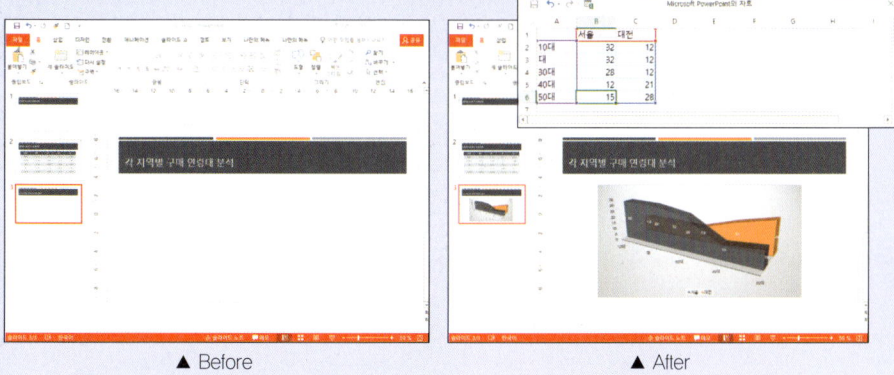

▲ Before   ▲ After

HINT
- [차트 도구]-[디자인] 탭-[차트 스타일] 그룹의 자세히 단추( )를 클릭해 [스타일 4], [차트 레이아웃]-[빠른 레이아웃]-[레이아웃4] 선택 후 입력
- 차트 영역에서 마우스 오른쪽 버튼을 눌러 [3차원 회전] 선택
- [X회전] '30', [Y 회전] '20', [원근감] '20'

4. 슬라이드를 추가하고 '묶은 세로 막대형'을 삽입하고 다음과 같이 스타일을 설정해 보자.

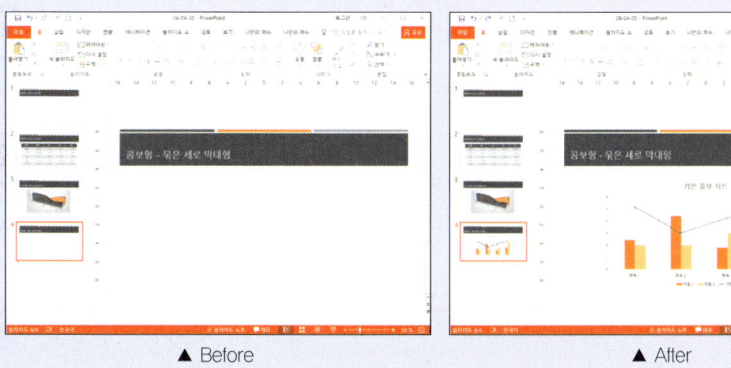

▲ Before   ▲ After

HINT
- [홈] 탭-[슬라이드] 그룹-[새 슬라이드]( )를 클릭해 삽입
- [삽입] 탭-[일러스트레이션] 그룹-[차트]( )를 클릭해 [차트 삽입] 대화상자에서 [콤보], [계열1]을 '표식이 있는 누적 꺾은선형', '보조 축' 선택
- [차트 도구]-[디자인] 탭-[차트 스타일] 그룹의 자세히 단추( )를 클릭해 [스타일 5] 선택
- 제목과 차트 그래그하여 크기 조절

Chapter 6 . 종합실습   241

07

CHAPTER

시선을 잡아끄는 슬라이드 제작하기

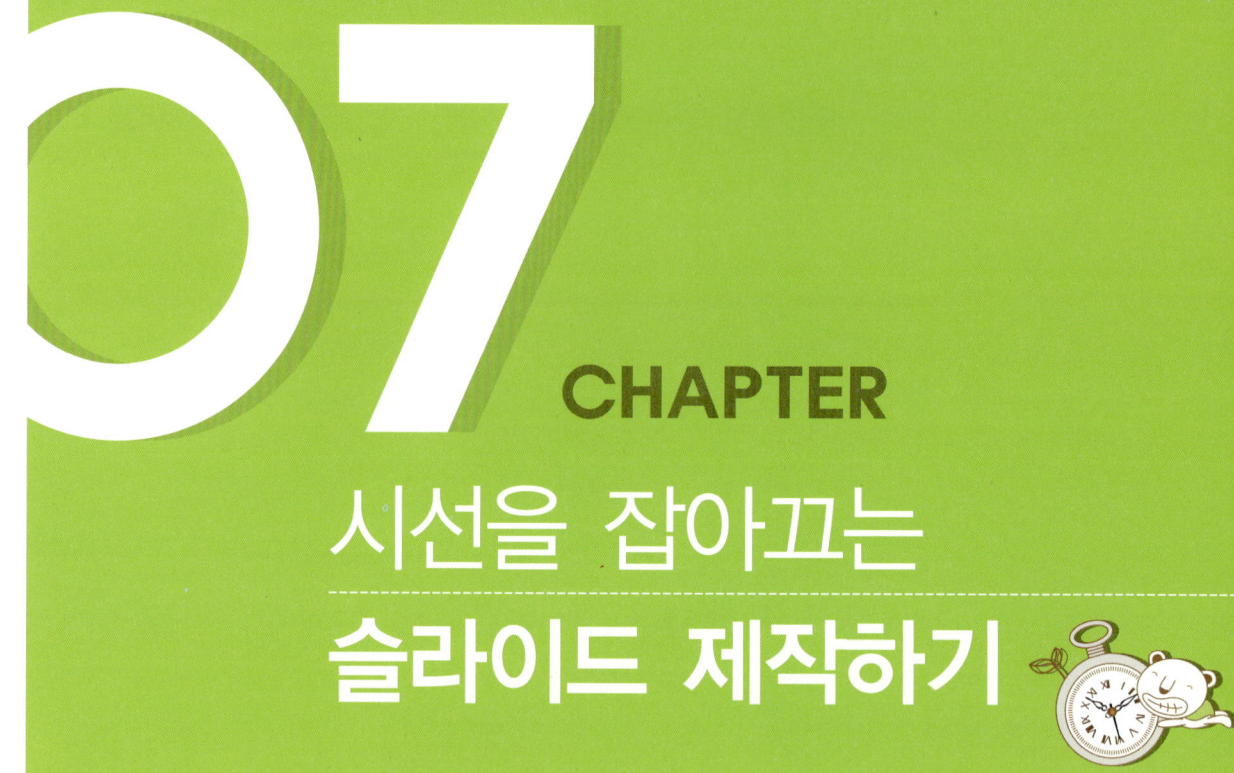

단순히 텍스트로만 구성된 슬라이드로 프레젠테이션이 진행되면, 청중의 주목성이나 집중력이 저하될 수 있다. 때문에 파워포인트에는 좀 더 역동감 있는 프레젠테이션을 만들고 청중의 시선을 환기시키기 위한 다양한 효과들이 준비되어 있다. 대표적으로 슬라이드나 웹 페이지를 연결하는 하이퍼링크 기능, 슬라이드나 슬라이드에 포함된 개체 단위로 애니메이션 효과를 적용하는 기능들이 있으며, 슬라이드 마스터를 통해서는 자신의 발표 목적에 맞는 디자인 서식을 직접 제작해 활용할 수도 있다. 이들에 대해 함께 살펴보도록 한다.

Section 1   다양한 애니메이션 활용하기

Section 2   하이퍼링크 설정하기

Section 3   화면 전환 효과 설정하기(모핑 전환)

Section 4   오디오 및 동영상 삽입하기

애니메이션 슬라이드 다루기

Chapter 7

슬라이드에 삽입되는 텍스트, 그림, 도형, 표, 스마트아트 그래픽 등 여러 개체에 움직임을 부여하여 역동감 있는 프레젠테이션을 주기 위한 것이 애니메이션이다. 슬라이드에 포함된 개체에 애니메이션 효과를 주고, 웹 페이지를 연결하는 '하이퍼링크' 기능, 슬라이드에서 다음 슬라이드로 전환할 때 적용하는 '전환 효과' 기능에 대해서 알아보자. 또한 슬라이드에 소리와 영상을 삽입하여 시각적인 효과를 높여 보자.

01 다양한 애니메이션 활용하기

슬라이드에 삽입된 개체들을 클릭한 뒤, [애니메이션] 탭-[애니메이션] 그룹에서 사용자가 원하는 애니메이션 효과를 줄 수 있다. 애니메이션이 설정된 개체들에 배치되는 숫자는 애니메이션의 진행 순서를 나타내며 [효과 옵션]과 [타이밍] 그룹에서 지정된 효과의 세부 설정을 변경할 수 있다.

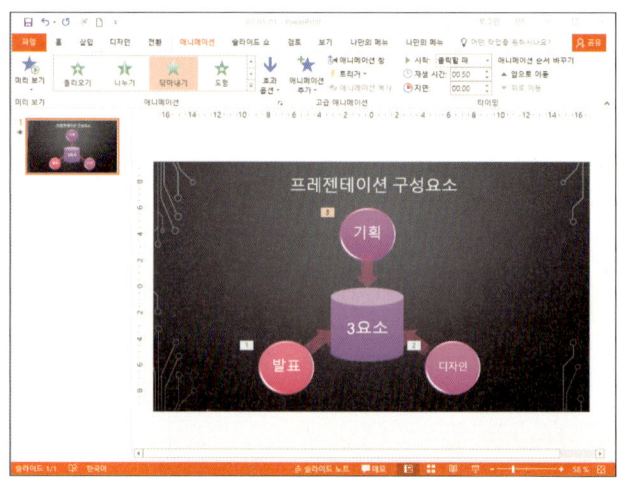

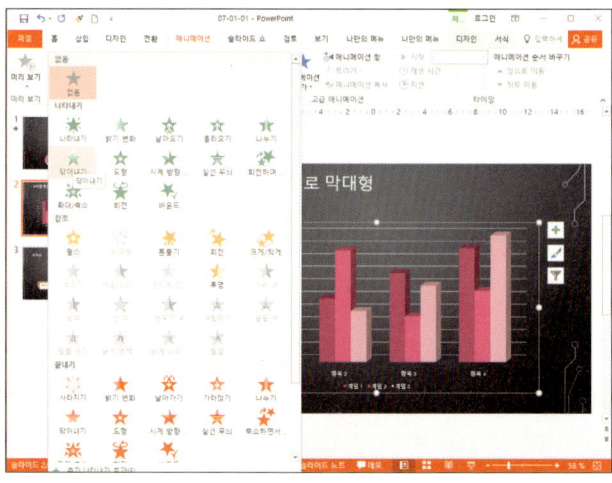

02 하이퍼링크 설정하기

슬라이드에 포함된 특정 도형이나 텍스트, 기타 개체 등에 문서 내 다른 슬라이드나 인터넷 웹 페이지를 링크 설정한다. 도형이나 대상 텍스트를 범위 설정한 후 [삽입] 탭-[링크] 그룹-[하이퍼링크]( )를 클릭해 실행할 수 있다. 이는 [슬라이드 쇼 보기] 상태에서 간단한 클릭으로 설정해둔 슬라이드 위치나 외부 웹 페이지 링크로 바로 이동하게 된다.

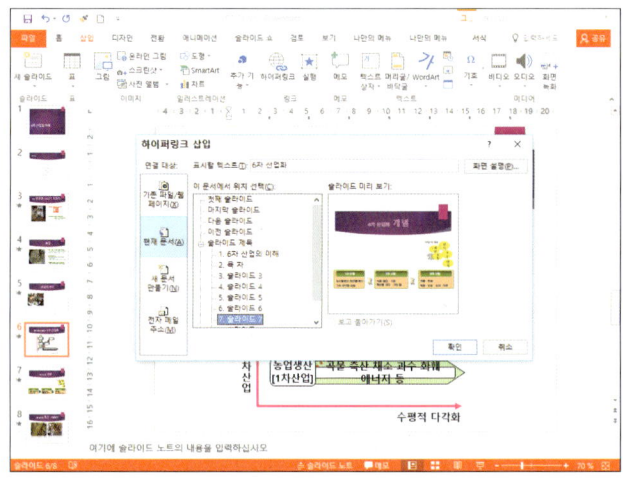

03 화면 전환 효과 설정하기(모핑 전환)

- [전환] 탭-[슬라이드 화면 전환] 그룹의 자세히 단추()를 클릭해 목록에서 전환 효과를 선택할 수 있으며, [미리보기]를 통해 적용된 전환 효과를 재생할 수 있다. [전환] 탭-[슬라이드 화면 전환] 그룹-[효과 옵션](↑)을 클릭해 적용된 전환 효과의 옵션을 변경할 수 있으며, 설정된 전환 효과는 [모두 적용]을 클릭해 전체 슬라이드에 적용할 수도 있다.

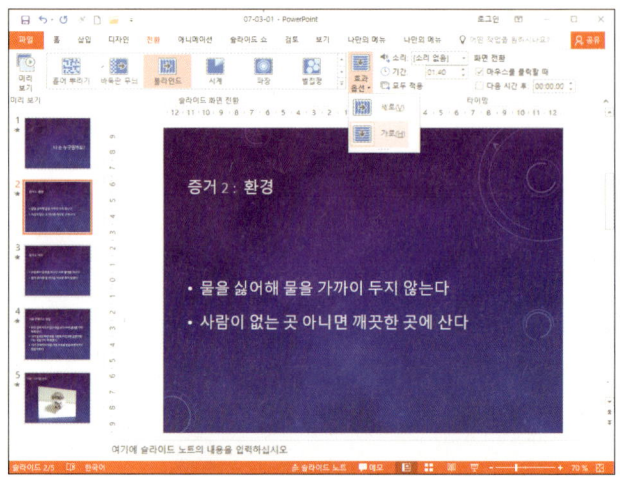

- 파워포인트 2016에는 프레젠테이션의 슬라이드에 원활한 애니메이션, 전환, 개체 이동을 손쉽게 만들 수 있는 새로운 전환 유형인 모핑이 제공된다. 모핑 전환을 효과적으로 사용하려면 공통된 개체가 하나 이상 포함된 2개의 슬라이드가 있어야 하며, 가장 쉬운 방법은 슬라이드를 복제한 다음 두 번째 슬라이드의 개체를 다른 위치로 이동하거나 한 슬라이드의 개체를 복사하고 붙여 넣어 다음 슬라이드에 추가하는 것이다. 그리고 나서 두 번째 슬라이드를 선택하고 [전환]-[모핑]으로 이동하여 모핑을 통해 슬라이드의 개체가 어떻게 자동으로 애니메이션, 이동, 강조되는지 확인할 수 있다.

04 오디오 및 동영상 삽입하기

- 오디오 파일은 파워포인트에 직접 삽입도 가능하고 단순히 링크만 연결하는 것도 가능하다. 오디오 파일은 동영상 파일과 비교해서 파일 크기가 많이 작아서 링크를 연결하는 것보다는 삽입을 하는 경우가 많지만 그래도 파워포인트 원본 크기가 조금이라도 커지는 걸 원치 않고 또 주로 이메일로 파일 교환을 자주 하는 분이라면 삽입보다는 링크를 추천한다.

- 프레젠테이션에서 동영상을 삽입하여 보여주면 청중의 시선을 쉽게 모을 수 있다. 파워포인트에서 삽입할 수 있는 동영상 파일 형식으로는 *.avi, *.wmv, *.asf, *.mkv, *.mp4, *.mov, *.mpeg, *.flv 등이 있다.

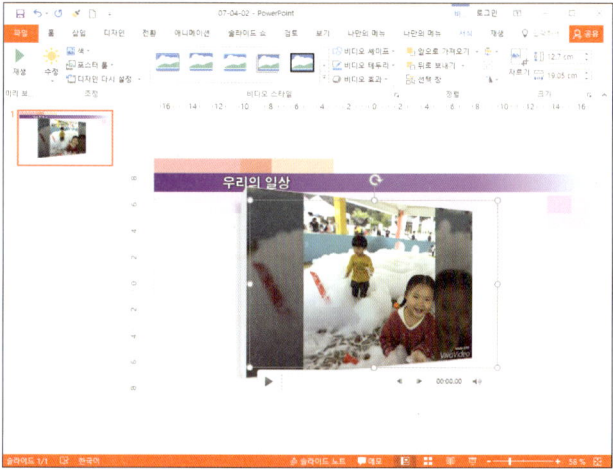

Section 1. 다양한 애니메이션 활용하기

슬라이드에 삽입된 텍스트 상자나 표, 그림과 같은 개체 각각에 다양한 애니메이션 설정을 할 수 있다. 프레젠테이션의 생동감을 주어 청중들로 하여금 역동적인 느낌을 줄 수 있고 시선을 집중시킬 수 있다. 이러한 애니메이션을 적용하고 옵션 설정, 차트에 적용하는 방법 등을 알아보자.

◑ 알아두기

- 각각 선택된 개체에 기본적인 애니메이션을 적용할 수 있다.
- 애니메이션의 순서와 타이밍을 지정할 수 있다.
- 차트나 SmartArt 개체에 개별적으로 효과를 적용할 수 있다.

따라하기 01 슬라이드 구성요소에 애니메이션 적용하기

슬라이드에 삽입된 개체들에 '날아오기' 애니메이션을 적용한 뒤, [효과 옵션]을 변경해 보자.

[작업 준비물 : Ch07\07-01-01.pptx]

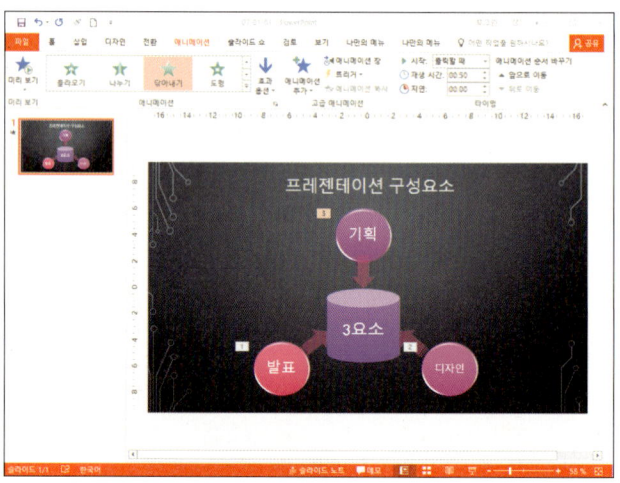

❶ 예제 파일을 열고 슬라이드에 '발표' 내용이 삽입된 '타원' 도형을 클릭한다.

❷ [애니메이션] 탭-[애니메이션] 그룹의 자세히 단추( )를 클릭해 [날아오기]를 선택한다.

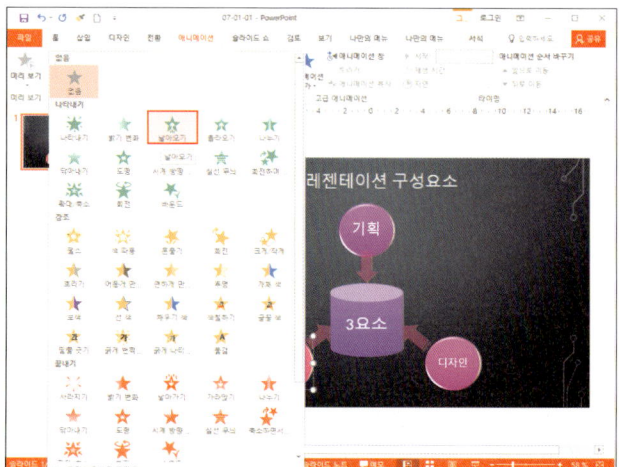

애니메이션 설정 후 나타나는 숫자는 애니메이션 적용 순서 및 진행 순서를 나타낸다. tip

❸ [애니메이션] 탭-[애니메이션] 그룹-[효과 옵션]()을 클릭해 [왼쪽에서]를 선택한다.

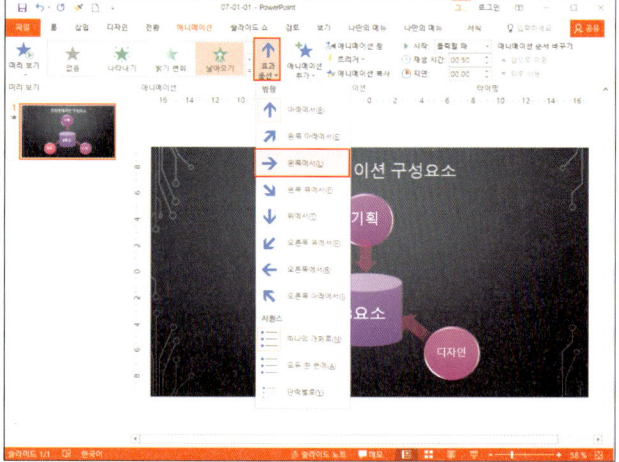

❹ [애니메이션] 탭-[미리보기] 그룹-[미리 보기]( )를 클릭해, 설정된 효과를 재생할 수 있다.

❺ '디자인' 내용이 삽입된 '타원' 도형을 클릭하고 [애니메이션] 탭-[애니메이션] 그룹의 자세히 단추( )를 클릭해 [날아오기]를 선택한다.

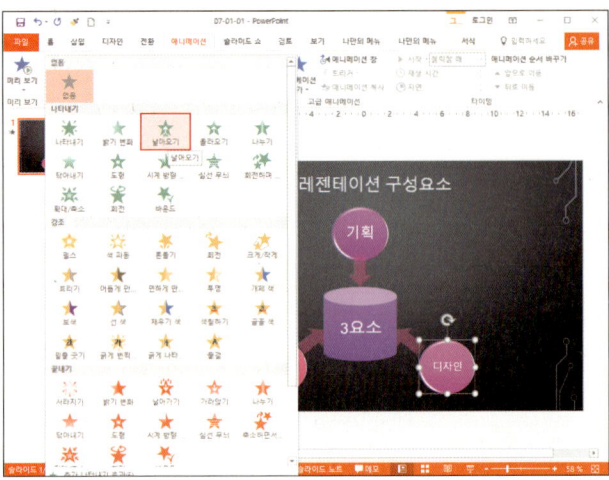

❻ [애니메이션] 탭-[애니메이션] 그룹-[효과 옵션]( )을 클릭해 [오른쪽에서]를 선택한다.

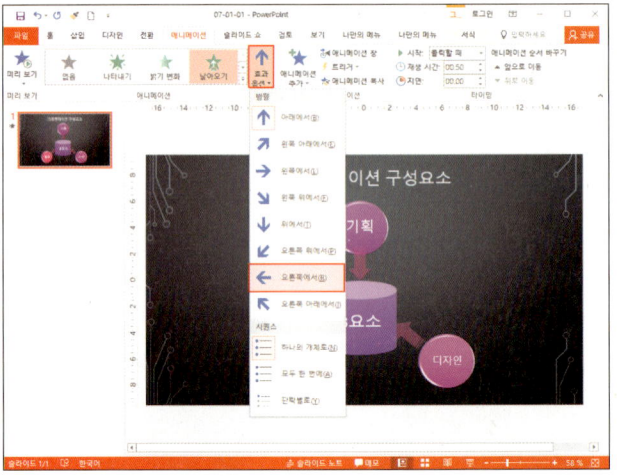

> tip ➕
> [날아오기] 애니메이션에서 [효과 옵션]( )은 날아오는 방향만 설정할 수 있으나, 선택된 애니메이션에 따라서 [효과 옵션]의 옵션 내용들이 다양하게 달라진다.

❼ '기획' 내용이 삽입된 '타원' 도형을 클릭하고 [애니메이션] 탭-[애니메이션] 그룹의 자세히 단추( )를 클릭해 [닦아내기]를 선택한다.

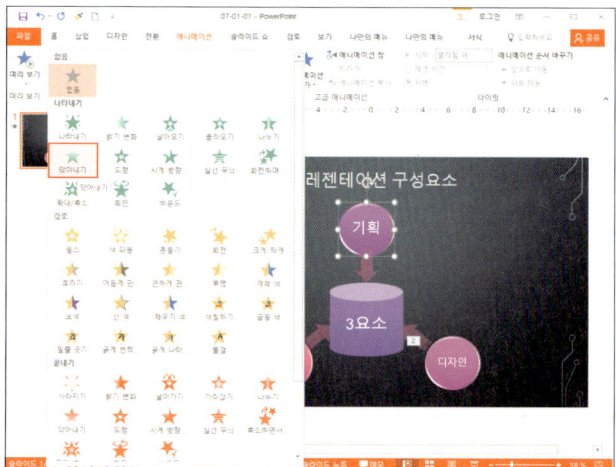

❽ [애니메이션] 탭-[애니메이션] 그룹-[효과 옵션]( )을 클릭해 [위에서]를 선택한다.

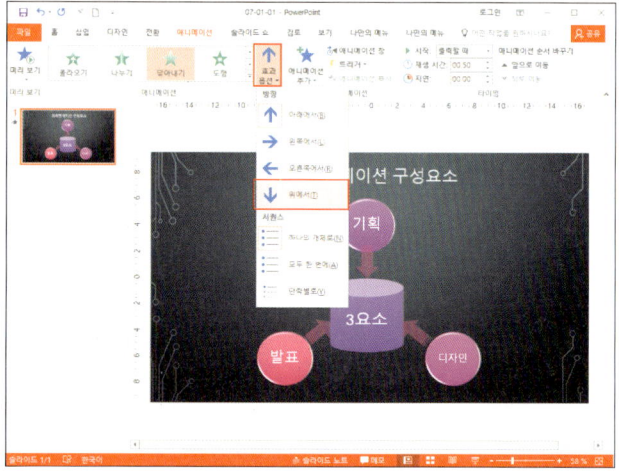

Section 1. 다양한 애니메이션 활용하기

따라하기 02 애니메이션 옵션 설정하기

슬라이드에 삽입된 개체들에 애니메이션을 적용한 뒤, 설정된 개체 애니메이션의 적용 순서를 변경해 보자.

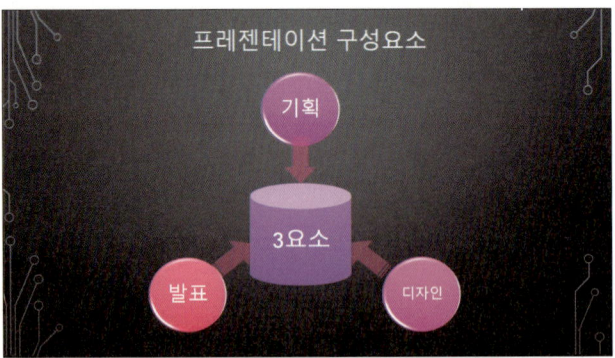

❶ 제목 텍스트 상자를 클릭한 뒤, [애니메이션] 탭-[애니메이션] 그룹의 자세히 단추(▼)를 클릭해 [물결]을 선택한다.

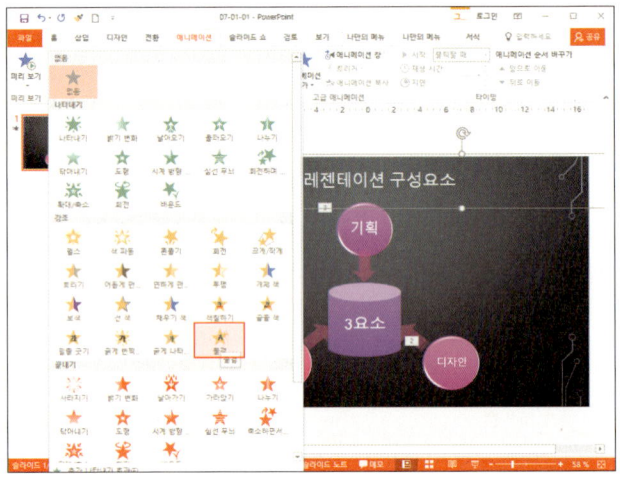

❷ [애니메이션] 탭-[고급 애니메이션] 그룹-애니메이션 창을 클릭한다. 슬라이드에 적용된 애니메이션 개체명과 순서 등이 [애니메이션 창]에 펼쳐져 보인다.

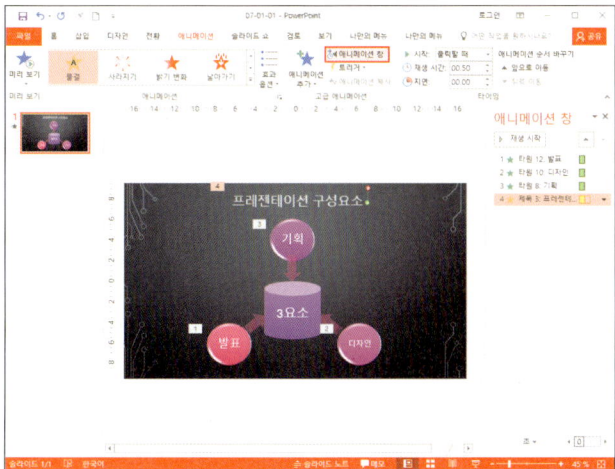

❸ [애니메이션 창] 목록에서 [타원: 디자인] 목록 단추를 클릭하고 [이전 효과 다음에 시작]을 선택한다.

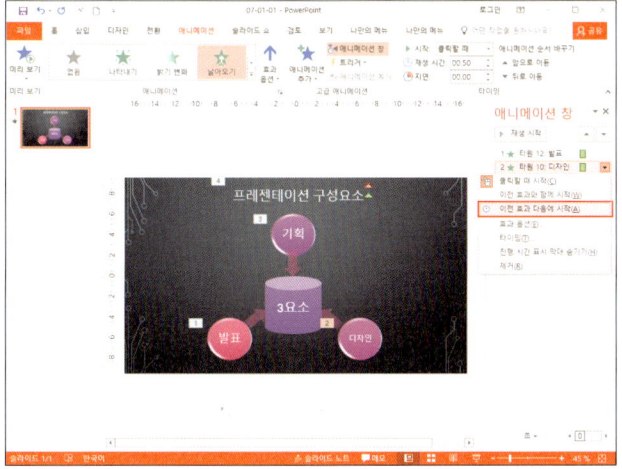

Section 1. 다양한 애니메이션 활용하기

❹ [애니메이션 창] 목록에서 [타원: 기획](▼) 목록 단추를 클릭하고 [이전 효과 다음에 시작]을 선택한다.

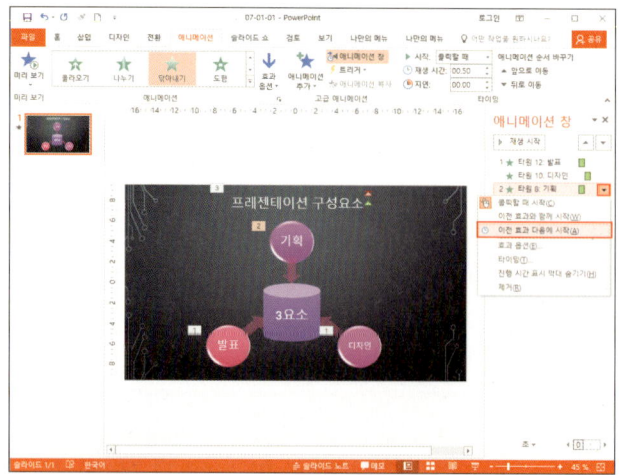

❺ 이전 작업의 결과 변경된 애니메이션의 순번이 '1'로 함께 변경된 것을 슬라이드와 [애니메이션 창] 목록에서 확인할 수 있다. '타원:발표' 도형이 나타나고 순서대로 '타원:디자인', '타원:기획' 도형의 애니메이션이 실행되도록 설정한 것이다.

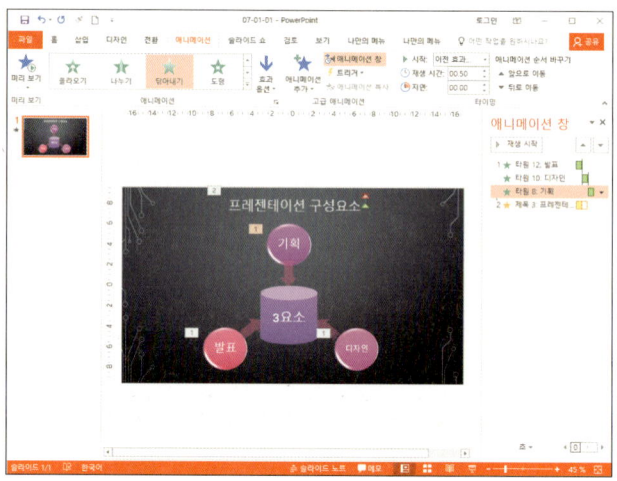

❻ [애니메이션 창]에서 2번째 클릭 애니메이션으로 설정된 [제목 3] 부분을 드래그해 제일 위쪽으로 위치를 변경한다.

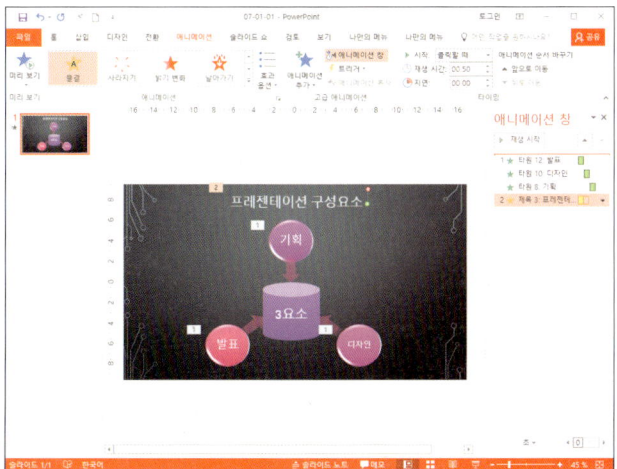

❼ [애니메이션 창]에서 위치 변경된 [제목 1] 텍스트 상자의 순번이 바뀌어 '1'로 변경된 것을 확인할 수 있다. [애니메이션] 탭-[미리 보기] 그룹-[미리 보기](　)를 클릭해, 설정된 애니메이션의 순서와 효과를 확인해 보자.

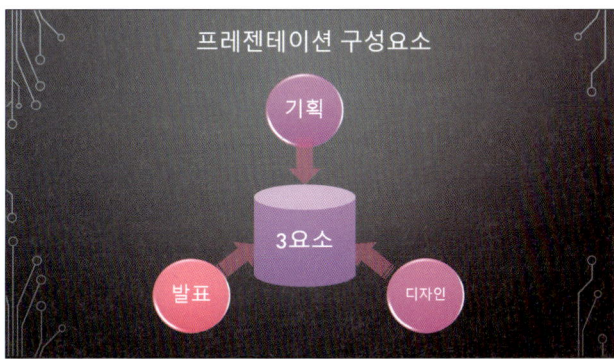

| 따라하기 | 03 | 차트 및 SmartArt에 애니메이션 적용하기 |

차트나 SmartArt 개체에 애니메이션을 적용하고, 효과 옵션 조정으로 세부 요소마다 독립적으로 효과 재생이 되도록 설정해 보자.

[작업 준비물 : Ch07\07-01-01-2.pptx]

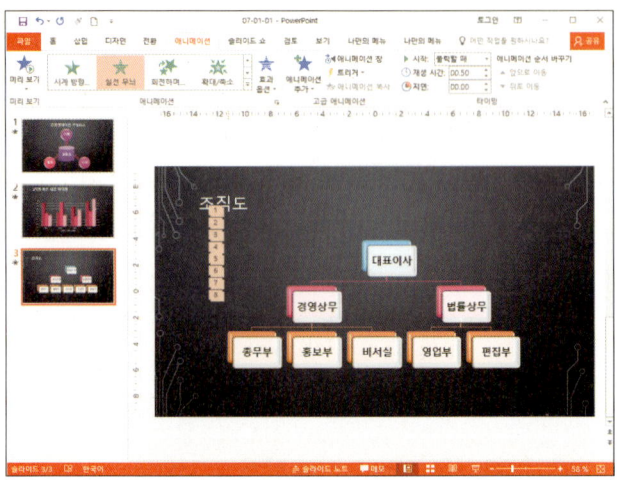

① 예제 파일을 열고 '슬라이드 2'를 선택한 뒤, 차트를 클릭한다. [애니메이션] 탭-[애니메이션] 그룹의 자세히 단추(▼)를 클릭하여 [닦아내기]를 선택한다.

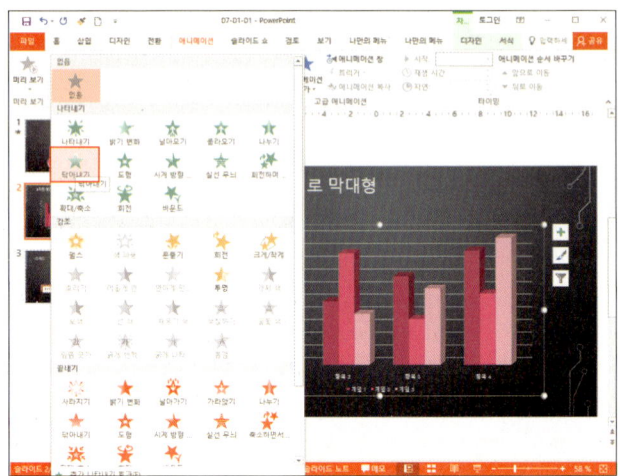

❷ [애니메이션] 탭-[애니메이션] 그룹-[효과 옵션](↑)을 클릭해 [계열별로]를 선택한다.

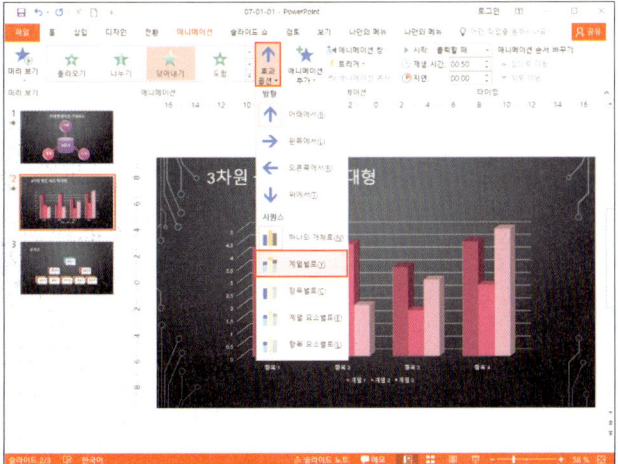

> tip ➕
> 기본 애니메이션만 설정하면 차트 전체가 하나의 개체가 되어 움직인다. [효과 옵션](↑)을 통하여 계열별로 각각 움직이도록 설정할 수 있다.

❸ '슬라이드 3'을 선택한 뒤, '조직도'를 클릭하고 [애니메이션] 탭-[애니메이션] 그룹의 자세히 단추(▯)를 클릭하여 [실선 무늬]를 선택한다.

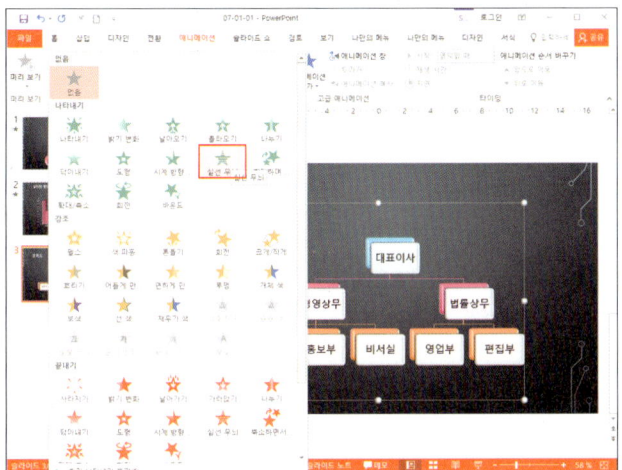

Section 1. 다양한 애니메이션 활용하기

❹ [애니메이션] 탭-[애니메이션] 그룹-[효과 옵션](￪)을 클릭해 [개별적으로]를 선택한다.

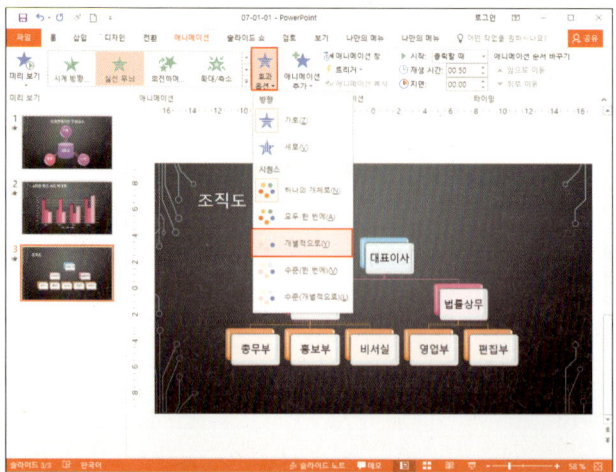

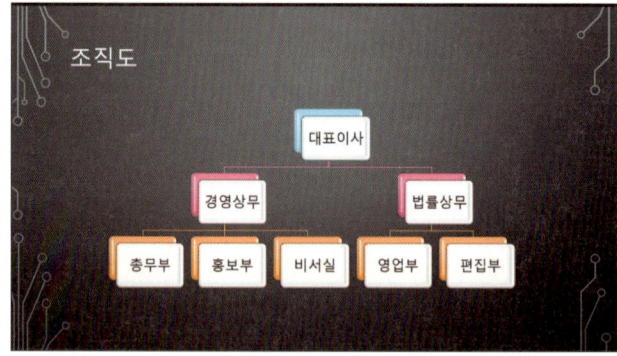

01 혼자해보기

예제 파일을 열고 그룹으로 지정된 개체에 다양한 애니메이션 효과를 적용해 보자.

[작업 준비물 : Ch07\07-01-02.pptx]

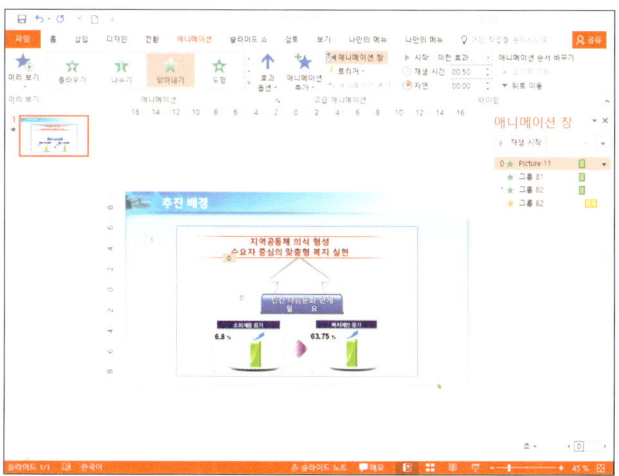

HINT
- '민간 나눔문화 연계 필요' 내용의 도형을 클릭한 후 [애니메이션] 탭-[애니메이션] 그룹의 자세히 단추( )를 클릭해 [닦아내기] 선택
- '화살표' 도형을 클릭하고 [애니메이션] 탭-[애니메이션] 그룹-[닦아내기] 클릭
- '지역공동체 의식 형성 수요자 중심의 맞춤형 복지 실현' 도형을 클릭하고 [애니메이션] 탭-[애니메이션] 그룹-[확대/축소]( ) 선택
- [애니메이션] 탭-[고급 애니메이션] 그룹-[애니메이션 추가]( )를 클릭하고 [펄스] 선택
- [애니메이션 창]을 선택하고 [펄스] 애니메이션이 적용된 목록 단추( )를 클릭하여 [타이밍]을 선택한 후 [반복] '2' 입력
- [애니메이션 창]을 선택하고 나타난 애니메이션 목록에서 첫 번째 목록부터 마지막 목록까지 [이전 효과 다음에] 선택

Section 2 하이퍼링크 설정하기

하이퍼링크는 슬라이드에 삽입된 개체에 문서 내 특정 슬라이드로 이동하거나 웹 사이트로 이동할 수 있도록 링크를 설정하는 기능이다. 슬라이드 쇼에서 링크가 설정된 개체를 클릭하면 연결된 문서나 웹 사이트로 빠르게 이동할 수 있다.

◎ 알아두기
- 슬라이드에 삽입된 도형에 하이퍼링크를 설정할 수 있다.
- 슬라이느에 삽입된 텍스트에 문서 내 슬라이드나 웹 사이드로 이동되도록 하이피링그를 설정할 수 있다.

따라하기 01 도형에 하이퍼링크 설정하기

슬라이드에 삽입된 도형에 하이퍼링크를 설정해 문서 내 다른 슬라이드로 이동하도록 해 보자.

[작업 준비물 : Ch07\07-02-01.pptx]

❶ 예제 파일을 열고 '슬라이드 3'을 선택한 뒤, 슬라이드 오른쪽 위의 '사각형' 도형을 클릭하고 [삽입] 탭-[링크] 그룹-[하이퍼링크]( )를 클릭한다.

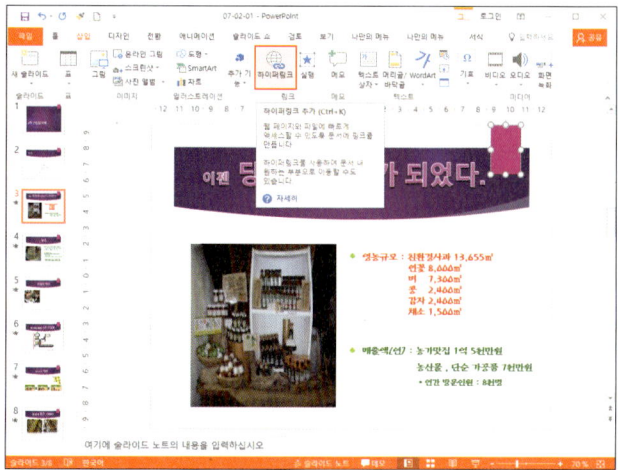

❷ [하이퍼링크 삽입] 대화상자에서 [연결 대상]을 '현재 문서'로 선택한 뒤, [이 문서에서 위치 선택]을 '슬라이드 5'로 설정한다. 이어 [확인]을 클릭한다.

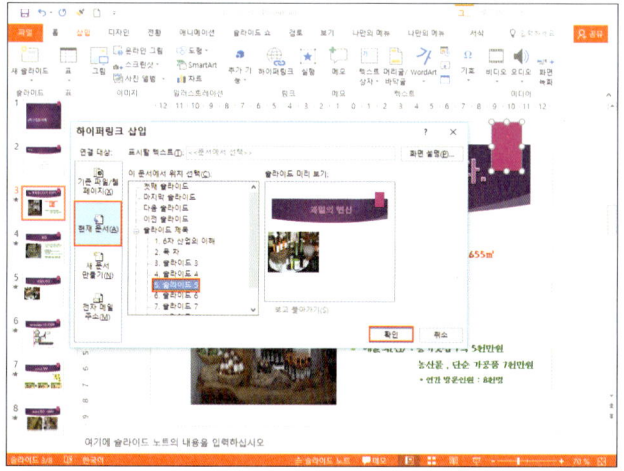

❸ '슬라이드 5'를 선택한 뒤, 슬라이드 오른쪽 위의 '사각형' 도형을 클릭한 후 [삽입] 탭-[링크] 그룹-[하이퍼링크]( )를 클릭한다.

❹ [하이퍼링크 삽입] 대화상자에서 [연결 대상]을 '현재 문서'로 선택한 뒤, [이 문서에서 위치 선택]을 '슬라이드 3'으로 설정한다. 이어 [확인]을 클릭한다.

> tip ➕
> [연결 대상]에서 '기존 파일/웹 페이지'를 선택하면 연결된 웹 페이지의 링크를 입력하거나, PC에 저장된 문서 파일을 설정할 수 있다.

❺ 하이퍼링크 결과를 확인하기 위해 화면 오른쪽 아래의 [슬라이드 쇼]( )를 클릭한다.

❻ 슬라이드 쇼가 시작되면 '슬라이드 3' 화면에서 오른쪽 '사각형' 도형을 클릭한다. 참고로 '사각형' 도형에 커서를 위치시키면 포인터 모양이 손 모양으로 변하는 것을 확인할 수 있다.

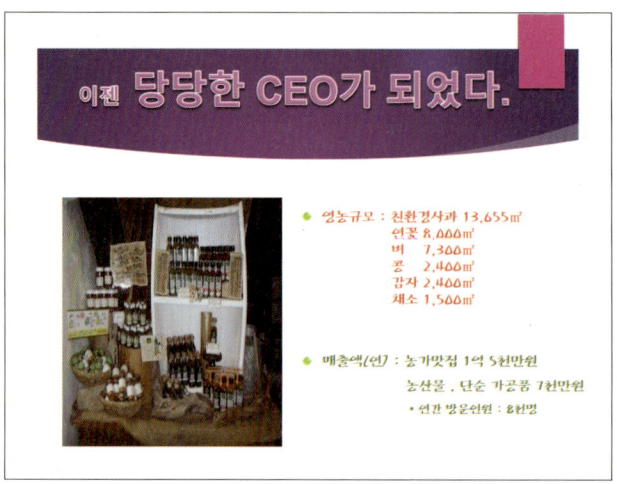

❼ '슬라이드 5' 화면으로 넘어오는 것을 확인할 수 있다.

❽ '슬라이드 5'의 '사각형' 도형을 클릭하면 '슬라이드 3' 화면으로 이동하는 것을 확인할 수 있다.

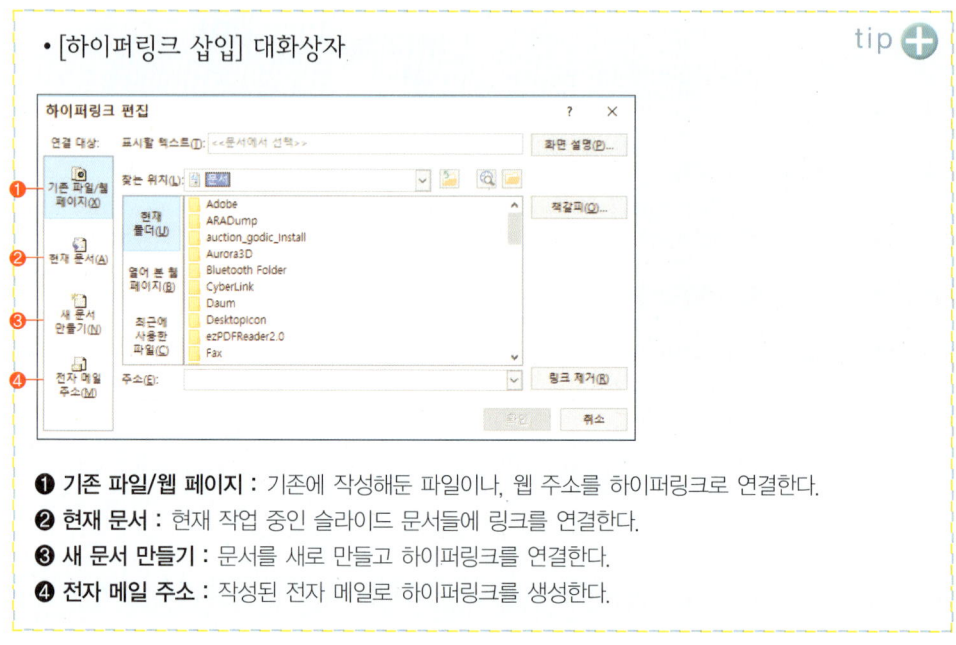

• [하이퍼링크 삽입] 대화상자   tip

❶ 기존 파일/웹 페이지 : 기존에 작성해둔 파일이나, 웹 주소를 하이퍼링크로 연결한다.
❷ 현재 문서 : 현재 작업 중인 슬라이드 문서들에 링크를 연결한다.
❸ 새 문서 만들기 : 문서를 새로 만들고 하이퍼링크를 연결한다.
❹ 전자 메일 주소 : 작성된 전자 메일로 하이퍼링크를 생성한다.

따라하기 02 텍스트에 하이퍼링크 설정하기

슬라이드에 입력한 특정 텍스트 범위를 선택한 뒤, 다른 슬라이드로 하이퍼링크를 설정해 보자.

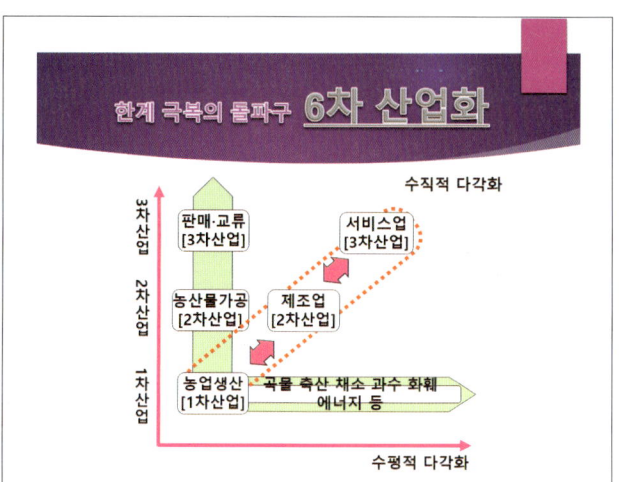

❶ '슬라이드 6'을 선택한 뒤, 제목 텍스트 상자의 '6차 산업화'라는 단어를 범위 설정한다. [삽입] 탭-[링크] 그룹-[하이퍼링크]( )를 클릭한다.

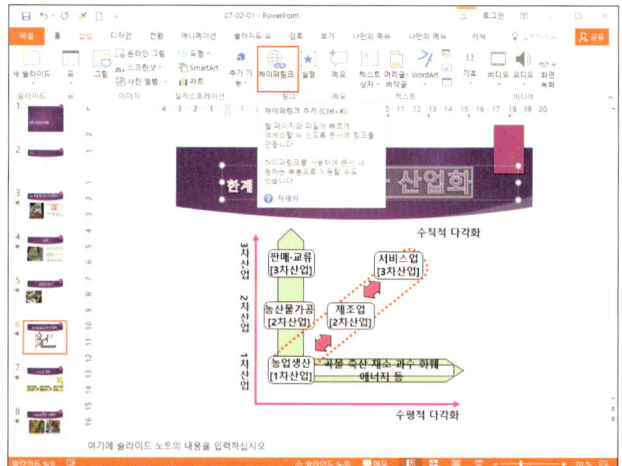

❷ [하이퍼링크 삽입] 대화상자가 나타나면 [연결 대상]을 '현재 문서'로 선택한 뒤, [이 문서에서 위치 선택]을 '슬라이드 7'로 설정하고 [확인]을 클릭한다.

❸ 이번에는 '슬라이드 7'에서 제목 텍스트 상자의 '개념'이라는 단어를 범위 설정한다. [삽입] 탭-[링크] 그룹-[하이퍼링크]( )를 클릭한다.

❹ [하이퍼링크 삽입] 대화상자가 나타나면 [연결 대상]을 '현재 문서'로 선택한 뒤, [이 문서에서 위치 선택]을 '슬라이드 8'로 설정하고 [확인]을 클릭한다.

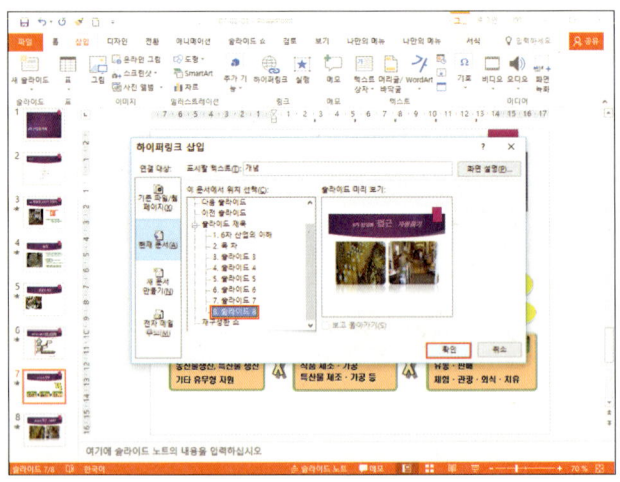

❺ 설정된 하이퍼링크를 확인하기 위해 '슬라이드 6'으로 이동한 후 현재 슬라이드부터 슬라이드 쇼 단축키인 Shift + F5 를 누른다.

❻ 슬라이드 쇼가 시작되면 '슬라이드 6'에서 '6차 산업화'에 포인터를 가져가면 손 모양으로 변경되고 클릭을 하면 '슬라이드 7'로 이동된다.

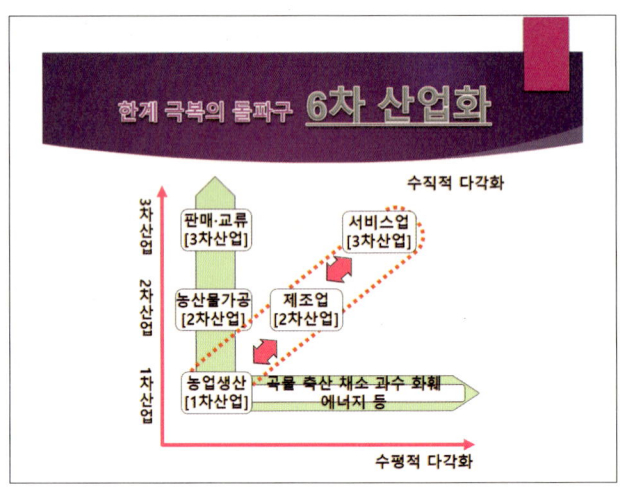

❼ '슬라이드 7'에서 제목의 '개념'에 포인터를 가져가면 손 모양으로 변경되고 클릭을 하면 '슬라이드 8'로 이동이 된다.

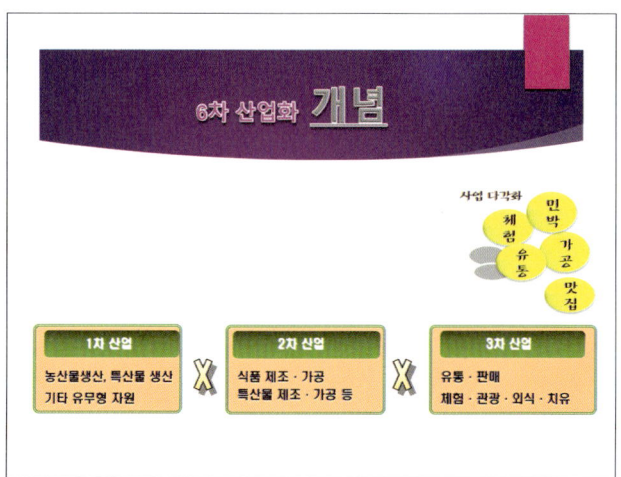

01 혼자해보기

예제 파일을 열고 '슬라이드 2'의 그림에 '슬라이드 4'로 이동하는 하이퍼링크를 설정해 보자.

[작업 준비물 : Ch07\07-02-02.pptx]

HINT | • '슬라이드 2'의 그림을 클릭한 후 [삽입] 탭-[링크] 그룹-[하이퍼링크]( ) 클릭
• [하이퍼링크 연결] 대화상자의 [연결 대상]에서 '현재 문서'를 선택하고 [슬라이드 4] 선택 후 [확인]

02 혼자해보기

'슬라이드 4'의 '참고 사이트' 도형에 'http://www.nhis.or.kr'로 연결되는 하이퍼링크로 설정해 보자.

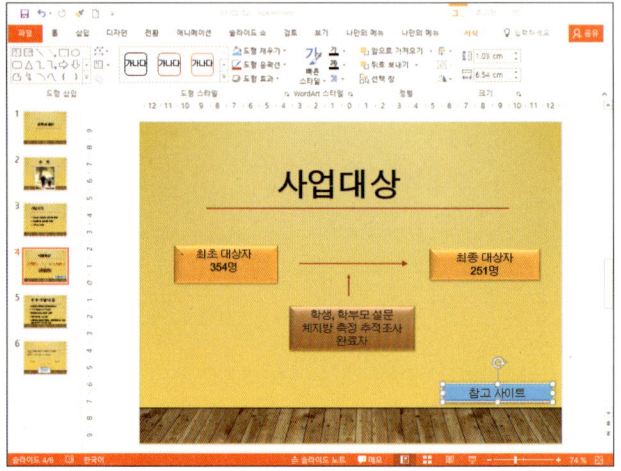

HINT | • '슬라이드 4'의 '참고 사이트' 도형을 클릭한 후 [삽입] 탭-[링크] 그룹-[하이퍼링크]( ) 선택
• [하이퍼링크 연결] 대화상자의 [연결 대상]에서 '기존 파일/웹 페이지'를 선택하고 주소란에 'http://www.nhis.or.kr'를 입력 후 [적용] 클릭

Section 3. 화면 전환 효과 설정하기(모핑 전환)

슬라이드 쇼 상태에서 다음 슬라이드로 넘어갈 때, 다음 슬라이드로 전환되었음을 알려주는 것이 전환 효과이다. 이러한 전환의 기본 목적이 청중을 집중하게 할 때 효과적이다. 뿐만 아니라 파워포인트 2016에 새로 추가된 모핑 전환 효과에 대해서 자세히 알아보자.

> **◎ 알아두기**
> - 슬라이드에 화면 전환 효과를 설정할 수 있다.
> - 적용된 전환 효과의 옵션을 변경할 수 있다.
> - 모핑 전환 효과를 적용할 수 있다.

따라하기 01 전환 효과 적용하기

선택된 슬라이드에 화면 전환 효과를 적용하고, 미리 보기로 확인해 보자.
[작업 준비물 : Ch07\07-03-01.pptx]

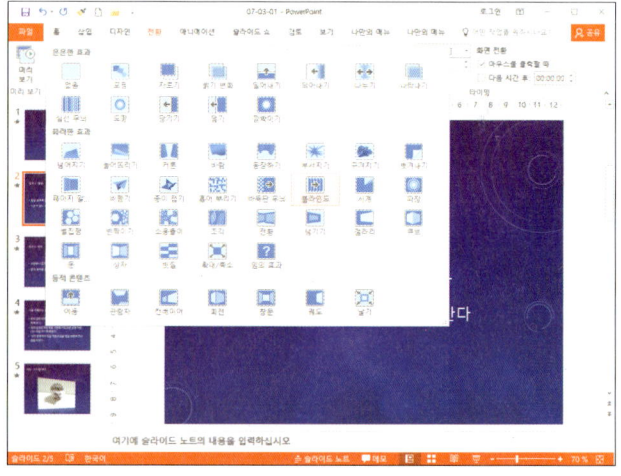

① 예제 파일을 열고 '슬라이드 1'을 선택한 뒤, [전환] 탭을 클릭한다.

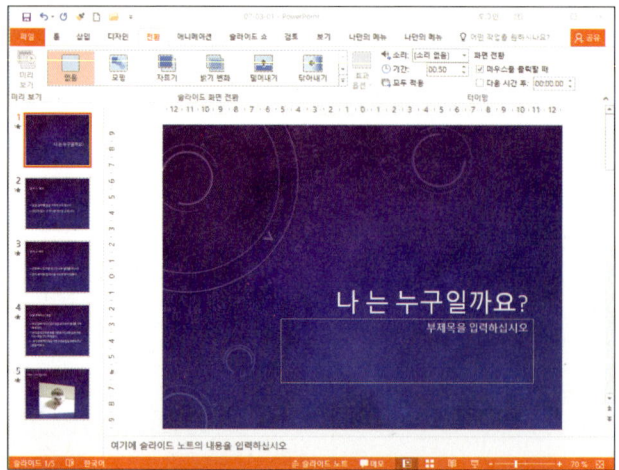

tip ➕
화면 전환 효과는 기본적으로 [없음]이 지정되어 있다. 현재 화면 전환 효과가 설정이 되어있지 않다는 의미이다.

② [전환] 탭-[슬라이드 화면 전환] 그룹의 자세히 단추( )를 클릭해 [나누기]( )를 선택한다. 해당 효과가 적용되자마자 설정된 효과가 미리 보기된다.

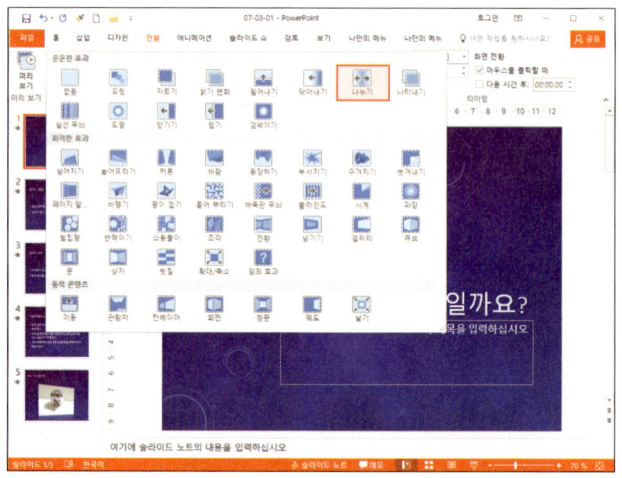

❸ '슬라이드 2'를 선택한 뒤, [전환] 탭-[슬라이드 화면 전환] 그룹의 자세히 단추( )를 클릭해 [블라인드]를 선택한다.

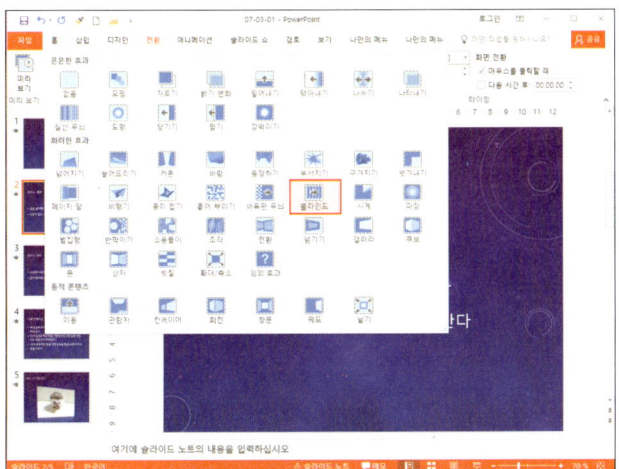

❹ 설정한 블라인드 효과가 미리 보기된다.

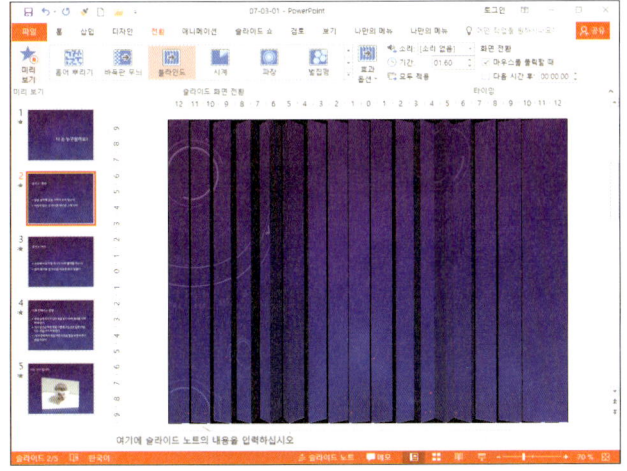

따라하기 02 효과 옵션 변경하고 타이밍 설정하기

슬라이드에 적용된 화면 전환 효과의 옵션을 변경하고, 전환 효과가 재생되는 타이밍을 조정해 보자.

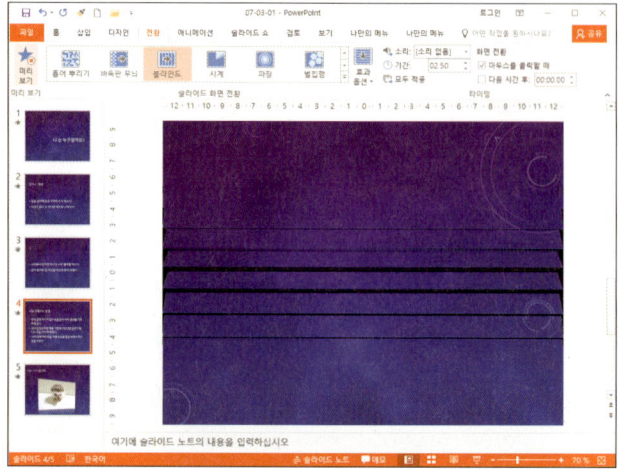

① '슬라이드 2'를 선택한 뒤, [전환] 탭–[슬라이드 화면 전환] 그룹–[효과 옵션]( )을 클릭해 [가로]를 선택한다.

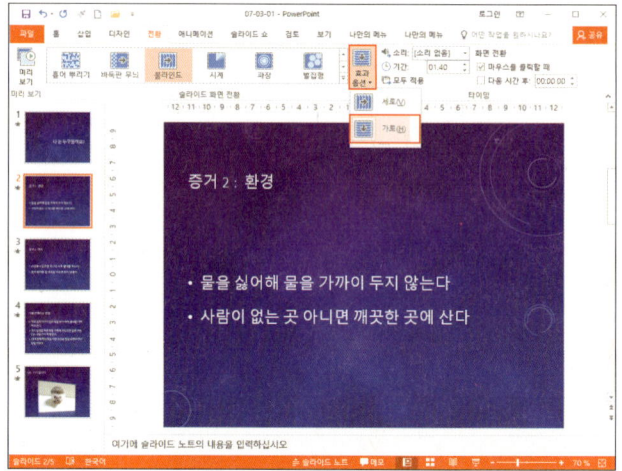

270 Chapter 7 . 시선을 잡아끄는 슬라이드 제작하기

❷ [전환] 탭-[미리보기] 그룹-[미리 보기]( )를 클릭해, 변경된 전환 효과를 확인한다.

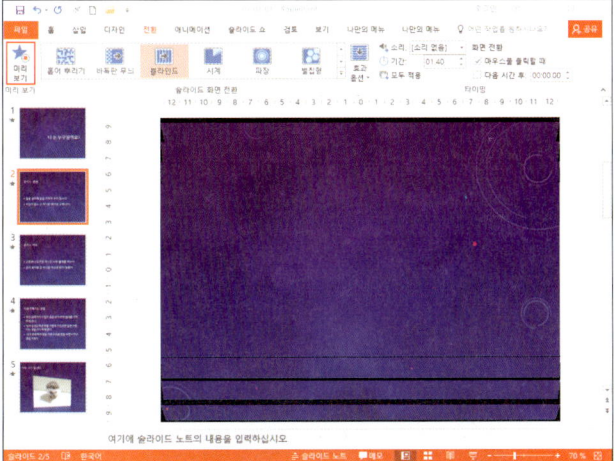

❸ [전환] 탭-[타이밍] 그룹-[기간]을 '02.50'으로 입력해 전환 시간을 약간 늘려준다. 다음 [전환] 탭-[타이밍] 그룹-[모두 적용]( )을 클릭한다.

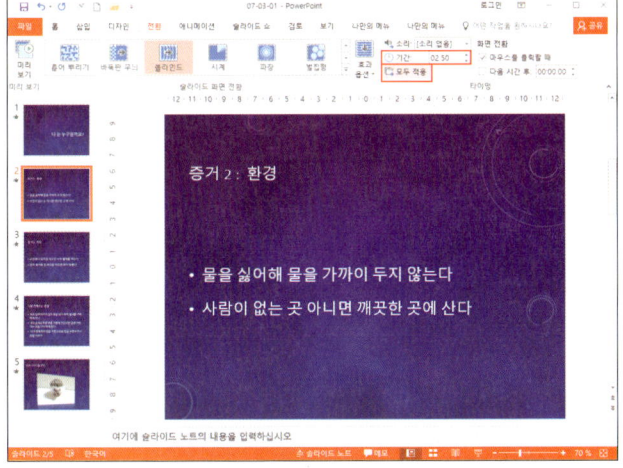

Section 3 . 화면 전환 효과 설정하기(모핑 전환)

④ '슬라이드 4'를 선택한 뒤, [전환] 탭-[미리보기] 그룹-[미리 보기](　)를 클릭해 모든 슬라이드가 적용된 블라인드 효과를 확인한다.

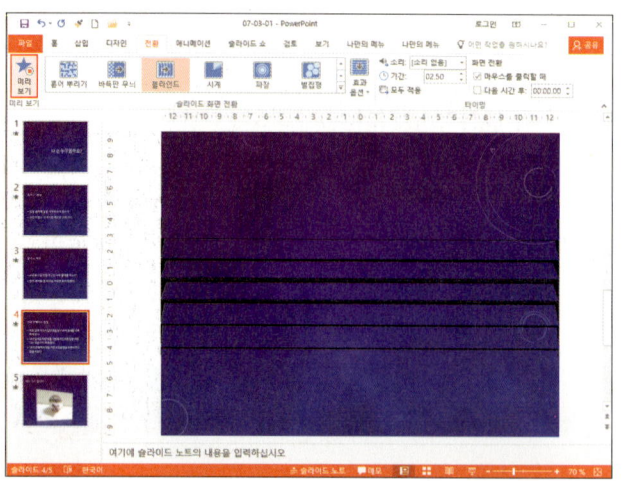

따라하기 03 모핑 전환 효과 구현하기

파워포인트 2016에 새로 추가된 모핑 전환은 쉽게 생각하면 동일한 이미지, 텍스트를 슬라이드별로 크기 및 위치를 달리해 자연스럽게 전환시키는 기능이다. '프레지' 기능을 연상시킬 수 있다. 모핑 전환 효과를 구현해 보자.

[작업 준비물 : Ch07\07-02-02-1.pptx]

① 예제 파일을 열고 '슬라이드 1'을 선택한 뒤, [전환] 탭-[슬라이드 화면 전환] 그룹의 자세히 단추( )를 클릭해 [모핑]을 선택한다.

② '슬라이드 1'의 '운동'이라는 텍스트를 범위 지정하여 선택하고 [전환] 탭-[슬라이드 화면 전환] 그룹-[효과 옵션]( )을 클릭하고 [문자]를 선택한다.

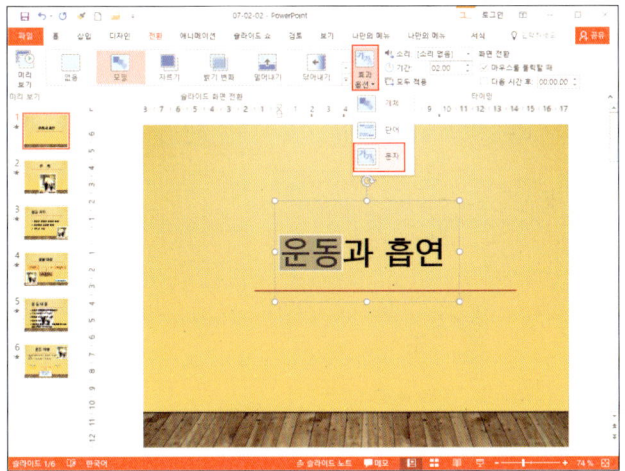

Section 3. 화면 전환 효과 설정하기(모핑 전환)

❸ '슬라이드 2'의 그림을 선택하고 [전환] 탭-[슬라이드 화면 전환] 그룹-[효과 옵션]( )
을 클릭하여 [개체]를 선택한다.

❹ [전환] 탭-[타이밍] 그룹-[모두 적용]( )을 클릭한다.

❺ [슬라이드 쇼 보기] 상태에서 동일한 문자와 동일한 이미지가 슬라이드가 바뀔 때마다 위치 이동과 크기 변경으로 마치 프레지에서의 전환 효과를 보여주는 듯함을 확인한다.

01 혼자해보기

예제 파일을 열고 '슬라이드 1'에 '큐브' 전환 효과를 설정한 뒤, [효과 옵션]을 '아래에서'로 선택한다. 전환 효과가 설정될 때 [소리]는 '클릭'으로 설정한 뒤, 결과를 확인해 보자.

[작업 준비물 : Ch07\07-03-02.pptx]

HINT
- [전환] 탭-[슬라이드 화면 전환] 그룹의 자세히( ) 단추를 클릭해 [큐브]를 선택한 뒤, [효과 옵션]-[아래에서] 선택
- [전환] 탭-[타이밍] 그룹-[소리]( ) 목록 단추를 클릭해 [클릭] 선택
- [전환] 탭-[미리 보기] 그룹-[미리 보기]( ) 클릭

02 혼자해보기

'슬라이드 4'에 '갤러리' 전환 효과를 설정한 뒤, [소리]는 '카메라', [타이밍]은 '02:00'으로 입력하고 결과를 확인해 보자.

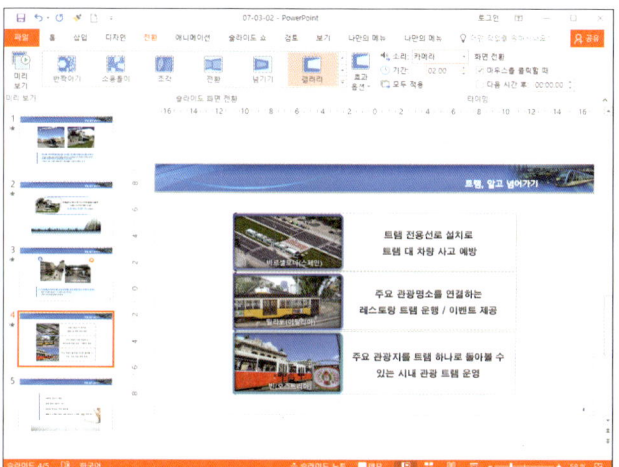

HINT
- [전환] 탭-[슬라이드 화면 전환] 그룹의 자세히 단추( )를 클릭해 [갤러리] 선택
- [전환] 탭-[타이밍] 그룹-[소리]( ) 목록 단추를 클릭해 [카메라] 선택
- [기간] '02:00' 입력

Section 4. 오디오 및 동영상 삽입하기

전체 배경 음악이나 애니메이션의 효과, 설명 녹음의 오디오를 슬라이드 쇼에 삽입할 수 있다. 또한 동영상 삽입함으로써 역동감을 주어 청중의 시선을 쉽게 모을 수 있다. 오디오와 동영상을 삽입하여 슬라이드를 구성해 보자.

◐ 알아두기
- 슬라이드에 오디오를 삽입할 수 있다.
- 슬라이드에 동영상을 삽입할 수 있다.

따라하기 01 슬라이드에 오디오 삽입하기

슬라이드에 오디오 파일을 삽입해 슬라이드 전체 또는 일부 슬라이드에서 오디오 소리를 재생할 수 있다. 슬라이드에 오디오 파일을 삽입해 보자.

[작업 준비물 : Ch07\07-04-01.pptx, 오디오.mp3]

❶ 예제 파일을 열고 '슬라이드 1'을 선택한 뒤, [삽입] 탭-[미디어] 그룹-[오디오]()를 클릭하여 [내 PC의 오디오]를 선택한다.

> tip
> [삽입] 탭-[미디어]그룹-[오디오](🔊)를 클릭했을 때 [오디오 녹음]은 파워포인트에 음성을 녹음해 현재 슬라이드에 포함하는 기능이다. 녹음을 할 때 컴퓨터에 마이크나 헤드셋이 연결되어 있어야 한다.

❷ [오디오 삽입] 대화상자가 나타나면 '오디오.mp3'를 클릭하고 [삽입]을 클릭한다.

❸ 슬라이드 가운데에 오디오 아이콘과 재생 바가 표시된다. [재생](▶)을 클릭해 정상적으로 오디오가 재생되는지 확인한다.

Section 4. 오디오 및 동영상 삽입하기

❹ 오디오 중 특정 부분만 재생시키기 위해 [오디오 도구]-[재생] 탭-[편집] 그룹-[오디오 트리밍]( )을 클릭한다.

❺ [오디오 맞추기] 창이 나타나면 녹색의 시작 지점 부분에서 오른쪽으로 드래그하여 시작 지점을 설정하고, 빨간색의 종료 지점 부분에서 왼쪽으로 드래그하여 종료 지점을 설정한 후 [확인]을 클릭한다.

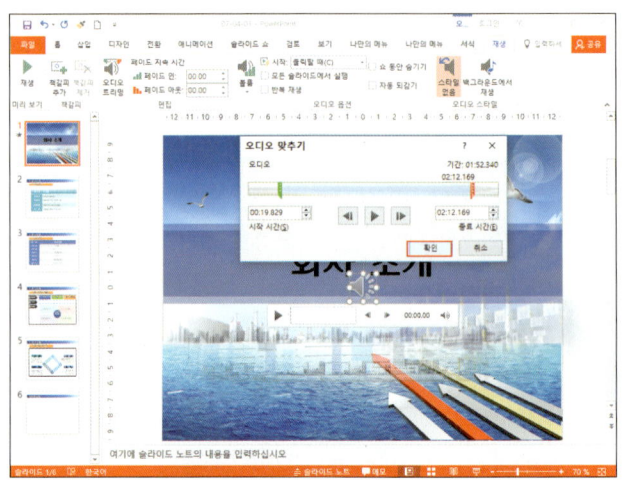

❻ 슬라이드 쇼를 진행하면 현재 슬라이드에서는 오디오가 재생되지만 슬라이드가 이동되면 오디오가 끊긴다. 모든 슬라이드 오디오를 재생하고 싶다면 [오디오 도구]-[재생] 탭-[오디오 옵션] 그룹-[모든 슬라이드에서 실행]을 선택하면 된다.

- **[오디오 재생] 옵션**

tip

❶ **책갈피 추가** : 오디오 클립에서 현재 재생 시간을 기준으로 오디오를 책갈피로 추가한다.
❷ **오디오 트리밍** : 오디오의 시작과 끝을 특정 부분만 재생되도록 편집한다.
❸ **페이드 인/페이드 아웃** : 시작 전 몇 초 정도에 페이드 인 효과를 적용해 오디오 소리의 볼륨을 서서히 높히고, 끝나기 전 몇 초 정도에 페이드 아웃 효과를 적용해 오디오 소리의 볼륨을 서서히 줄이는 기능이다.
❹ **볼륨** : 오디오 소리를 낮음, 중간, 높음, 음소거를 선택한다.
❺ **시작** : 슬라이드 쇼에서 마우스로 클릭할 때 재생, 자동 재생을 선택한다.
❻ **반복 재생** : 오디오 재생 시간이 짧아서 중간에 오디오가 끊기면 처음부터 반복해서 오디오를 재생한다.
❼ **쇼 동안 숨기기** : 슬라이드에 스피커 모양의 아이콘을 슬라이드 쇼에서 보이지 않도록 설정한다.
❽ **자동 되감기** : 오디오나 비디오 클립을 재생한 후 되감기한다.
❾ **스타일 없음** : 오디오 클립의 재생 옵션을 다시 설정한다.
❿ **백그라운드에서 재생** : 오디오 클립의 슬라이드 전체에 걸쳐 배경에서 재생되도록 설정한다.

따라하기 02 슬라이드에 동영상 삽입하기

다양한 형식의 동영상을 삽입하고 편집하여 원하는 재생 장면을 지정해 보자.

[작업 준비물 : Ch07\07-04-02.pptx, 동영상.wmv]

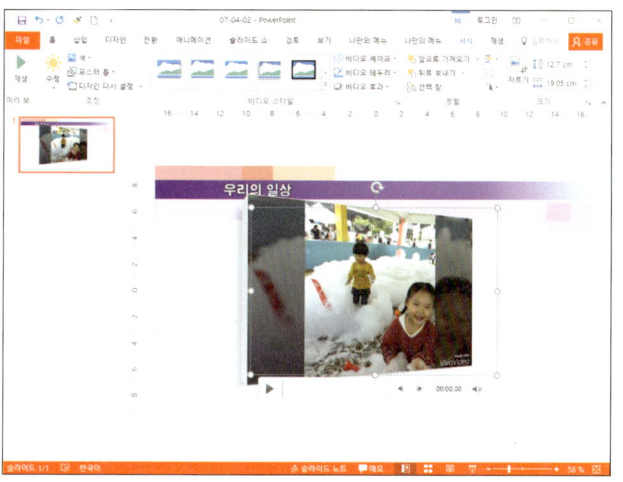

Section 4. 오디오 및 동영상 삽입하기

❶ 예제 파일을 열고 '슬라이드 1'을 선택한 뒤, [삽입] 탭-[미디어] 그룹-[비디오](🎬)를 클릭하여 [내 PC 비디오]를 선택한다.

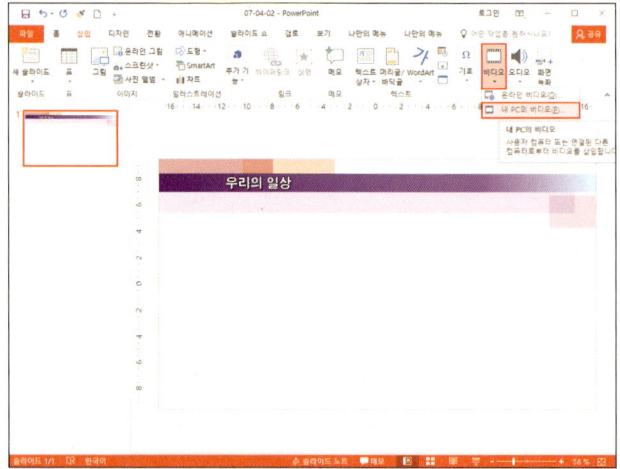

> tip ➕
> [삽입] 탭-[미디어] 그룹-[비디오](🎬)를 클릭했을 때 [온라인 비디오]는 Youtube의 비디오를 링크하여 파워포인트에 삽입할 수 있다.

❷ [비디오 삽입] 대화상자가 나타나면 '동영상.wmv'을 선택하고 [삽입]을 클릭한다.

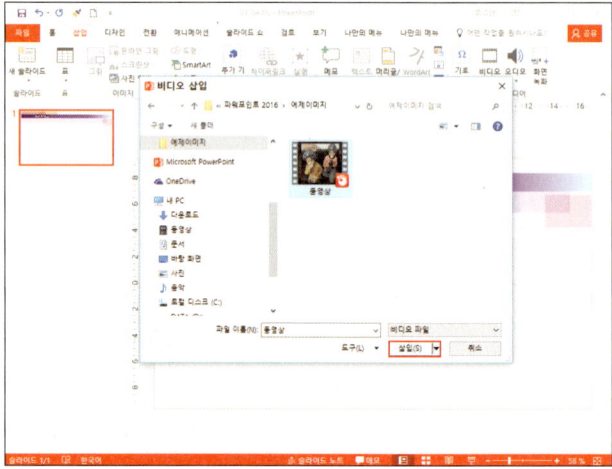

❸ 녹색 화면 배경의 동영상의 삽입되고 아래에는 재생바가 표시된다. 재생바를 클릭하면 동영상이 재생된다.

❹ 첫 장면이 녹색으로 표시되는 동영상에 표지를 만들기 위해서, 동영상을 재생한 후 표지로 지정할 부분에서 [일시중지]( )를 클릭해 멈춘다. [비디오 도구]-[서식] 탭-[조정] 그룹-[포스터 틀](포스터 틀)을 클릭해 [현재 틀]을 선택한다.

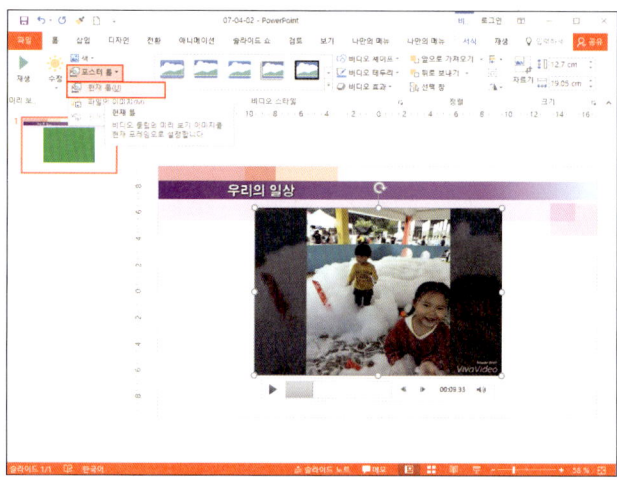

❺ 직사각형 모양의 비디오 화면을 특정 도형의 형태로 변경하고자 한다면, [비디오 도구]-[서식] 탭-[비디오 스타일] 그룹-[비디오 셰이프](비디오 셰이프)를 클릭해 원하는 도형을 선택한다. 여기서는 [하트]를 선택한다.

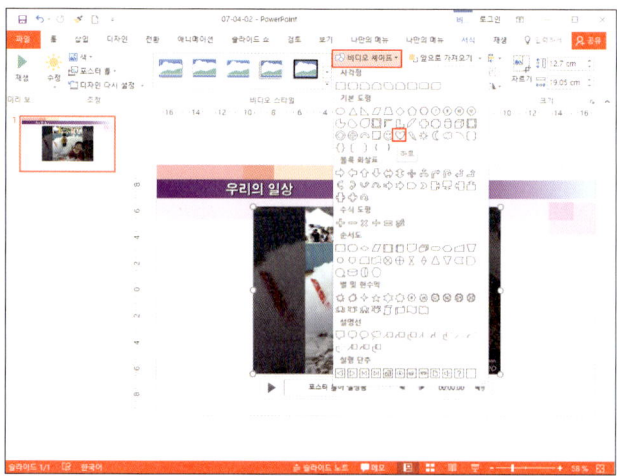

❻ 동영상 화면의 모양이 '하트' 도형으로 변경되었다. 원래대로 되돌리기 위해 [비디오 도구]-[서식] 탭-[비디오 스타일] 그룹-[비디오 셰이프](비디오 셰이프▾)을 클릭해 [직사각형]을 선택한다.

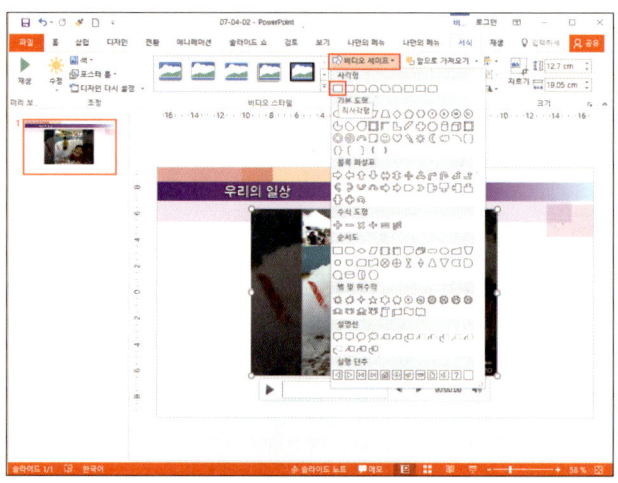

> tip ➕
> 동영상 화면의 일부를 자르기 하려면 [비디오 도구]-[서식] 탭-[크기] 그룹-[자르기]( )를 클릭하여 잘라낼 수 있다.

❼ 좀 더 화려한 동영상 화면으로 꾸미기 위해 [비디오 도구]-[서식] 탭-[비디오 스타일] 그룹-[비디오 스타일]의 자세히 단추( )를 클릭해 [반사형 원근감(왼쪽)]을 선택한다.

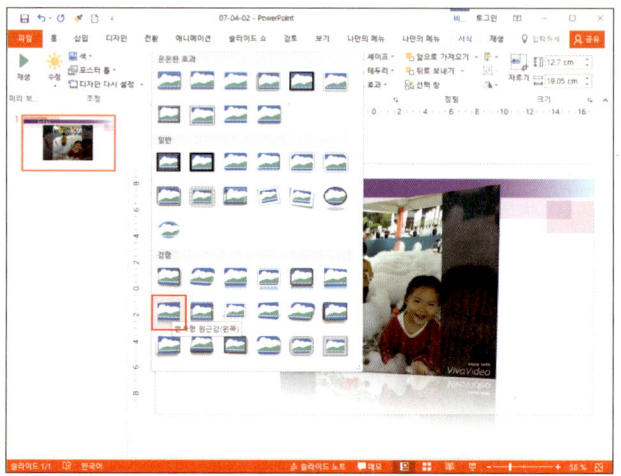

❽ 반사형 원근감(왼쪽) 화면에서 동영상을 재생해 본다.

❾ 비디오에 지정한 디자인 서식을 지우고자 할 경우에는 [비디오 도구]-[서식] 탭-[조정] 그룹-[디자인 다시 설정]()을 클릭해 [디자인 다시 설정]을 선택한다.

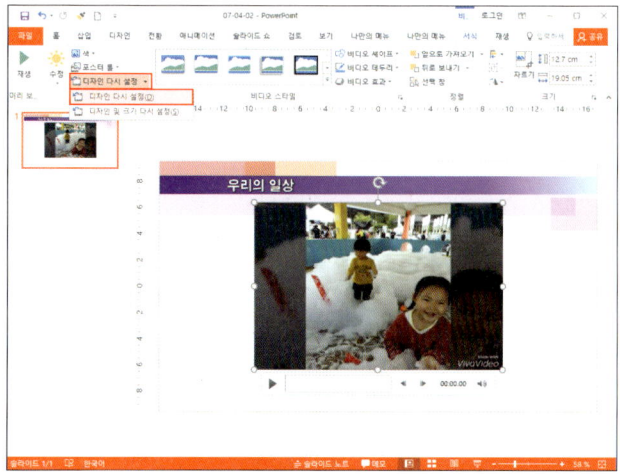

> tip ➕
> 동영상의 앞 부분과 끝 부분을 잘라내고 필요한 부분을 남기기 위해 [비디오 도구]-[재생] 탭-[편집] 그룹-[비디오 트리밍]( )을 클릭하면 된다.

01 혼자해보기

예제 파일을 열고 '동영상2.wmv'를 삽입하고 다음과 같이 비디오 스타일을 적용해 보자.

[작업 준비물 : Ch07\07-04-03.pptx, 동영상2.wmv]

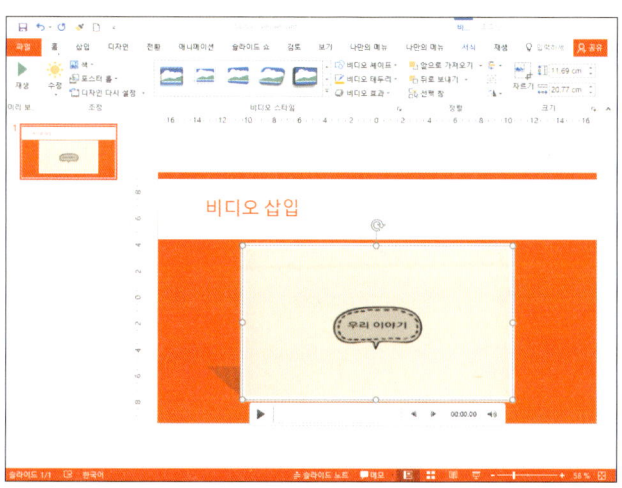

HINT ㅣ • [삽입] 탭-[미디어] 그룹-[비디오]( )를 클릭해 [내 PC의 비디오] 선택
• [비디오 도구]-[서식] 탭-[비디오 스타일] 그룹의 자세히 단추( )를 클릭해 [원근감 있는 그림자, 흰색] 선택
• [비디오 도구]-[서식] 탭-[조정] 그룹-[색]( )을 클릭해 [세피아] 선택

핵심정리 summary

1. **다양한 애니메이션 활용하기**
   - 슬라이드에 삽입된 개체들을 선택한 뒤, [애니메이션] 탭-[애니메이션] 그룹에서 사용자가 원하는 애니메이션 효과를 줄 수 있다.
   - 애니메이션이 설정된 개체들에 배치되는 숫자는 애니메이션의 진행 순서를 나타내며 [효과 옵션]과 [타이밍] 그룹에서 지정된 효과의 세부 설정을 변경할 수 있다.
   - [애니메이션] 탭-[애니메이션] 그룹의 자세히 단추( )를 클릭해서 다양한 애니메이션을 지정할 수 있다.
   - [애니메이션] 탭-[애니메이션] 그룹-[효과 옵션]( )을 이용해서 세부적인 옵션을 설정할 수 있다.
   - 차트나 SmartArt 개체에 애니메이션을 적용하고, 효과 옵션 조정으로 세부 요소마다 독립적으로 효과 재생이 되도록 할 수 있다.

2. **하이퍼링크 설정하기**
   - 하이퍼링크는 슬라이드에 삽입된 개체에 문서 내 특정 슬라이드로 이동하거나 웹 사이트로 이동할 수 있도록 링크를 설정하는 기능이다.
   - 슬라이드 위의 모든 개체 중 하나를 선택한 뒤, [삽입] 탭-[링크] 그룹-[하이퍼링크]( )를 클릭한다.
   - [하이퍼링크 삽입] 대화상자에서 [연결 대상] 현재 문서, 기존 파일/웹 사이트로 선택하여 하이퍼링크를 설정할 수 있다.
   - 슬라이드에 입력한 특정 텍스트 범위를 선택한 뒤, 다른 슬라이드로 하이퍼링크를 설정할 수 있다.
   - 연결한 하이퍼링크를 제거하려면 연결된 도형이나 텍스트 위에서 마우스 오른쪽 버튼을 눌러 [하이퍼링크 제거]를 선택하면 된다.

3. 화면 전환 효과 설정하기(모핑 전환)

- [슬라이드 쇼 보기] 상태에서 다음 슬라이드로 넘어갈 때, 다음 슬라이드로 전환되었음을 알려주는 것이 전환 효과이다.
- 화면 전환 효과는 기본적으로 [없음]이 지정되어 있고, [전환] 탭-[슬라이드 화면 전환] 그룹에서 다양한 전환 효과를 선택 적용할 수 있다.
- [전환] 탭-[슬라이드 화면 전환] 그룹-[효과 옵션]( )에서 적용된 전환 효과의 세부 옵션을 설정할 수 있다.
- [전환] 탭-[타이밍] 그룹-[기간]에 숫자를 입력해 전환 시간을 늘리거나 줄일 수 있다.
- 파워포인트 2016에 새로 추가된 모핑 전환은 동일한 이미지, 텍스트를 슬라이드별로 크기 및 위치를 달리 해놓으면 자연스럽게 전환시키는 기능이다. 마치 프레지 기능을 연상시킬 수 있다.

4. 오디오 및 동영상 삽입하기

- 배경 음악이 삽입되고자 하는 슬라이드에서 [삽입] 탭-[미디어] 그룹-[오디오]( )를 클릭하여 [내 PC의 오디오] 또는 [오디오 녹음]을 선택해 오디오 삽입이 가능하다.
- 오디오를 삽입하면 슬라이드 가운데에 오디오 아이콘과 재생 바가 표시된다. [재생]( )을 클릭해서 정상적으로 오디오가 재생되는지 확인할 수 있다.
- 오디오 중 특정 부분만 재생시키기 위해 [오디오 도구]-[재생] 탭-[편집] 그룹-[오디오 트리밍]( )을 클릭해 가능하다.
- [차트 도구]-[디자인] 탭-[차트 스타일] 그룹의 자세히 단추( )를 클릭하고 다양한 스타일을 선택하여 적용할 수 있다.
- 동영상을 삽입하기 위해서 [삽입] 탭-[미디어] 그룹-[비디오]( )를 클릭하여 [내 PC 비디오]를 선택한다.
- [비디오 도구]-[서식] 탭-[조정] 그룹을 통해서 비디오의 표지 등을 설정하고 [비디오 스타일] 그룹에서 다양한 비디오 스타일을 구사할 수 있다.

종합실습 pointup

1. 예제 파일을 열고 '슬라이드 4'에 삽입된 조직도의 7개 도형 개체에 [닦아내기]를 [왼쪽에서] 닦아지도록 설정한 후 [애니메이션 창]의 모든 애니메이션 목록들에 [이전 효과 다음에]를 적용해 보자.

   [작업 준비물 : Ch07\07-04-04.pptx]

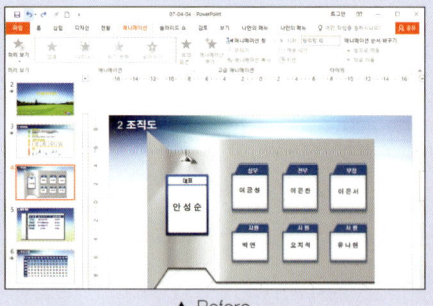
▲ Before

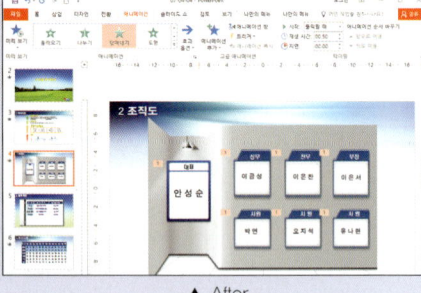
▲ After

HINT |
- 7개의 도형을 모두 선택한 후 [애니메이션] 탭-[애니메이션] 그룹의 자세히 단추( )를 클릭해 [닦아내기] 선택
- [효과] 옵션에서 [왼쪽에서] 선택 후 [애니메이션] 탭-[고급 애니메이션] 그룹-애니메이션 창 선택
- 첫 번째 애니메이션의 목록 단추( )를 클릭한 다음 [이전 효과 다음에] 선택
- 마지막 애니메이션까지 목록 단추( )를 클릭하여 [이전 효과 다음에] 반복 선택

2. '슬라이드 2'의 '회사비전'을 '슬라이드 3'과, '조직도'를 '슬라이드 4'와, '활동목표'를 '슬라이드 5'와 하이퍼링크 설정해 보자.

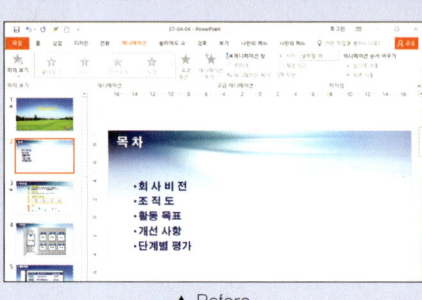
▲ Before

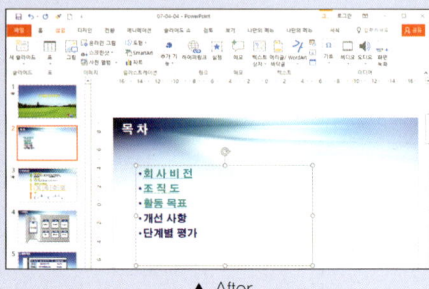
▲ After

HINT |
- '회사비전'을 범위 설정한 후 [삽입] 탭-[링크] 그룹-[하이퍼링크]( ) 클릭
- [하이퍼링크 삽입] 대화상자에서 [현재 문서] 선택 후 [3.1 회사비전] 문서 선택
- '조직도'를 범위 설정한 후 [삽입] 탭-[링크] 그룹-[하이퍼링크]( ) 클릭
- [하이퍼링크 삽입] 대화상자에서 [현재 문서] 선택 후 [4.2 조직도] 문서 선택
- '활동목표'를 범위 설정한 후 [삽입] 탭-[링크] 그룹-[하이퍼링크]( ) 클릭
- [하이퍼링크 삽입] 대화상자에서 [현재 문서] 선택한 후 [5.3 활동 목표] 문서 선택

종합실습 pointup

3. 모든 슬라이드에 [이동] 전환 효과를 설정하고, 위에서 이동되도록 효과 옵션을 설정해 보자.

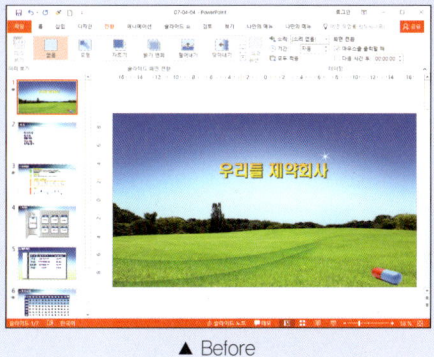
▲ Before

▲ After

HINT |
- '슬라이드 1'을 선택한 뒤, [전환] 탭-[슬라이드 화면 전환] 그룹의 자세히 단추()를 클릭해 [이동] 선택
- [전환] 탭-[슬라이드 화면 전환] 그룹-[효과 옵션]()을 클릭해 [위에서] 선택
- [전환] 탭-[타이밍] 그룹-[모두 적용]() 클릭

4. '슬라이드 7'에 '백그라운드.mp3'를 삽입하고 [쇼 동안 숨기기]를 설정하고, 자동 실행과 높음 볼륨을 설정해 보자.

[작업 준비물 : Ch07\백그라운드.mp3]

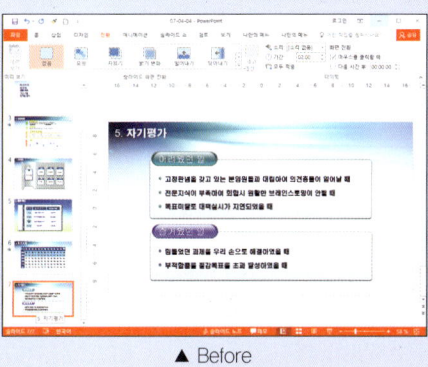
▲ Before

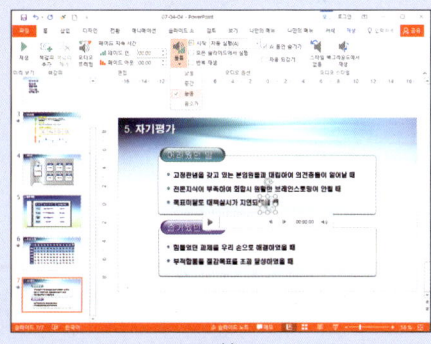
▲ After

HINT |
- '슬라이드 7'을 선택하고 [삽입] 탭-[미디어] 그룹-[오디오]()를 클릭해 [내 PC의 오디오] 선택
- [오디오 삽입] 대화상자가 나타나면 '백그라운드.mp3' 선택해 삽입
- [오디오 도구]-[재생] 탭-[오디오 옵션] 그룹-[쇼 동안 숨기기] 선택, [시작]-[자동 실행] 선택
- [오디오 도구]-[재생] 탭-[오디오 옵션] 그룹에서 볼륨의 목록 단추()를 클릭해 [높음] 선택

Chapter 7 . 종합실습 287

08 CHAPTER

프레젠테이션 전 마지막 점검하기

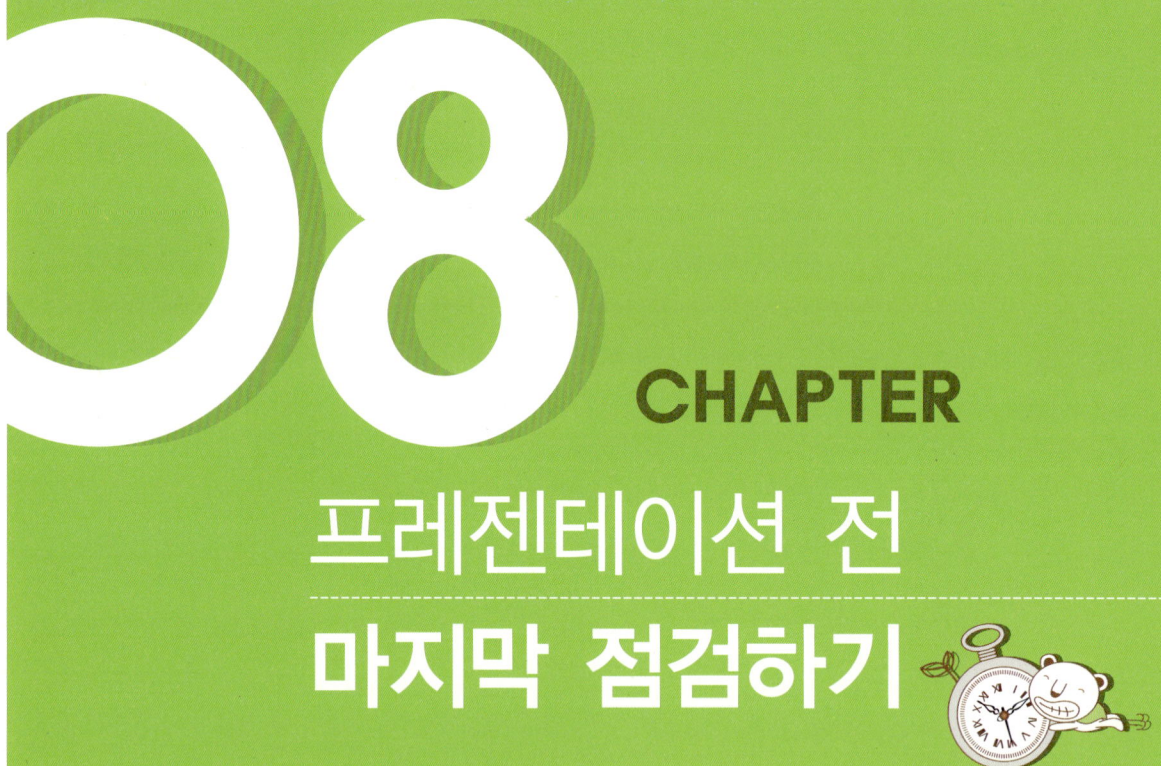

슬라이드 문서를 모두 완성한 것이 끝이 아니다. 발표자가 이를 활용해 충분히 발표 준비를 하는 것이 필요하며 이것은 완벽한 프레젠테이션을 위한 필수 요소이다. 때문에 이를 돕는 파워포인트의 '예행 연습' 기능과 슬라이드 쇼 화면에서의 여러 옵션들은 발표자가 지속적으로 활용해야 할 부분이 된다. 이러한 부분 이외에도 발표자 또는 청중이 참고할 수 있는 인쇄 자료를 만드는 과정에 대해서도 함께 살펴보도록 한다.

Section 1   슬라이드 노트 및 유인물 제작하기

Section 2   프레젠테이션 준비하기

Section 3   슬라이드 쇼 화면에서 강조하기

Section 4   PDF 형식 및 그림 파일로 저장하기

프레젠테이션 발표 준비하고 자료 인쇄하기

Chapter 8

작성한 프레젠테이션을 청중 앞에서 발표하기 전, 발표자가 충분히 발표 준비를 하는 것이 프레젠테이션의 마지막 작업이다. 발표자는 청중이 참고할 수 있는 인쇄 자료를 만들고 발표 시간을 가늠하기 위해 예행 연습을 하고, 발표 자료가 서로 다른 상황에 대비한 슬라이드 재구성 방법도 알아본다. 또한, [슬라이드 쇼 보기] 상태에서 청중의 주목성을 높이는 효과들에 대해 서로 알아보자.

01 슬라이드 노트 및 유인물 제작하기

- 슬라이드 노트는 본 슬라이드 아래쪽의 발표자가 발표 중 참고할 내용을 입력하는 공간이다. [보기] 탭-[표시] 그룹-[슬라이드 노트]( )를 클릭해 슬라이드 노트 화면으로 전환 가능하고 텍스트 상자에 내용 입력 및 서식 조정을 할 수 있다.

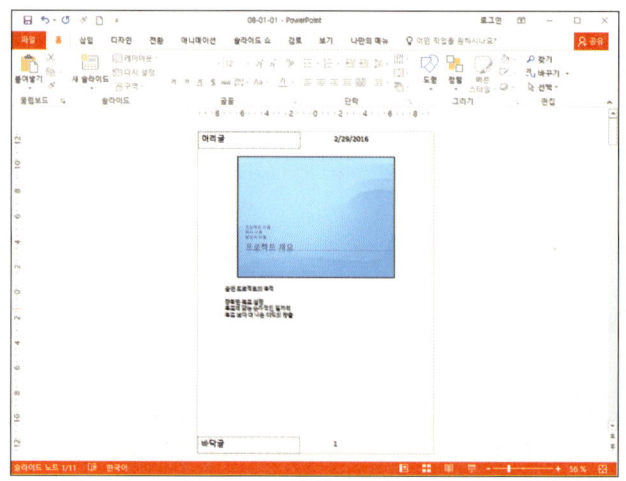

- 프레젠테이션의 이해도를 높이기 위해 청중에게 유인물을 인쇄해 배포할 수 있다. [파일] 탭-[인쇄]-[전체 페이지 슬라이드]에서 사용자가 원하는 슬라이드 개수를 지정한 유인물 목록을 선택해 설정할 수 있다.

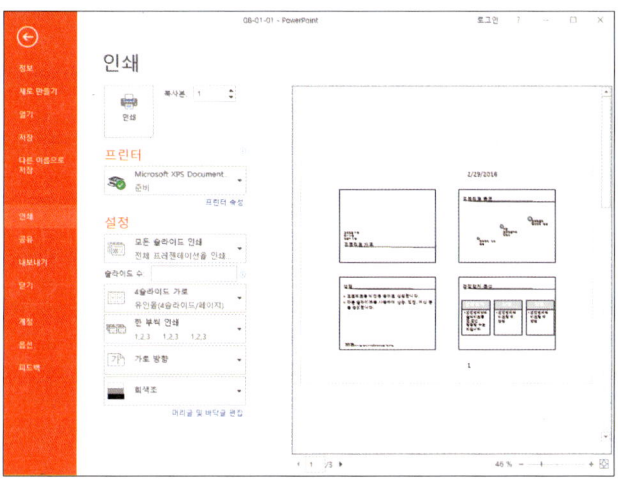

02 프레젠테이션 준비하기

- 발표에 걸리는 시간을 측정하고 더욱 짜임새 있는 발표가 될 수 있도록 연습하기 위해 '예행 연습' 기능을 활용하게 된다. [슬라이드 쇼] 탭-[설정] 그룹-[예행 연습]( )을 클릭해 [슬라이드 쇼 보기] 화면에서 슬라이드마다의 진행 시간을 기록한다. 이렇게 설정된 시간은 [보기] 탭-[프레젠테이션 보기] 그룹-[여러 슬라이드]( )를 클릭해 확인할 수 있으며 [지우기] 옵션을 적용해 시간을 제거할 수 있다.

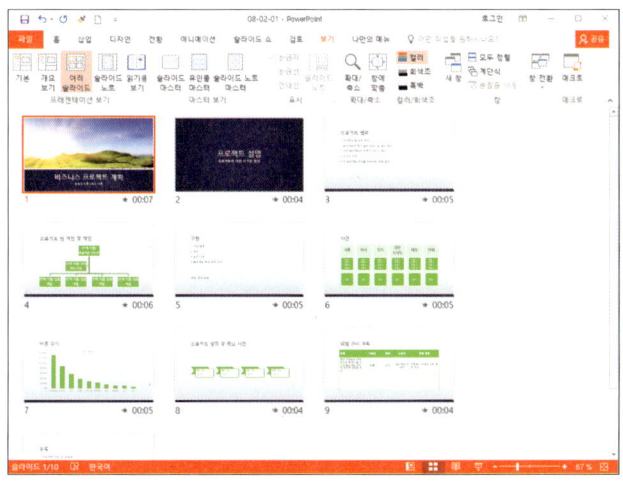

- 쇼 재구성은 발표 환경이나 대상에 따라 슬라이드 구성을 달리해야 할 경우에 활용하는 기능이다. [슬라이드 쇼] 탭-[슬라이드 쇼 시작] 그룹-[쇼 재구성]을 클릭한 뒤, [쇼 재구성] 대화상자를 활용해 사용자가 원하는 슬라이드 구성을 해나갈 수 있다. 이렇게 설정된 쇼 재구성은 [슬라이드 쇼] 탭-[슬라이드 쇼 시작] 그룹-[슬라이드 쇼 재구성]에서 선택해 사용할 수 있다.

03 슬라이드 쇼 화면에서 강조하기

프레젠테이션 중에 강조해야 할 문구나 개체가 있다면 펜이나 형광펜 도구를 활용해 청중에게 더 의견을 명확하게 전달할 수 있다. [슬라이드 쇼 보기] 화면에서 펜 단추( )를 클릭한 뒤, [형광펜], [펜] 등을 선택하여 색을 지정하고 사용할 수 있으며, '지우개' 기능으로 쇼 화면에 작성된 펜/형광펜을 제거할 수 있다.

04 PDF 형식 및 그림 파일로 저장하기

프레젠테이션을 배포용 문서로 만드는 방법은 2가지이다. PDF 형식으로 저장하여 게시하는 방법과 오로지 열람만 가능할 수 있도록 저장하는 이미지 저장 방법이 있다. 2가지 방법에 대해서 알아보자.

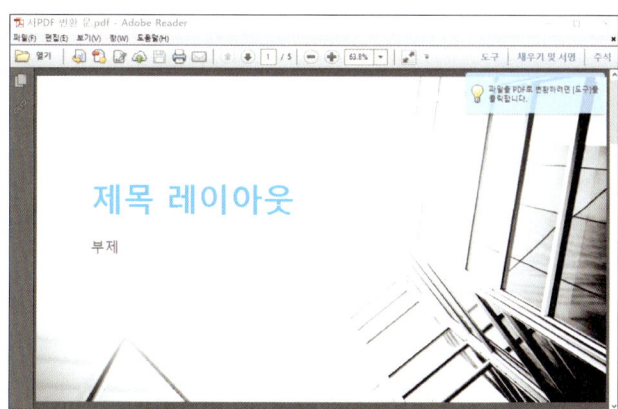

Section 1. 슬라이드 노트 및 유인물 제작하기

슬라이드 노트에 발표자가 발표 시 참고할 내용을 입력해 둘 수 있다. 넓은 텍스트 상자에 내용 입력을 할 수 있으며, 일반 텍스트의 글꼴, 크기, 단락 서식으로 꾸밀 수 있고, [파일] 탭의 백스테이지 화면에서 [인쇄]를 활용해 청중을 위한 유인물을 제작할 수도 있다.

> ◐ 알아두기
> • 슬라이드 노트에 프레젠테이션 시 발표자가 참고할만 한 내용을 입력해 둘 수 있다.
> • 청중들의 이해를 돕기 위한 유인물 인쇄가 가능하다.

따라하기 01 슬라이드 노트 활용하기

기본 슬라이드에서 [슬라이드 노트 보기] 상태로 변경하여 발표자가 발표 시 참고할 내용을 슬라이드 아래쪽에 입력하고 서식을 조정해 보자.

[작업 준비물 : Ch08\08-01-01.pptx]

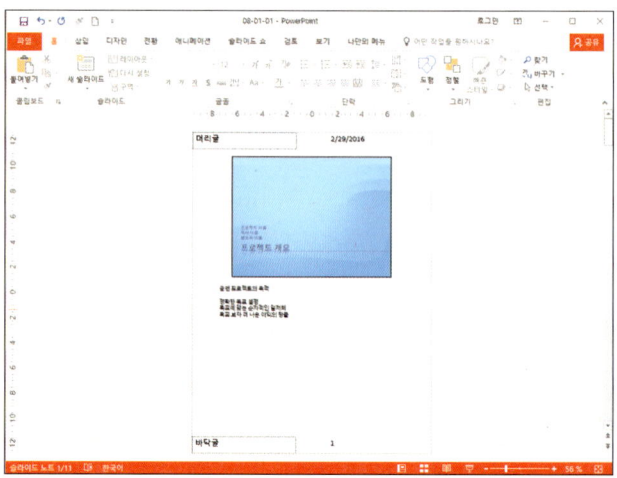

① 예제 파일을 열고 [보기] 탭-[프레젠테이션 보기] 그룹-[슬라이드 노트]( )를 클릭한다.

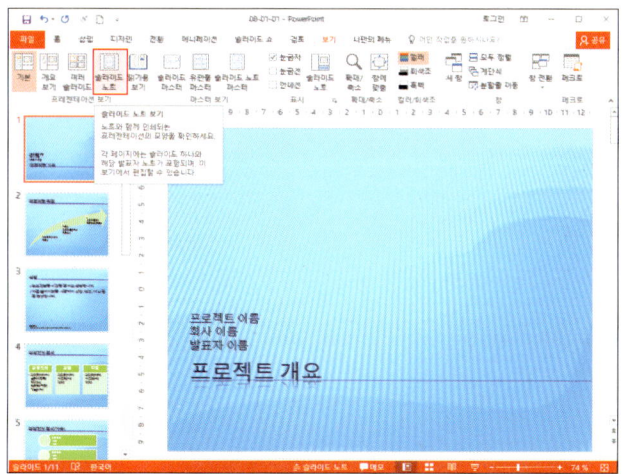

② [슬라이드 노트 보기] 상태에서 화면 오른쪽 아래의 슬라이더를 드래그해 문장을 입력할 때 보기 편안한 배율로 되도록 조절한다.

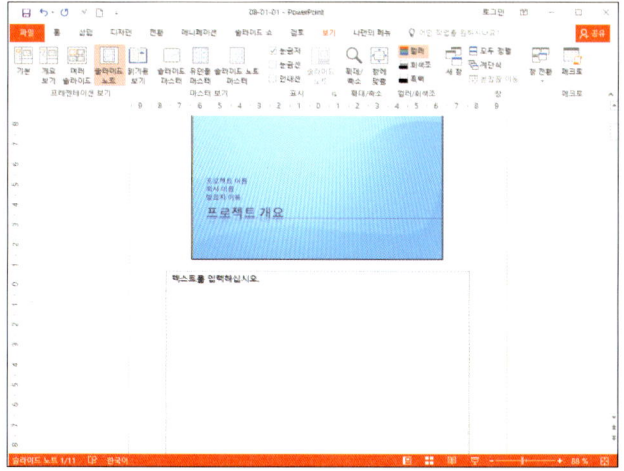

애니메이션 설정 후 나타나는 숫자는 애니메이션 적용 순서 및 진행 순서를 나타낸다.

❸ 슬라이드 노트에 발표 시 참고할 내용을 입력한다.

❹ 입력한 내용의 텍스트 상자를 클릭한 뒤, [홈] 탭-[단락] 그룹-[줄 간격]( )을 클릭해 [2.0]을 선택한다.

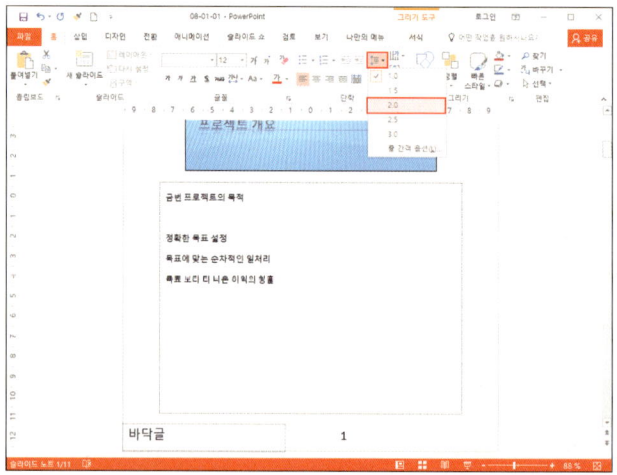

❺ 작성이 끝나면 화면 오른쪽 아래의 [창 크기 맞춤]( )을 클릭하여 슬라이드 노트 레이아웃이 모두 보이도록 설정하고 확인한다.

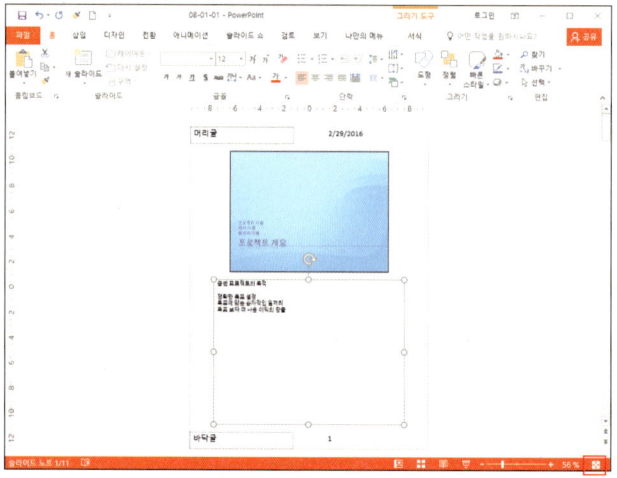

> tip ➕
> 노트에 내용한 텍스트는 [홈] 탭-[글꼴] 그룹과 [단락] 그룹의 글자 서식과 관련된 기능들을 모두 적용할 수 있다.

따라하기 02 유인물 설정 및 인쇄하기

발표 중에 청중의 이해를 도울 수 있도록 유인물을 제작해 보자.

① [파일] 탭을 클릭하고 나오는 백스테이지 화면에서 [인쇄]를 클릭한다.

> tip ➕
> 유인물 설정은 [보기] 탭-[마스터 보기] 그룹-[유인물 마스터]()를 통해서도 설정할 수 있다.

❷ [전체 페이지 슬라이드]에서 [유인물]-[4슬라이드 가로]를 선택한다.

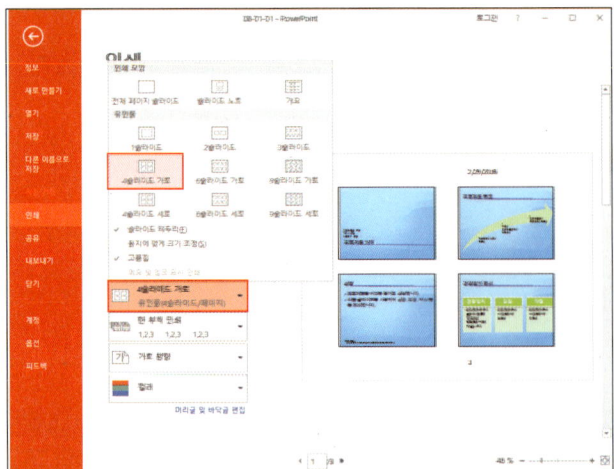

tip ➕

[파일] 탭을 클릭하여 나온 백스테이지 화면에서 [인쇄]-[인쇄]를 클릭하면 바로 인쇄 가능하다. [인쇄]에서는 화면 오른쪽에 인쇄 결과를 확인할 수 있는 미리 보기 창이 배치되어 실시간으로 확인할 수 있다.

❸ [컬러]를 클릭한 뒤, [회색조]를 선택하여 무채색으로 인쇄하도록 한다.

❹ [세로 방향]을 클릭해 슬라이드가 [가로 방향]으로 인쇄되도록 [가로 방향]을 선택한다.

❺ 인쇄 미리 보기 창을 확인하면 회색조 색상의 4개 슬라이드가 가로로 배치된 인쇄 결과를 확인할 수 있다. [인쇄]를 클릭하고 환경이 된다면 실제로 지면으로 인쇄해 보자.

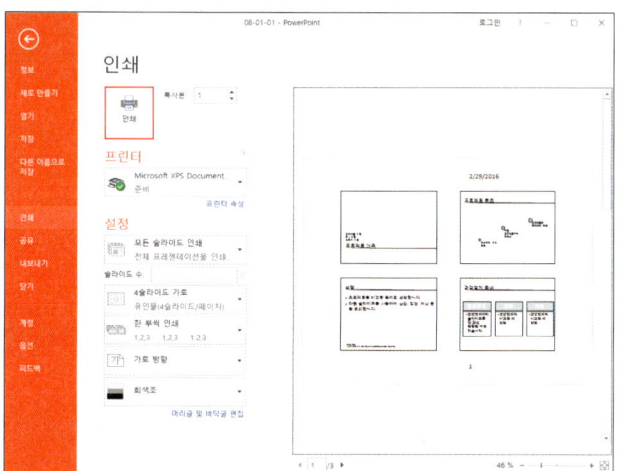

01 혼자해보기 예제 파일을 열고 [슬라이드 노트 보기] 상태로 변경한 뒤, 다음과 같이 노트 내용을 작성해 보자.

[작업 준비물 : Ch08\08-01-02.pptx]

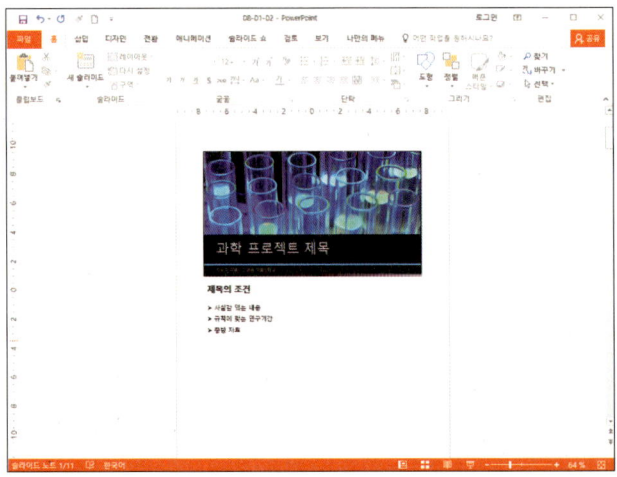

HINT | • [보기] 탭-[프레젠테이션 보기] 그룹-[슬라이드 노트]( ) 클릭
• 내용을 입력하기 편한 배율로 조정한 뒤, 입력

02 혼자해보기 백스테이지 화면에서 다음과 같이 유인물 레이아웃을 설정하고 인쇄해 보자.

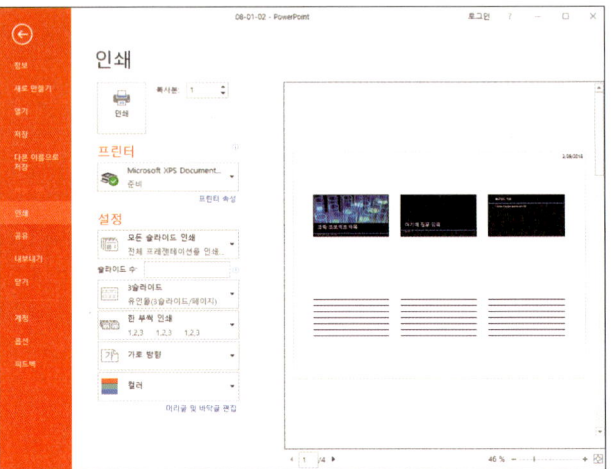

HINT | • [파일] 탭-[인쇄]-[전체 페이지 슬라이드] 클릭하고 [3 슬라이드] 선택
• [가로 방향] 선택

프레젠테이션 준비하기

어떤 프레젠테이션이든 발표 시간은 주어진다. 주어진 발표 시간 안에 최선을 다해서 청중을 설득해야만 성공적인 프레젠테이션이라 할 수 있다. '예행 연습' 기능을 통해 전체 슬라이드를 넘기며 발표에 걸리는 시간을 측정하고 발표 환경이나 대상에 따른 슬라이드 구성을 달리해야 할 경우에는 '쇼 재구성' 기능을 활용해 이에 대한 대비책을 세울 수 있다.

알아두기

- 주어진 발표 시간에 알맞게 발표하기 위해 예행 연습을 통해서 실제 발표에 걸리는 시간을 조율할 수 있다.
- '쇼 재구성' 기능을 통해 발표 상황에 따른 슬라이드 구성을 달리할 수 있다.

따라하기 01 예행 연습으로 발표 시간 조율하기

'예행 연습' 기능을 통해 실제 발표에 걸리는 시간을 가늠해 보자. 슬라이드 쇼에 걸리는 시간을 참고할 수 있다.

[작업 준비물 : Ch08\08-02-01.pptx]

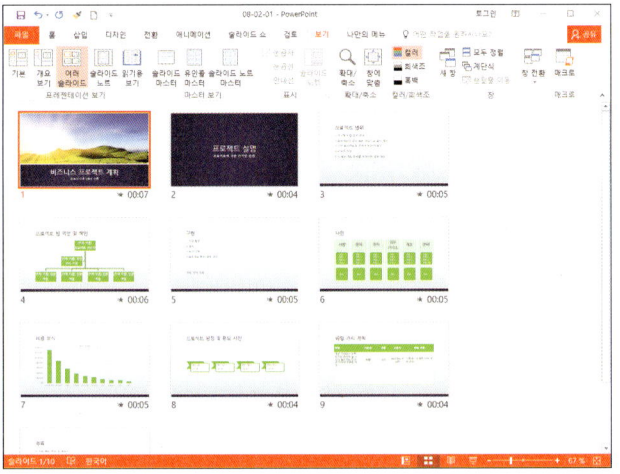

① 예제 파일을 열고 '슬라이드 1'을 선택한 뒤, [슬라이드 쇼] 탭-[설정] 그룹-[예행 연습]( )을 클릭한다.

② 슬라이드 쇼가 시작되면 '슬라이드 1'이 가장 첫 화면으로 나타난다. 화면 왼쪽 위에 해당 슬라이드가 보이는 소요 시간과 전체 슬라이드 쇼의 시간이 동시에 보여진다. 실제 프레젠테이션을 가정하려 리허설하며 슬라이드를 넘기도록 한다.

> tip ➕
> 예행 연습 도중 리허설을 잠깐 멈추어야 되는 경우에는 [녹화] 도구 상자의 [일시정지]( )를 클릭하면 된다.

❸ 슬라이드가 모두 끝나면 슬라이드 쇼에 걸린 전체 소요 시간을 알려주며, 각 슬라이드마다의 진행 시간을 저장할 지 여부를 묻는 대화상자가 나타난다. 이곳에서는 [예]를 클릭한다.

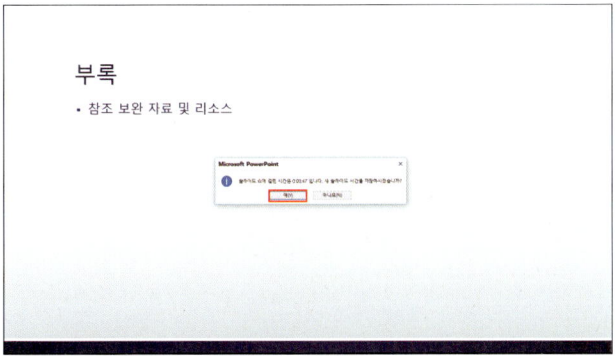

❹ [보기] 탭-[프레젠테이션 보기] 그룹-[여러 슬라이드]( )를 클릭한 뒤, 화면 오른쪽 아래에서 보기 좋은 배율이 되도록 조절한다. 각각의 슬라이드마다 예행 연습을 통해 기록했던 시간들이 표기되는 것을 볼 수 있다.

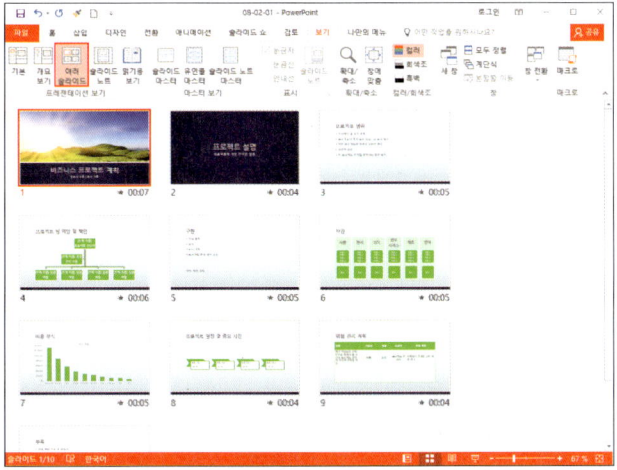

❺ 결과가 확인되면 [슬라이드 쇼] 탭-[설정] 그룹-[슬라이드 쇼 녹화]( )를 클릭해 [지우기]-[모든 슬라이드의 타이밍 지우기]를 선택해서 예행 연습 시간들을 모두 지운다.

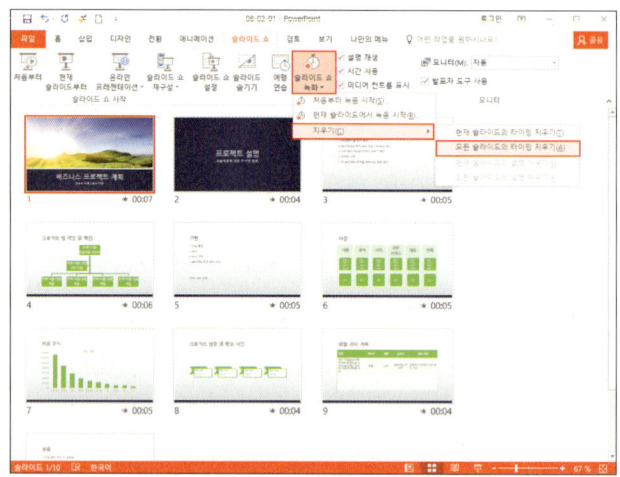

따라하기 02 쇼 재구성하기

발표 상황에 따라 슬라이드 구성을 달리해서 볼 수 있도록 쇼를 재구성해 보자.

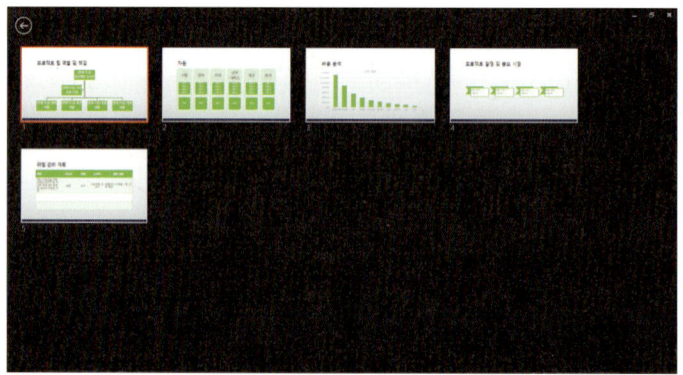

① [슬라이드 쇼] 탭-[슬라이드 쇼 시작] 그룹-[슬라이드 쇼 재구성]( )을 클릭해 [쇼 재구성]을 선택한다.

② [쇼 재구성] 대화상자가 나타나면 [새로 만들기]를 클릭한다.

③ [쇼 재구성하기] 대화상자의 [슬라이드 쇼 이름]을 '도해로 보기'라고 입력하고 '4'번, '6~9'번 슬라이드를 선택한 뒤 [추가]를 클릭한다.

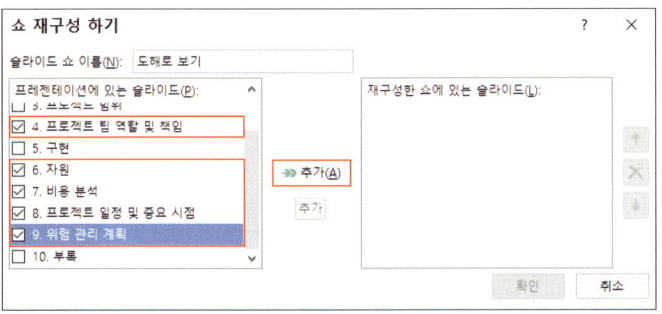

❹ 이전 과정에서 선택한 슬라이드들이 [재구성한 쇼에 있는 슬라이드] 창에 표시되면 [확인]을 클릭해 결과를 저장한다.

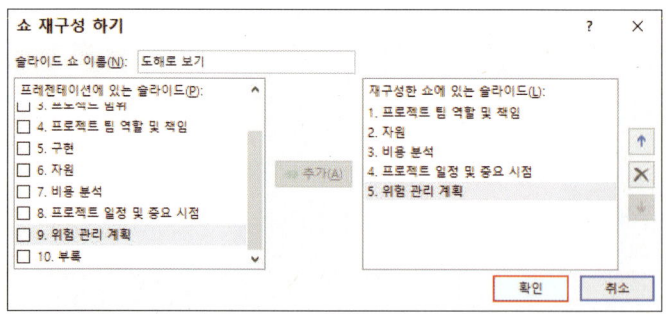

❺ [쇼 재구성] 대화상자에 이전에 제작해 둔 '도해로 보기'가 배치된 것을 확인하고, 새로운 재구성을 하기 위해 다시 [새로 만들기]를 클릭한다.

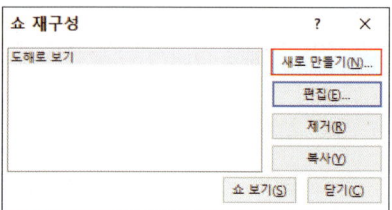

❻ [쇼 재구성하기] 대화상자의 [슬라이드 쇼 이름]을 '프로젝트 설명'으로 입력한다. 이어서 '1~3', '5', '7'번 슬라이드를 선택한 뒤 [추가]를 클릭한다.

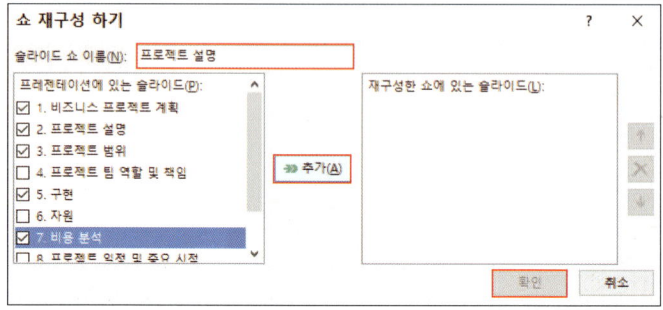

❼ 이전에 작업해둔 내용들이 [쇼 재구성] 대화상자 목록에 표시되는 것을 확인하고 [닫기]를 클릭한다.

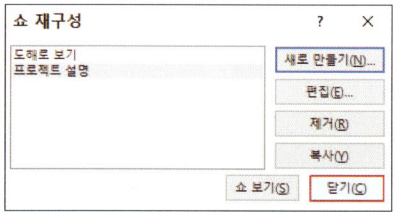

❽ [슬라이드 쇼] 탭-[슬라이드 쇼 시작] 그룹-[슬라이드 쇼 재구성]( )을 클릭하면 이전에 설정해둔 재구성 목록이 표시된다. 이들 중 [도해로 보기]를 선택한다. [슬라이드 쇼 보기] 상태가 되면 슬라이드를 넘기며, [도해로 보기]로 구성해둔 슬라이드만 보이는 것을 확인한다.

❾ 슬라이드 쇼 화면에서 마우스 오른쪽 버튼을 눌러 [쇼 재구성]-[프로젝트 설명]을 선택한다. 결국 [슬라이드 쇼 보기] 상태에서 다른 재구성한 쇼로 쉽게 변경됨을 확인할 수 있다.

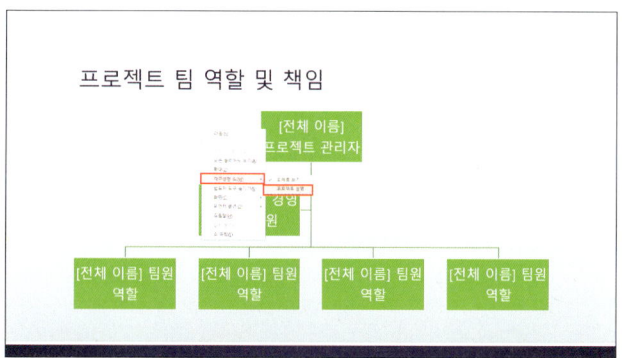

01 혼자해보기

예제 파일을 열고 '예행 연습' 기능을 활용해 슬라이드마다의 발표 시간을 측정해 보자. 이를 통해 전체 소요 시간을 조율한 뒤, 더욱 짜임새 있는 프레젠테이션이 될 수 있도록 발표 연습을 해 보자.

[작업 준비물 : Ch08\08-02-02.pptx]

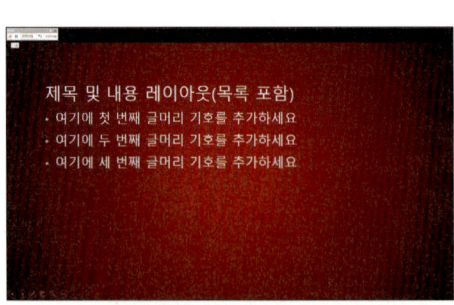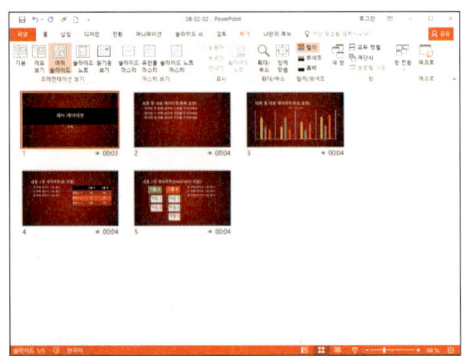

HINT | • [슬라이드 쇼] 탭-[설정] 그룹-[예행 연습]( ) 클릭
• 기록된 시간 삭제는 [슬라이드 쇼] 탭-[설정] 그룹-[슬라이드 쇼 녹화]( )를 클릭해 [지우기]-[모든 슬라이드의 타이밍 지우기] 선택

슬라이드 쇼 화면에서 강조하기

작성한 슬라이드로 실제 프레젠테이션 진행할 때 발표 내용 중 강조하고자 하는 부분이 있을 경우, 펜이나 형광펜 도구를 선택하여 구사함으로써 청중의 시선을 끌 수가 있다. 생성된 펜 영역은 슬라이드 쇼 화면 중 '지우개' 기능을 통해 제거가 가능하며, 슬라이드 쇼를 마칠 때 주석을 유지하겠느냐의 질문의 요청에 따라 작업 화면으로 가져갈 수도 있다.

> **알아두기**
> • 형광펜 또는 펜으로 슬라이드 내용 중 중요 부분을 강조할 수 있다.
> • 펜과 형광펜으로 만들어진 개체들은 지우개로 지울 수 있다.

따라하기 01 형광펜으로 강조하기

슬라이드 쇼를 진행하면서 형광펜을 선택하여 발표자가 원하는 내용을 강조해 보자.
[작업 준비물 : Ch08\08-03-01.pptx]

❶ 예제 파일을 열고 '슬라이드 2'를 선택한 뒤, [슬라이드 쇼] 탭-[슬라이드 쇼 시작] 그룹-[현재 슬라이드부터](   )를 클릭한다.

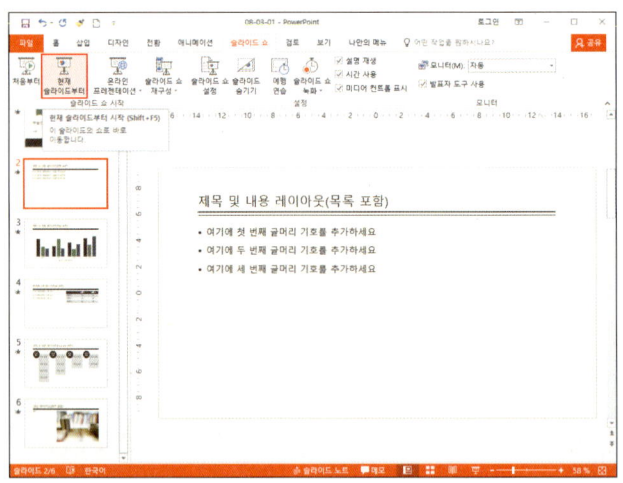

tip ➕ 현재 슬라이드부터 쇼 진행의 단축키인 Shift + F5 를 눌러도 되고, 화면 오른쪽 아래의 슬라이드 쇼(   )를 클릭해도 된다.

❷ 슬라이드 쇼가 시작되면 화면 아래 왼쪽에서 펜 단추(   )를 클릭한 뒤, 목록에서 [형광펜]을 선택한다.

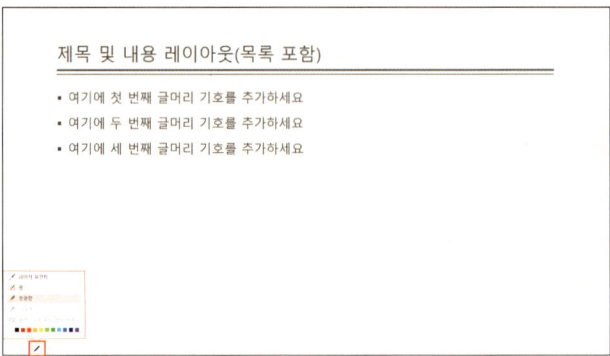

❸ 슬라이드 쇼 화면 위를 드래그하면 커서가 지나간 곳이 노란 형광펜으로 칠해진 듯 표현된다. 이렇게 이용하여 원하는 내용을 강조할 수 있다.

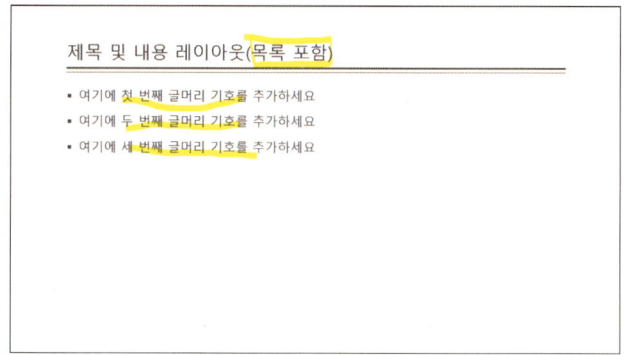

 화면 아래 왼쪽에서 펜 단추(□)를 클릭한 뒤 목록에서 색을 변경하면 형광펜의 색을 바꿀 수 있다.

❹ 슬라이드 쇼가 모두 끝나면, 형광펜이 칠해진 잉크 주석을 유지할 지를 묻는다. [예]를 클릭해 유지되었을 경우의 기본 화면을 확인해 보자.

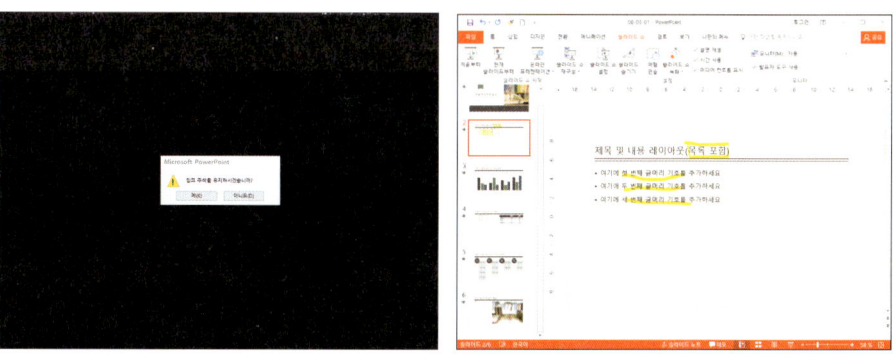

 [기본 보기] 상태가 되면 형광펜으로 칠했던 영역은 하나의 도형 개체로 인식되는 것을 확인할 수 있다.

| 따라하기 | 02 사인펜으로 강조하고 삭제하기 |

슬라이드 쇼 화면에서 [펜]을 선택하여 내용을 강조해 보고, 필요 없는 부분은 [지우개]로 제거해 보자.

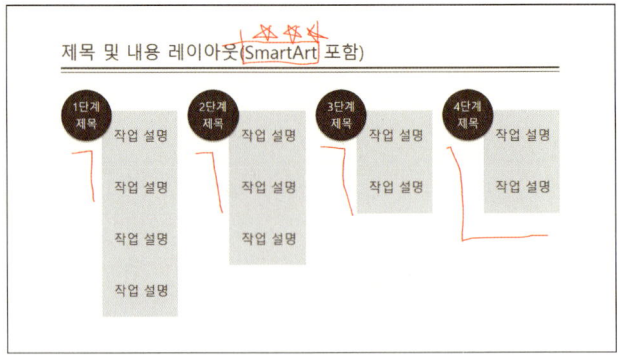

① '슬라이드 5'를 선택한 뒤, Shift + F5 를 눌러 현재 슬라이드부터 쇼를 진행한다.

② 화면 아래 왼쪽에서 펜 단추( )를 클릭한 뒤, 목록에서 [펜]을 선택한다. 다시 목록에서 [색]을 [빨강]으로 선택한다.

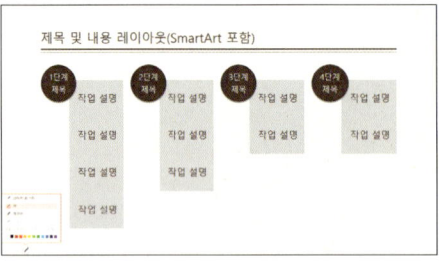
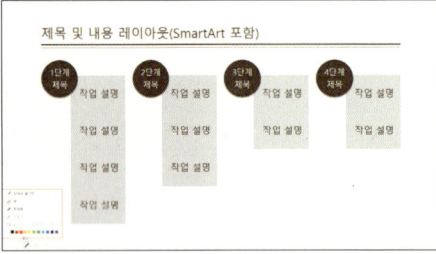

③ 화면 위를 드래그하여 강조하고자 하는 부분을 칠하듯이 표현한다.

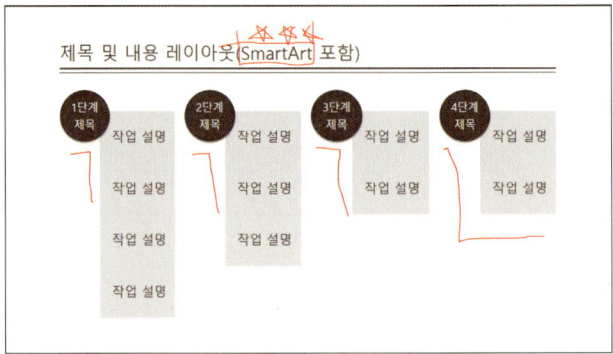

❹ 화면 아래 왼쪽에서 펜 단추( )를 클릭한 뒤, 목록에서 [지우개]를 선택한다.

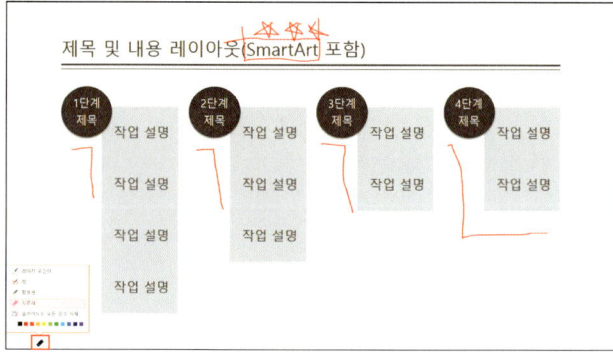

❺ 화면 위를 드래그해 보면 커서가 닿은 곳의 펜 영역들이 바로 지워지는 것을 볼 수 있다.

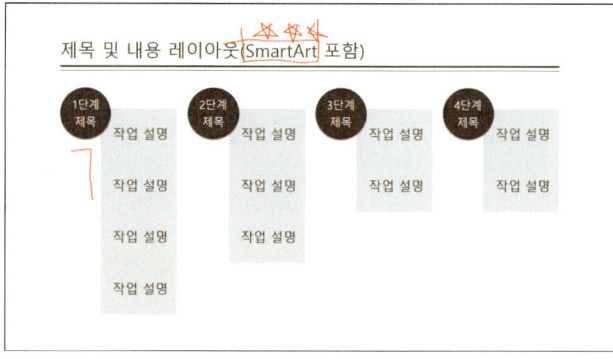

01 혼자해보기

예제 파일을 열고 슬라이드 쇼를 실행한 다음 '슬라이드 3'에서 녹색의 형광펜으로 다음과 같이 강조해 보자.

[작업 준비물 : Ch08\08-03-02.pptx]

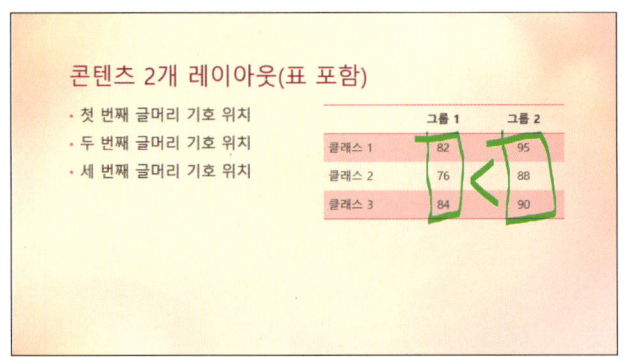

HINT | • Shift + F5 를 누르고 '슬라이드 3'의 왼쪽 아래의 펜 단추(✏)를 클릭한 뒤, [형광펜] 선택
• 목록에서 [색]-[녹색] 선택

Section 4. PDF 형식 및 그림 파일로 저장하기

PDF란 윈도우, 매킨토시, 유닉스, 리눅스 등 모든 운영체제에서 전송, 읽기가 가능한 포맷이다. 모든 텍스트, 그림, 폰트 등이 벡터 기반으로 고품질 출력이 가능하다. 슬라이드를 PDF 전환하여 저장하는 방법을 알아보고, 그림 파일로 저장하여 보안성을 높여보자.

◐ 알아두기
- 파워포인트 2016에서 슬라이드를 PDF 형식으로 저장할 수 있다.
- 슬라이드를 그림 파일로 저장할 수 있다.

따라하기 01 PDF 형식으로 저장하기

슬라이드의 전부 또는 일부분만 PDF 파일로 저장할 수 있다. 슬라이드를 PDF로 저장해 보자.

[작업 준비물 : Ch08\08-04-01.pptx]

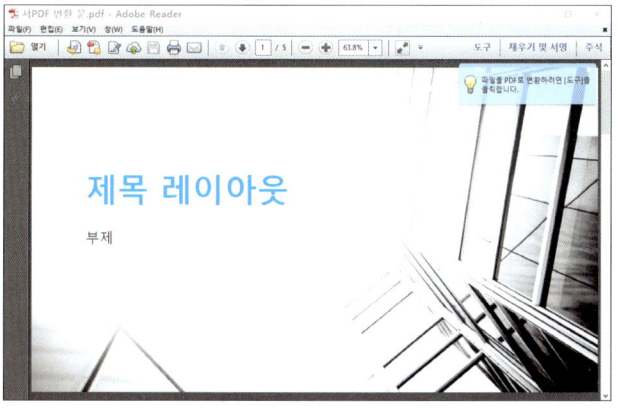

① 예제 파일을 열고 [파일] 탭을 클릭하여 백스테이지 화면에서 [내보내기]-[PDF/XPS]-[PDF/XPS 문서 만들기]( )를 클릭한다.

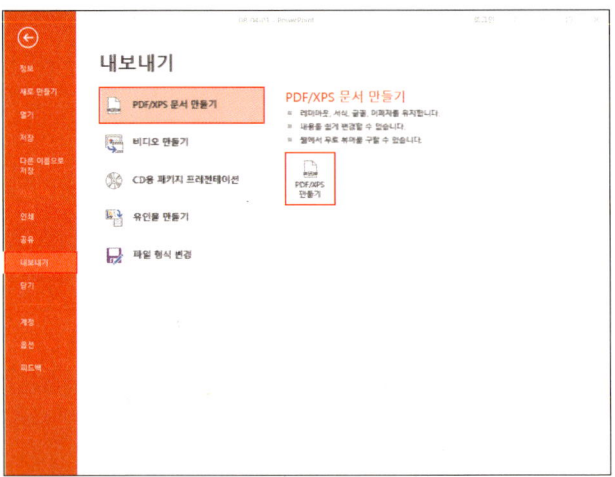

tip ➕ XPS 문서는 어도비 PDF를 대체하려는 파일로 기능, 성격 모두 PDF와 유사하지만 윈도우 설치 시 함께 포함되어 있어 별도의 프로그램이 필요없다는게 장점이다.

② [PDF 또는 XPS로 게시] 대화상자가 나타나면 저장할 경로와 파일명을 입력한 후 [게시]를 클릭한다.

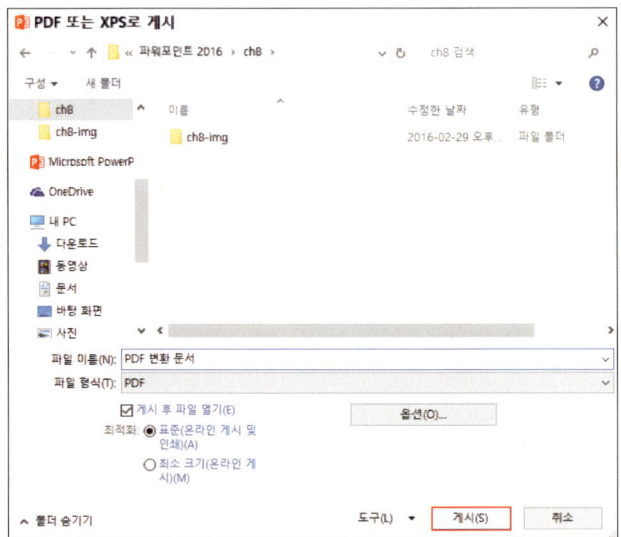

❸ 게시가 완료되면 자동으로 Adobe Reader가 실행되고 PDF로 변환된 문서가 보인다.

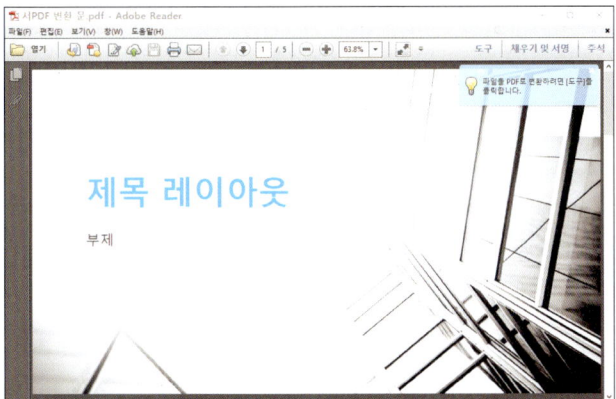

❹ 저장 경로의 폴더를 열어 PDF 형식의 문서를 확인한다.

따라하기 02 **그림 파일로 저장하여 배포용 문서 만들기**

열람만 가능하도록 하기 위해 슬라이드를 그림 파일로 저장한 후 새 문서에 슬라이드 크기에 맞게 삽입하는 방법을 사용해 보자.

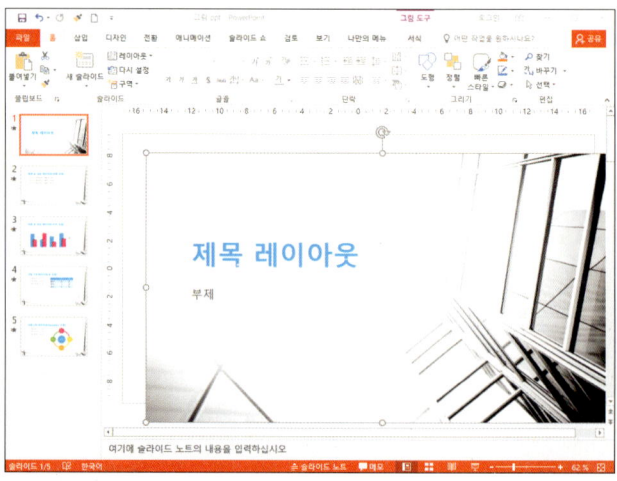

❶ 모든 슬라이드를 이미지로 저장하기 위해 [파일] 탭-[다른 이름으로 저장]을 클릭한다.

❷ [찾아보기]를 클릭하여 [다른 이름으로 저장] 대화상자가 열리면 저장 경로와 파일명을 확인하고 [파일 형식](▼) 목록 단추를 클릭해 [PowerPoint 그림 프레젠테이션(*.pptx)]를 선택한 후 [저장]을 클릭한다.

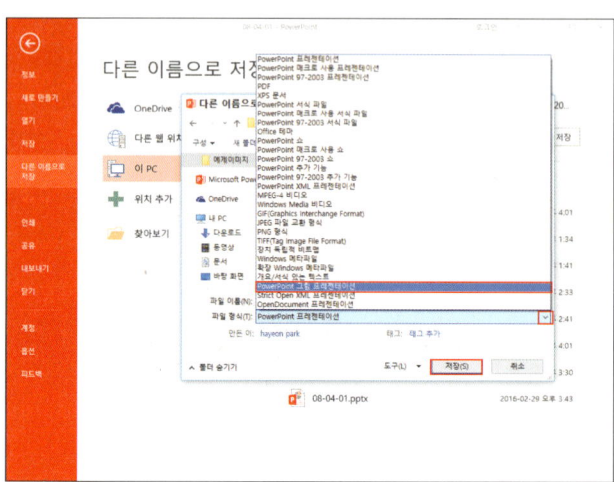

> tip ➕ 현재 파일 내의 모든 슬라이드를 이미지로만 저장하려면 [JPEG 파일 교환 형식(*.jpg)]을 선택한다.

❸ [파일] 탭-[열기]를 선택하여 [찾아보기]를 클릭하고 저장한 파일을 선택하여 [열기]를 클릭하면 각 슬라이드에 슬라이드 이미지가 삽입된 문서가 저장되었음을 확인할 수 있다.

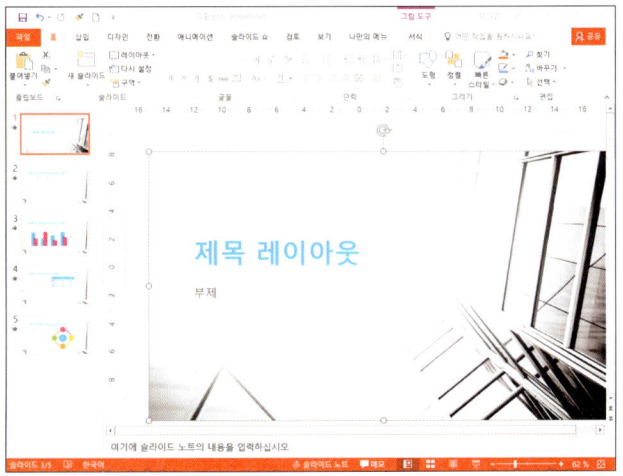

01 혼자해보기

예제 파일을 열고 전체 슬라이드를 '건강'이란 파일명의 PDF 파일로 [Ch08] 폴더 안에 변환 저장해 보자.

[작업 준비물 : Ch08\08-04-02.pptx]

HINT | • [파일] 탭-[내보내기]-[PDF/XPS]-[PDF/XPS만들기]( ) 클릭
• [PDF 또는 XPS 로 게시] 대화상자에서 저장할 경로와 파일명을 입력한 후 [게시] 클릭

 **핵심정리** summary

1. **슬라이드 노트 및 유인물 제작하기**
   - 슬라이드 노트는 본 슬라이드 아래쪽의 발표자가 발표 중 참고할 내용을 입력하는 공간이다.
   - [보기] 탭-[표시] 그룹-[슬라이드 노트]( )를 클릭해 슬라이드 노트 화면으로 전환하여 아래쪽에 참고 내용을 입력한다.
   - 입력한 내용의 텍스트 상자의 테두리를 선택한 뒤, [홈] 탭-[글꼴] 및 [단락] 그룹에서 각종 서식을 적용할 수 있다.
   - 발표 중에 청중의 이해를 도울 수 있도록 유인물을 제작할 수 있다.
   - [파일] 탭을 클릭하고 나오는 백스테이지 화면에서 [인쇄]를 클릭해 유인물의 페이지 수, 색, 방향 등을 설정할 수 있다.

2. **프레젠테이션 준비하기**
   - 발표에 걸리는 시간을 측정하고 보다 짜임새 있는 발표가 될 수 있도록 연습하기 위해 [슬라이드 쇼] 탭-[설정] 그룹-[예행 연습]( )을 클릭해 기능을 활용한다.
   - [슬라이드 쇼] 탭-[설정] 그룹-[예행 연습]( )을 클릭해 슬라이드 쇼 화면에서 슬라이드마다의 진행 시간을 기록한다.
   - 설정된 시간은 [보기] 탭-[프레젠테이션 보기] 그룹-[여러 슬라이드]( )를 클릭해 확인할 수 있다.
   - 설정된 시간은 [슬라이드 쇼 녹화]( ) 목록 단추를 클릭해서 [지우기] 옵션을 적용해 시간을 제거할 수 있다.
   - 재구성은 발표 환경이나 대상에 따른 슬라이드 구성을 달리해야할 경우에 활용하는 기능이다.
   - [슬라이드 쇼] 탭-[슬라이드 쇼 시작] 탭-[설정] 그룹-[쇼 재구성]( )을 클릭한 뒤, [쇼 재구성] 대화상자와 [쇼 재구성하기] 대화상자를 활용해 사용자가 원하는 슬라이드 구성을 해나갈 수 있다.
   - 설정된 쇼 재구성은 [슬라이드 쇼] 탭-[슬라이드 쇼 시작] 탭-[설정] 그룹-[슬라이드 쇼 재구성]( )에서 선택해 사용할 수 있다.

3. 슬라이드 쇼 화면에서 강조하기

- 프레젠테이션 중에 강조해야 할 문구나 개체가 있다면 펜이나 형광펜 도구를 활용해 더 명확하게 의견을 전달할 수 있다.
- 슬라이드 쇼 화면에서 펜 단추( )를 클릭한 뒤, [형광펜], [펜] 등을 선택하여 색을 지정하고 사용할 수 있다.
- [슬라이드 쇼 보기] 상태에서 '지우개' 기능으로 쇼 화면에 작성된 펜/형광펜을 제거할 수 있다.
- 잉크 주석은 슬라이드 쇼를 끝내고 [기본 보기] 상태에서도 유지할 수 있다.
- 파워포인트 2016에 새로 추가된 모핑 전환은 동일한 이미지, 텍스트를 슬라이드별로 크기 및 위치를 달리 해놓으면 자연스럽게 전환시키는 기능이다. 마치 프레지의 기능을 연상시킬 수 있다.

4. PDF 형식 및 그림 파일로 저장하기

- 슬라이드를 PDF 형식으로 저장하여 게시할 수 있다.
- [파일] 탭을 클릭하여 백스테이지 화면에서 [내보내기]-[PDF/XPS]-[PDF/XPS 문서 만들기]( )를 클릭한다.
- [PDF 또는 XPS로 게시] 대화상자가 나타나면 저장할 경로와 파일명을 입력한 후 [게시]를 클릭한다.
- 열람만 가능하도록 하기 위해 슬라이드를 그림 파일로 저장할 수 있다.
- 모든 슬라이드를 그림으로 저장하기 위해 [파일] 탭-[다른 이름으로 저장]을 클릭한다.
- [파일 형식]( ) 목록 단추를 클릭해 [PowerPoint 그림 프레젠테이션(*.pptx)]을 선택한 후 [저장]을 클릭한다.
- 저장 결과 파일을 열면 각 슬라이드에 슬라이드 그림이 삽입된 문서가 저장되었음을 확인할 수 있다.

종합실습 pointup

1. 예제 파일을 열고 [슬라이드 노트 보기] 상태로 전환한 뒤, 다음과 같이 '슬라이드 1'의 참고할 내용을 입력하고 서식을 조정해 보자.

   [작업 준비물 : Ch08\08-04-03.pptx]

   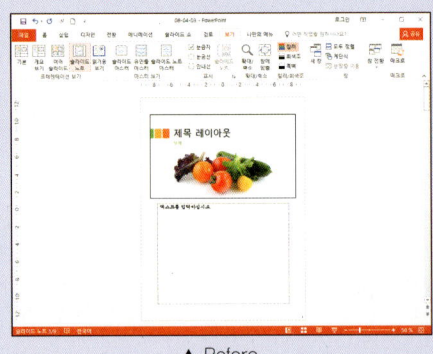 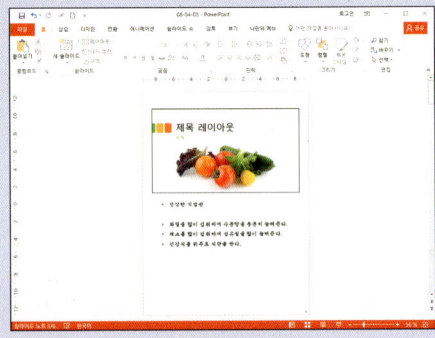
   ▲ Before   ▲ After

   HINT | • [보기] 탭–[프레젠테이션 보기] 그룹–[슬라이드 노트]( ) 클릭
   • 내용을 입력한 후 [글꼴 크기] '16', [줄 간격] '1.5', [글머리 기호]( ) 적용

2. 백스테이지 화면에서 9개의 슬라이드를 한 번에 보이도록 가로 방향으로 인쇄해 보자.

   ▲ Before   ▲ After

   HINT | • [파일] 탭–[인쇄]–[전체 페이지 슬라이드]–[9 슬라이드 가로] 선택
   • [파일] 탭–[인쇄]–[세로 방향]–[가로 방향] 선택

종합실습 pointup

3. [여러 슬라이드 보기] 상태에서 '예행 연습' 기능을 이용해 각 슬라이드와 전체 발표에 소요되는 시간을 체크해 보자.

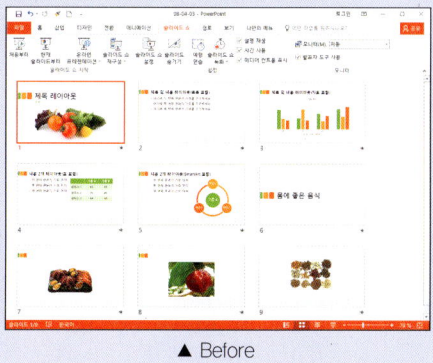
▲ Before

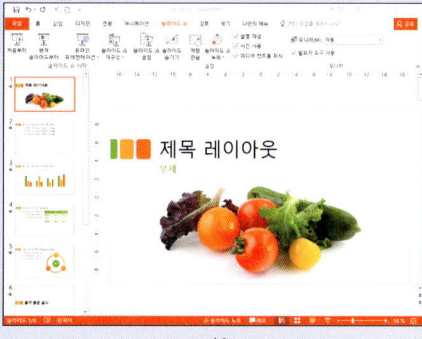
▲ After

HINT | • 오른쪽 아래 [여러 슬라이드](▦) 클릭
• [보기] 탭–[프레젠테이션 보기] 그룹–[여러 슬라이드](▦) 클릭
• [슬라이드 쇼] 탭–[설정] 그룹–[예행 연습](▦) 클릭

4. 전체 슬라이드를 PDF 파일로 변환하여 [Ch08] 폴더에 '좋은 음식'이란 파일명으로 저장해 보자.

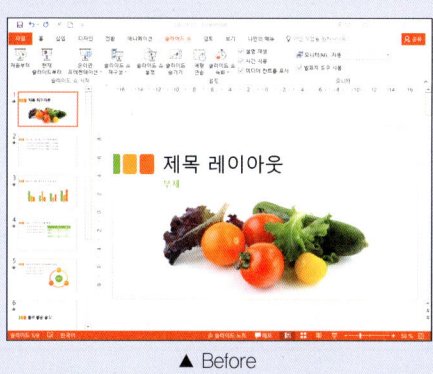
▲ Before

▲ After

HINT | • [파일] 탭–[내보내기]–[PDF/XPS 만들기](▦) 클릭
• [Ch08] 폴더를 위치로 하고, [파일 이름] '좋은 음식' 입력 후 [게시] 클릭

Chapter 8 . 종합실습 323

찾아보기

ㄱ

개요 수준 ……………………………… 65
개요 탭 ………………………………… 20
계정 …………………………………… 20
구역 …………………………………… 51
구역 나누기 …………………………… 68
그림 글머리 기호 …………………… 100
그림 바꾸기 ………………………… 135
그림 압축 …………………………… 135
그림 원래대로 ……………………… 135
글꼴 미니 도구 모음 ………………… 57
글머리 기호 …………………………… 96
꾸밈 효과 …………………………… 135

ㄴ·ㄷ

내보내기 …………………………… 321
도형 윤곽선 ………………………… 169
도형 정렬 …………………… 160, 179
도형 채우기 ………………… 89, 172
도형 편집 …………………………… 161
동영상 삽입 ………………………… 276
디자인 테마 ………………………… 106
디자인 테마 설정 …………………… 85

ㄹ

레코드 포인터 ……………………… 148
리본 메뉴 …………………………… 20
리본 메뉴 축소 ……………………… 20

ㅁ

맞춤 ………………………………… 160
목록 수준 늘림 ……………………… 50
미리 보기 …………………………… 255

ㅂ

배경 제거 …………………………… 135
번호 매기기 ………………………… 98
보기 …………………………………… 20
빠른 실행 도구 모음 ………………… 19

ㅅ

사용자 지정 리본 메뉴 ……………… 27
상자 수염 그림 ……………………… 228
상태 표시줄 …………………………… 20
색 …………………………………… 135
선버스트 …………………………… 227
스크린샷 …………………………… 142
슬라이드 ……………………………… 20
슬라이드 노트 ……………………… 294
슬라이드 마스터 …………………… 111
슬라이드 쇼 ………………… 73, 79
슬라이드 쇼 재구성 ………………… 305
슬라이드 창 …………………………… 20

ㅇ

애니메이션 ………………………… 248
애니메이션 창 ……………………… 253
애니메이션 추가 …………………… 259
영역 선택 …………………………… 148
예행 연습 …………………… 291, 302
오디오 삽입 ………………………… 276
온라인 서식 ………………………… 39
워드아트 …………………………… 137
유인물 설정 ………………………… 297

ㅈ·ㅊ

작업 창 조절 ………………………… 20
점 편집 ……………………………… 188
제목 표시줄 …………………………… 20

차트 ·· 224
차트 종류 변경 ···························· 232
차트 형태 ···································· 210

ㅋ · ㅌ

콤보 ·· 228
텍스트 맞춤 ································ 214
텍스트 서식 ·································· 48
텍스트 효과 ································ 139
특수 기호 ······································ 49

ㅍ · ㅎ

폭포 ·· 228
표 스타일 ···································· 219
하이퍼링크 ·································· 260
한글/한자 변환 ····························· 62
한자 사전 ······································ 63
화면 녹화 ····························· 128, 147
화면 전환 효과 ··························· 267
히스토그램 ·································· 227

기타

SmartArt ···································· 194
[검토] 탭 ······································· 26
[그림 삽입] 창 ···························· 101
[글꼴] 대화상자 ···························· 57
[글머리 기호 및 번호 매기기] 대화상자 ··· 101
[녹화] 도구 상자 ························ 148
[단락] 대화상자 ···························· 58
[도구] 탭 ······································· 26
[디자인 아이디어] 작업 창 ·········· 130
[디자인] 탭 ··································· 25
[보기] 탭 ······································· 26
[삽입] 탭 ······································· 25
[색] 대화상자 ······························· 94
[슬라이드 쇼] 탭 ·························· 26
[애니메이션] 탭 ···························· 26
[전환] 탭 ······································· 25
[조정] 그룹 ································· 135
[차트 삽입] 대화상자 ·················· 227
[텍스트] 그룹 ······························· 89
[파일] 탭 ······································· 25
[하이퍼링크 삽입] 대화상자 ········ 262
[홈] 탭 ·· 25

속전속결
파워포인트 2016

1판 1쇄 발행   2016년 6월 30일

저　자 | 박하연
발행인 | 김길수
발행처 | (주)영진닷컴
주　소 | 서울시 금천구 가산디지털 1로 24 대륭 13차 10층 (우)08591

등 록 | 2007. 4. 27. 제16-4189호

가격 14,000원

ⓒ 2016. (주)영진닷컴
ISBN | 978-89-314-5398-0

이 책에 실린 내용의 무단 전재 및 무단 복제를 금합니다.
파본이나 잘못된 도서는 구입하신 곳에서 교환해 드립니다.

http://www.youngjin.com